A Spirituality of Koinonia

공동체
영성

공동체 영성

A Spirituality of Koinonia

전요셉 지음

치유하는별

현대 사회의 가장 큰 문제점은 더불어 함께 하고자 하는 공동체성이 상실되고 세속화된 개인주의적 사고와 행동들이 많이 나타나고 있다는 점입니다.

그래서 혼자만의 공간을 갖는 비디오방, PC방, 휴게방, 전화방 같은 지극히 개인적이고 은밀한 그리고 인본주의적인 자신만의 세계를 만들어 가고 있습니다.

교회도 예외가 아닙니다. 우리 주님의 십자가 보혈로 교회 공동체가 세워졌음에도 불구하고 교회 공동체 안에 세속적인 분열과 분리, 제도, 교리, 계급주의가 들어옴으로 인해 공동체의 일치성과 생명성을 잃어버렸습니다. 그 결과 나눔과 섬김 그리고 사랑의 순결성을 상실해 버리게 되었습니다. 예수 그리스도가 그토록 원하셨던 공동체는 성령님의 인도하심을 받고 산상수훈대로 삶을 살아가는 철저한 제자도의 공동체였습니다.

우리는 교회의 몸이신 예수님을 깊이 사랑하고 말씀에 철저한 제자도를 확립하여 예수 영성이 흘러넘치는 참된 교회 공동체를 건설해야 합니다. 이런 공동체는 영적, 정신적, 물질적 교제와 나눔을 통해, 더 나아가 교회 밖에 있는 지역 사회와 이웃들을 향한 사랑의 나눔을 통해 꽃을 피울 수 있는 것입니다. 우리는 다시 초대교회 공동체성을 회복시켜서 새롭게 거듭나는 모습을 보여 주어야 합니다.

우리가 배워야 할 진리는 머리로만 아는 이론적이고 사변적인 것이 아니라 실제적이고 체험으로 아는 삼위 공동체 하나님과의 관계론적이고 합일적이어야 합니다.

또한 이웃의 필요성이 무엇인지 알며, 이웃의 아픔과 깊이 동참하며 더 나아가 민족의 아픔까지도 떠안는 이타적 공동체 영성을 추구해 나아가야 합니다. 이 땅의 모든 교회가 교리, 사상, 보수, 진보를 뛰어넘어서 예수 안에서 일치하고 화해하여 진정한 그리스도의 몸 된 교회를 건설해 나아가야 합니다.

이러한 관점에서 이 책은 제1부에 공동체의 이론적 접근을 통해 삼위 공동체 하나님과 교회의 본질, 공동체의 영성에 대해 논술하고 있으며, 제2부에서는 경험되어진 공동체적 삶을 통해 본질적인 공동체 영성에 대해 논하고 있음을 볼 수 있습니다.

본인은 개인적으로 30년 이상 전요셉 목사와 관계를 계속 맺어 왔습니다. 전목사는 이 시대에 예수 그리스도를 가장 사랑하는, 예수 그리스도의 가장 충성된 종 가운데 한 사람입니다. 그리고 전목사가 신학교 다니던 시절부터 졸업 후 하늘문공동체를 설립하여 30년간 공동체 사역하는 과정에서 때로는 대화를 통해, 때로는 함께 공동체 식탁을 나누면서 예수님이 원하시는 공동체와 영성이 무엇인가를 함께 고민하였습니다.

그는 이론적으로 영성을 배우거나 아는 것보다는 가장 낮은 곳에서 가장 낮은 자들과 함께 엄청난 고난을 겪으면서 애통과 긍휼로 그리고 뜨거운 열정과 눈물로 공동체 영성을 체험했던 사람입니다. 이런 체험의 결과가 결국 한 권의 책으로 엮어지게 되었습니다.

아무쪼록 이 책을 통해 한국 교회 공동체성이 회복되기를 희망하며 이 땅에 참된 그리스도 공동체가 건설되기를 바라면서 모든 분에게 적극적으로 추천합니다.

동교동교회 원로 목사 음동성

종교개혁 이래로 신앙인이 된다는 것은 공동체의 일원이 된다기보다는 개인이 하나님과 어떤 관계에 있느냐의 문제가 더 우선순위가 되었다. 물론 그것이 문제가 되는 것은 아니다. 그러나 신앙을 지나치게 개인의 일로 몰아감으로써 신앙의 공동체, 그리스도의 공동체라는 의식을 약화시켰다. 중세교회가 지나치게 개인들을 전체주의적 신앙체계 안에 가두어 놓았기에, 그들이 하나님과의 개인적인 관계가 매우 약화한 것은 사실이다. 이러한 당시의 중세교회 상황에 직면한 개혁자들이 신앙을 전적으로 개인의 일로 전환하고자 하는 의도는 이해할만하지만, 함께 더불어서 살아가야 할 공동체적인 신앙 형태를 약화하는 데에 일조한 것도 사실이다. 후기 근대시대(Postmodernism)에 이르러 사람들은 더욱 개인주의적인 사고와 삶의 양태로 달려가고 있다. 이 시대에 사는 사람들은 더 이상 전통적이고 집단적인 것에 권위를 부여하려 하지 않는다. 그들의 권위는 개인의 경험과 내적인 확신에 있다. 그래서 오늘 이 시대의 신앙생활의 양태도 지극히 개인적인 경험에 의존하고 있다. 그 결과로 예배하는 공동체는 있으나, 함께 아파하고 고통받으며 짐을 나누어지는 삶의 공동체는 기대하기가 어렵게 되었다. 그래서 교회 안에서 정작 돌봄을 받고, 위로를 받아야 할 주체들이 오히려 길가는 나그네처럼 푸대접받게 되고, 공동체라는 이름 아래에서 다시 소외된 개인으로 남게 된다. 이런 시대 상황 속에서 하늘문공동체목사님의 공동체는 길을 잃은 듯 비틀거리는 현대 교회 공동체에 새로운 빛을 비추어 주는 신설 등대와 같다. 글을 쓰지 않아도 공동체적 삶 그 자체가 이 시대의 예언자적 외침이라 할 수 있다. 하늘문공동체는 이미 사람들에게 예언자의 소리가 되어 있으며, 자신들의 삶을 반추해 보고 수정하도록 하는 광야의 외침과 같은 소리가 되고 있다. 그런데도 목사님은 그 삶 자체에 만족해하지 않으시고, 틈틈이 책을 읽고 연구하는 자세를 보여주고 있는 것에 대해 깊은 감동을 느낀다. 이 책은 바로 전목사님 자신이 이미 살아낸 삶을 진지하게 성찰해 보면서, 더욱 성숙한 표본으로서의 공동체를 이루어 보겠다는 고뇌로부터 비롯된 노작이라 할 수 있다.

연구에 종사하는 사람들은 현장에 약하고, 현장에 투신해 있는 사람들은 이론에 약하다는 소리를 듣는다. 이상적인 모습은 학문하는 사람들이 학문의 생동성을 잃지 않기 위해서 현장과 늘 관계를 맺는 것이며, 현장에 몸담은 사람들은 건강한 현장을 유지하고 발전시키기 위해서 끊임없는 연구를 하는 자세이다. 그러나 말처럼 쉬운 일은 아니다. 그러나 전 목사님은 이상적인 모습을 지향하고 있는 목회자 중의 한 분인 것 같다. 현장에서 분주하게 활동하고 계시는 분이 어떻게 이런 방대한 자료를 수집하고 정리할 수 있었겠는가? 이 책은 학문적인 이해도 풍부할 뿐만 아니라, 삶으로부터 우러나온 글이기에 현장성과 실제성에도 풍부하다. 이 책의 시작 부분은 사변적이고 이론적인 느낌을 주지만, 책을 읽어 내려가노라면 어느 사이에 생생한 현장과 만나게 되고 이어서 생동감을 느끼게 해준다. 여기서 비로서 이 책의 진가를 발휘한다. 이론적인 이해가 전제되지 않고, 전 목사님의 진솔한 현장의 이야기만 실렸더라면 혹 오해도 불러일으킬 수 있으며, 그렇지 않더라도 지극히 개인적인 이야기에 불과할 수밖에 없다. 그런데 충분한 이론적 이해를 전제하면서 그 독특한 삶의 이야기가 전개되어 가기에 하늘문공동체는 모든 사람이 이해하고 참고해 볼 만한 보편적인 가치를 부여받게 된다.

그러므로 이 책은 공동체에 관심이 있는 사람들에게나, 더 참된 그리스도의 공동체를 이루어 보려고 고민하며, 그러한 공동체를 지향하고 있는 사람들에게 귀한 지침서가 될 것이다.

유해룡 목사, (전) 장로회신학대학교 영성학 교수

(현) 모새골 공동체 대표

교회사적으로 보면 세 가지 형태의 제자도의 흐름이 있음을 볼 수 있습니다. 첫째는 복음을 위하여 전적으로 이 세상 속에서 살도록 부르심을 받은 사람들로서 정상적인 가정생활, 재산 소유, 자신의 직업 등을 가지고 주님의 제자도를 따르는 부류이고, 둘째는 소명을 다하기 위해 세상과 별도로 떨어져서 자연이나 사막 속에서 수도 공동체나 고독한 증인으로 살면서 가족과 재산, 세상의 풍욕 등을 포기하면서 주님의 제자도를 따라가는 부류이며, 마지막 형태는 세상 속에 속해 있으면서 세상에 속해 있는 사람들과 함께 하지만, 세상과 구별된 신앙 공동체적 삶을 통해 나눔과 섬김, 무소유, 공동 생산 분배를 통해 유무상통함으로 주님의 제자도를 따라가는 부류입니다.

초대교회 공동체는 수천 명이 모인 신앙공동체를 이루었는데 그들을 함께 살게 만든 것은 바로 그들 가운데 불타오르던 성령님의 능력과 그리스도의 사랑이었습니다. 공동체 삶을 초대교회가 선택하게 된 것은 이들이 생명을 하나의 통일체로 그리고 그것을 그리스도의 지체로 보았기 때문입니다. 우리는 같은 형제요, 자매로서 역사의 오랜 과정 동안 공동체로 살아온 모든 이들과 같은 마음으로 그들의 뒤를 따르고 있습니다. 주후 1세기 초대교회 공동체를 필두로, 2세기 예언자적 운동을 일으켰던 몬타누스, 그 뒤 계속 나타나는 수도원 공동체, 아씨시의 성프란치스코, 보헤미안, 모라비안 형제들, 퀘이커교도 그리고 현대의 떼제 공동체, 브루더 호프 공동체, 라브리 공동체, 라르쉬 공동체 등 이들은 한결같이 그리스도가 원하셨던 신앙의 본질과 삶의 본질을 계속해서 이 땅에 재현시키려고 노력했던 신앙공동체들이었습니다.

전 목사님은 이러한 신앙공동체 영성의 맥을 이어가기 위해 공동체를 설립하여 30년 동안 해 오고 있습니다. 하늘문공동체는 가장 낮은 곳에서 가장 낮은 자들과 함께 한 지체를 이루어가는 바닥공동체입니다. 이 땅에서 가난하고, 소외된 사람들에게 새로운 생명과 꿈을 심어주는 공동체입니다. 이런 공동체적인 삶과 그런 삶 속에서 경험하고 체험한 거룩한 영성을 이번에 책으로 엮어내게 된 것을 매우 기쁘게 생각합니다.

이 책은 제1부에서 성부, 성자, 성령 하나님의 공동체성과 교회의 본질 그리고 공동체와 영성에 대한 이론적 근거를 제시하였고, 제2부에서는 공동체적인 삶을 통해 얻은 10가지 영성에 대해 논했습니다. 성령님의 역사로 이루어지는 공동체적인 교제가 교회의 사명과 갱신을 완수하는데 새로운 시금석이 될 수 있습니다. 성령님의 가장 기본적이고 중요한 사역은 바로 공동체 사역입니다. 성령님은 하나님과 인간을, 인간과 인간을, 인간과 자연을 서로 교통하게 하시고 교제하게 하신다.

이 책은 한국 교회 영성 형성에 좋은 지침서가 되고 새로운 성령의 바람을 일으킬 예수 공동체 운동에 큰 힘이 될 것이라고 확신합니다. 그래서 이 책을 한국 교회의 목회자들과 성도들 그리고 일반 사람들에게까지 적극적으로 추천합니다.

한국기독교 영성총연합회 대표회장 예영수 목사

(영문학 철학박사, 신학박사)

영성(Spirituality)의 긴 산행을 하노라면 때로는 벅차고 감격스럽지만, 때로는 힘들고, 진행이 잘되지 않는 것 같고, 그래서 "내가 저 정상까지 도달하지 못할 수도 있지 않겠나"하는 약한 마음도 들기도 한다. 그러다가 멀지 않은 곳에 열심히 같은 길을 가는 사람을 발견하면 반갑고 기쁘고 힘이 난다. 필자에게 있어서 그런 사람 가운데 한 사람이 전요셉 목사님이다.

필자는 약 20년째 전 목사님을 알고 지내고 있다. 미국 세미나를 같이 간 것이 처음 만남이었다. 처음 본 전 목사님은 인권운동가로서 날카로운 눈을 가지고 있었고, 당찬 모습이어서 인상 좋은 목사님의 모습이 절대 아니었다. 그러나 하나님께서 그를 사랑하시어 큰 성령의 역사를 부으시는 것을 보았다. 그때부터 인상이 부드럽게 변하였고 사역이 많이 변하는 것을 보고 있다. 그 뒤로 전 목사님은 필자가 섬기고 있는 아가페 신학연구원에서 계속 강의해오고 있으며, 신학교에서 주최하는 대형 컨퍼런스에 합력하면서 필자와 교제와 동역을 하고 있다. 전 목사님은 여러 다양한 캐릭터(Character)를 가지고 있다. 먼저 그는 뛰어난 교수이다. 필자가 섬기고 있는 신학연구원의 교수로서 좋은 강의로 많은 인기를 받으며 계속해 오고 있고, 또 여러 곳에서 좋은 강의를 하고 있다. 그는 또 카리스마적 사역자이다. 그에게는 은사(Spiritual gift)가 있다. 그래서 수만 명에게 기도사역을 해 주었다고 한다. 또 전 목사님은 학자이다. 원래 연대 의대를 나온 수재이며, 최근에는 풀러 신학교에서 박사학위를 취득할 만큼 그는 계속 공부하고 있으며, 특히 자기 전공 분야에 대한 전문지식을 가지고 있다. 그러니까 한국에서 영성의 실제(Reality)를 가지고 있으며, 분명한 전문지식이 있는 몇 사람 가운데 한 사람이다. 그는 뜨거운 부흥회도 할 수 있고, 학술적인 세미나도 할 수 있다. 그래서 전 목사님은 하나님 나라에서 귀한 분이다. 그러나 이 여러가지 요소보다 더 중요한 것은 그가 "나는 공동체를 하는 사람입니다. 나머지 것들은 공동체를 하고 남는 시간에 하는 것입니다"라고 필자에게 고백한 것처럼, 공동체를 이루며 그 안에 살고 있다는 것이다. 30년간 하늘문공동체에서 기지촌 여성이나 AIDS 환자들 등과 함께 그들의 재활을 도우며 함께 살아오고 있다. 그곳에서 그런 사람들과 같이 생활하며 산다는 것을 생각하면 머리가 숙여진다.

공동체가 유지되고 공동체다워지는 가장 중요한 기본적인 요소는 무엇일까? 그것은 바른 '공동체의 영성'을 가지는 것이다. 전 목사님은 실전을 통하여, 또 연구를 통하여 그것을 깨달았고 몸소 실천해 오고 있다. 원래 '영성'이란 개인적인 영성과 공동체적인 영성이 함께 있을 때에 온전해진다. 혹 개인적인 영성으로 출발하였다 하더라고 공동체 영성안에서 더 훈련되고 갖춰지고 완성되는 것이다. 그러므로 개인 영성과 공동체 영성은 십자가의 가로 세로처럼 꼭 필요한 두 요소이다. 지금까지 '공동체'를 말하는 책들은 많이 나와 있다. 그러나 '공동체의 영성'에 대하여 구체적이며 체계적으로 나와 있는 책은 별로 없다.

전 목사님은 이 책에서 공동체의 영성을 깊이 다루고 있다. 필자가 전 목사님의 공동체 영성 책을 처음 읽고서 "아!" 하는 감탄을 하였다. 그것은 공동체 영성의 본질을 밝히 드러내어 말하고 있기 때문이었다. 그는 공동체 영성의 본질을 "공유의 영성", "비움의 영성", "죽복의 영성", "합일의 영성", "관상의 영성", "영권의 영성", "탁발의 영성", "노동의 영성", "해방의 영성", "치유의 영성" 등으로 정리하였다. 그렇다. 이 본질들을 소유하고 더 깊어질 때 공동체는 더 온전한 공동체로 될 것이다. 이 책은 분명 오랜 경험과 또 예리한 연구가 아우러져 나온 역작이다. 그러니까 이 책은 공동체를 하는 사람, 꿈꾸고 있는 사람, 아니 영성에의 길을 가고자 하는 모든 이에게 좋은 지침이 된다. 그래서 필자는 할 수 있으면 많은 이가 이 책을 읽고 더 깊은 공동체 영성의 바다로 더 깊이 들어가기를 진심으로 바라고 있다.

아가페신학연구원 학장 김태진

아무것도 모르는 유아기적 상태에서 공동체 사역을 시작한 지도 어언 30년이 흘러가고 있습니다. 이 기간은 참으로 인고의 세월이었습니다. 그러나 애벌레가 껍질을 벗고 몸부림치며 아름다운 나비가 되어 날아가듯이, 나 자신의 자아라는 껍질을 벗어 버리고 신에게로 침몰해 나가는 은혜의 기간이기도 하였습니다.

그냥 무식스럽게 오직 한 길, 한 분야, 한 공동체만을 섬기면서, 그동안 공동체의 삶을 통해 얻은 신앙적 성숙을 나 자신의 것으로만 담아 두어서는 안 되겠다고 생각해서 이번에 새롭게 책을 집필하게 되었습니다.

이 책은 크게 두 부분으로 나누어져 있습니다.

1부는 공동체란 무엇인가에 대해 신학적으로, 교회사적으로 분석한 내용이고, 2부는 공동체 영성이란 과연 무엇인가에 대해 그동안 삶 속에서 체험한 공동체 경험을 통해 서술하였습니다.

1부 제1장에서는 삼위의 하나님을 공동체 하나님으로 인식하여 삼위 공동체론을 전개하였는데, 교회사에서 이단으로 정죄되었던(그러나 지금까지 내려오고 있는) 일신론(一神論)적 사고를 어떻게 극복하고 공동체적 하나님을 어떻게 인식할 수 있는가에 대해 서술하였습니다.

제2장에서는 교회의 본질에 관해 서술하였는데, 하나님 나라의 도래와 본질로서의 교회란 과연 무엇인가라는 주제를 가지고 본질적 교회론을 서술하였습니다.

제3장에서는 성경적 관점에서 영성을 정의하였고, 기독교 영성에 대한 이해를 통해 통전적, 전인적인 영성을 논하였습니다.

제4장에서는 공동체의 어원적 고찰, 신앙공동체의 개념, 예수 그리스도와 바울 공동체에 대한 특징들을 살펴보면서 성경이 말하는 공동체란 과연 무엇인가에 대해 서술하였습니다.

2부이면서 마지막 제5장과 제6장에서는 과연 공동체 영성이란 무엇인가에 대해 그동안 체험한 공동체적 삶을 하나씩 서술해 나갔습니다. 공동체 영성, 즉 공유의 영성, 비움의 영성, 죽복의 영성, 합일의 영성, 관상의 영성, 영권의 영성, 탁발의 영성, 노동의 영성, 해방의 영성, 치유의 영성을 통해 어떻게 우리가 하나님 중심이면서 인간중심의 바른 공동체를 건설할 수 있을까 하는 새로운 과제를 느끼고 그에 대한 신앙적 도전을 할 수 있게 하였습니다.

필자는 항상 라르쉬 공동체 장 바니에(Jean Vanier)의 말을 생각합니다. 공동체에서 산다는 것은 하나님 아버지를 신뢰하는 가운데 한밤에 눈물을 흘리며 광야를 홀로 걸어가는 법을 배우는 것입니다.

눈물을 흘리며 씨를 뿌리는 자는 기쁨으로 단을 거둔다(시126:5~6)는 말씀처럼 공동체의 삶을 통해 뿌려진 모든 인고의 씨앗들은 계속해서 풍성한 열매로 맺어질 것입니다.

또한 그동안 도와주셨던 수많은 분에게도 감사드립니다. 특히 늘 부족한 공동체를 위해 지도해 주시는 동교동교회 원로 목사님이신 음동성 목사님과 박순회 사모님, 은자의 수도사 대전 서머나 교회 표병은 목사님, 영성신학의 대가 모새골 공동체 유해룡 목사님, 충주봉쇄 수도원 원장이신 강문호 목사님, 하늘문공동체 창립 때부터 현재까지도 물심양면으로 함께해 주고 계신 동교동교회 황윤성 장로님, 또한 끝없는 중보기도로 큰 힘이 되어주고 있는 생명샘전인치유사역연구원 중보팀들, 학우들, 하늘문커뮤니티교회 박영호 목사님, 지선례, 이은희 사모님, 조성심, 이미영, 문경옥 목사님, 이보경 전도사님, 손병천, 김태한 장로님, 손창수, 노석천, 한순현, 유근영 안수집사님, 최성득 권사님, 홍치선, 문대권, 김동현, 한윤, 이예린 집사님, 이옥선, 이한성 성도님, 한율 어린이 그리고 조승현 권사님과 출판을 맡아주신 치유하는별 유미경 권사님, 강문구 장로님께 감사를 드립니다.

무엇보다도 인생의 동반자가 되어 함께 동역자의 길을 가고 있는 아내 손은수 사모, 아들 현배, 딸 하리와 항상 부족한 자식을 위해 중보기도 해주시는 어머니 조희경 사모님, 먼저 하늘나라로 가신 아버지 전종무 목사님께 이 글을 바치며 모든 영광을 주님께 돌립니다.

2024년 7월
무더운 여름 날, 곤지암 하늘문커뮤니티교회에서

II. 공동체 영성이란 무엇인가

I 공동체란 무엇인가

1. 공동체란 무엇인가

우리는
감상적인 사랑,
행함이 없는 사랑을
용납하지 않습니다.
또한, 우리는
어떤 실제적인 일에 대한 열심이라도
그것이 성령님에게 비롯하는 사귐,
곧 함께 일하는 사람들 사이의 진심 어린 사귐 가운데
날마다 행해지는 것이 아니라면,
그런 행함을 인정하지 않습니다.
사랑이 담긴 행함과 마찬가지로
행함이 있는 사랑도 성령님의 역사입니다.

– 에버하르트 아놀드

제1장

삼위공동체(三位共同體) 하나님

공동체 영성의 출발은 바로 삼위공동체(三位共同體) 하나님으로부터 시작된다.

왜냐하면 하나님은 공동체로 존재하시기 때문이다. 이 말을 좀 더 구체적으로 표현하면 성부, 성자, 성령 하나님은 주체적이고 독립적으로 존재하신다. 성부가 성자나 성령보다 우월하시거나 앞서신 것이 아닌, 다시 말해 성자나 성령이 성부에 종속되어 있지 아니한 동등한 상태에서 성부는 성자와 성령을, 성자는 성부와 성령을, 성령은 성부와 성자를 서로 섬기고, 사랑함으로써 서로 안에 내재하시는 연합되고 합일된 공동체 하나님이라는 뜻이다. 이런 공동체적 신관을 가지고 필자는 앞으로 기존의 삼위일체(三位一體) 하나님이란 말 대신 삼위공동체(三位共同體) 하나님이라는 말을 사용하겠다.

그리스정교회, 가톨릭교회, 그리고 개혁교회에서 일치되는 신학이 바로 삼위일체 신관이다. 전통적인 우리의 신앙은 삼위일체 하나님을 입으로 고백하고 있다.[1] 그러나 모든 그리스도교에서 가장 중요하면서도 가장 이해하기 어려운 교리가 또한 삼위일체 신관이다. 사실 삼위일체 신관은 기독교 초기 교부 시대부터 가장 뜨겁게 논쟁 되어 온 교리였다.

바로 이단이냐 아니냐의 판단이 이 교리에 의해 이루어졌기 때문이었다. 그래서 누구도 함부로 거론하기를 꺼렸으며, 삼위일체론적 신관 교리가 확립된 이후에도 아주 오랫동안 그 누구도 삼위일체론에 대해 논쟁하기를 꺼렸다. 20세기가 되어서야 비로서 칼 바르트(Karl Barth)와 칼 라너(Karl Rahner)에 의해 삼위일체 신관에 대한 신학적 토대가 마련되었고 다시 몰트만(Jürgen Moltmann)에 의해 진보된 삼위일체론이 제시되었다.

우리는 교회사적 관점에서 기존의 잘못된 신관들을 다시 한번 분석함으로써 공동체로 존재하시는 삼위공동체 하나님을 보다 구체적으로 이해할 필요가 있다.

· · ·
1_삼위일체론적 신관에 대해서는 그리스도교 모든 교파가 일치하고 있다. 그러나 동서 교회의 분열의 주요 원인 가운데 하나인 필리오케(Filioque)논쟁 즉 동방교회의 "성령은 성부로부터 나온다(Procceeds)."와 가톨릭과 개신교의 "성령은 성부와 성자로부터 나온다"에 대해서는 지금까지 이견을 보인다.

1. 단일신론(Monarchianism)

단일신론에는 크게 두 가지 흐름이 있는데, 하나는 역동적 단일신론(Dynamic Monarchianism)이고, 또 하나는 양태론적 단일신론(Modalistic Monarchianism)이다.

이 두 흐름은 모두 하나님의 유일 인격성을 고수하려고 애를 썼다.

첫 번째, 역동적 단일신론파는 하나님의 단일성(Unipersonality)을 주장하면서도 그리스도에 대해서는 다른 생각을 하고 있는데, 여기에서 그리스도 양자론과 그리스도 종속론이 나왔다. 양자론에 의하면 "그리스도는 비인격적인 신적 능력으로 가득 채워진 사람이었는데 그리스도가 세례받으실 때 성령님에 의해 하나님의 아들로 양자(Adoptionism)되었다"고 주장한다.[2]

두 번째, 양태론적 단일신론파들은 한 분이신 하나님은 역사 속에서 여러 방식 즉 아버지로서, 아들로서 그리고 성령으로 나타나신다고 주장하였다.[3] 이런 이론들은 니케아 종교회의(A.D. 325), 콘스탄티노 종교회의(A.D. 381) 등을 거치면서 이단으로 정죄되었다.

단일신론에서 가장 중요한 핵심은 하나님은 '**한 분**'이라는 것이다. 단일신론에서는 철저하게 하나님을 '**한 분**' 혹은 '**하나**'라고 인식한다. 한 분 하나님으로 유일 신적인 입장에서 하나님을 인식하는 것이다.

차영배는 이런 관점에 대해 이렇게 말하고 있다.

> 하나님이라는 호칭은 성경에 수없이 많이 나온다. 그러나 이에 대한 인식을 잘못하면 단일신론이라는 이단으로 전락한다. 그러므로 특별한 주의를 기울여야 한다. 성경의 '**하나님**' 호칭은 중국 주염계의 태극이나 신플라톤주의(Neoplatonism)의 '토 헨' 곧 '그 **하나님**'이 아니다.
>
> 성경을 번역할 때 하나님을 대개는 번역하고자 하는 언어와 민족의 최고의 신이라고 생각하는 단어로 번역하는 것이 원칙이다. 우리 민족의 경우 최고신은 '하나'님이 아니고 사실은 '하늘'님 또는 '하느'님이다. 그러나 개신교 성경에는 '하나님'으로 되어 있고 이 호칭은 이미 개신교에 토착화되었기 때문에 다시 고칠 필요는 없다. **다만 단일 신이라는 의미에서의 '하나'님은 아니라는 것만은 반드시 명심해야 한다.**[4]

2_대표적인 학자는 사모사타의 바울(Paul of Samosata)과 비잔티움의 테오도투스(Theodotus of Byzantium)였다. 인성을 지닌 그리스도를 그 본질상 신적인 그리스도와 구별하여 그리스도는 하나님께 양자된 사람이라고 주장하였다.

3_정행업, 세계 교회사에 나타난 이단 논쟁 (서울: 장로회 출판사, 2000), 170~171. 김영무, 김구철, 이단과 사이비 (서울: 아가페 문화사, 2007), 52~63.

4_차영배, "삼위일체에 관한 성서의 증언들", 목회와 신학, 2000년 10월호, 222~223.

차영배가 지적하는 '하나'는 '한 분' 하나님만을 의미하지 않는다. 즉 성경에서의 삼위의 하나님을 하나로 오해한 데에서 일신론이 등장하고 있다는 지적이다.

여기에서 우리는 일신론의 뿌리가 성경이 아니라 다분히 철학적인 것을 발견하게 된다. 왜냐하면 성경에 엄연히 존재하시는 삼위 하나님을 논하지 않고 인간의 지식과 지혜에서 나오는 숫자적인 개념과 일신론적인 개념을 가지고 하나님을 논하기 때문이다. 즉 일신론의 하나님은 사실상 성경의 하나님이 아니라 철학의 하나님이고, 또한 일신론의 하나님은 기독교의 하나님이 아니라 배타적인 구약 신관에서의 하나님이라는 사실을 발견할 수 있다. 성경에 기록되어 있고 우리가 믿고, 고백하는 '하나'님은 삼위 공동체의 하나님이지 하나의 하나님, 철학의 하나님, 일신론의 하나님은 아니다.

이러한 지적은 삼위 공동체를 정립하는 데 있어서 반드시 넘어야 할 과제이다. 우리가 아무런 생각 없이 사용하는 '하나님'이라는 용어 자체에 이미 일신론적인 요소가 배여 있기 때문이다. 다시 말해 하나님의 본질적인 내용은 삼위로 존재하시는 하나님인데 마치 우리는 일신론인 것처럼 '하나'님이라고 부르고 있다.

우리는 이미 부르고 있는 명칭 자체를 바꿀 필요는 없을 것이다. 그러나 그 의미와 내용은 바르게 인식하고 있어야 한다. 그래서 우리는 다음과 같이 정리할 수 있다. 삼위의 하나님은 일자가 아니다. 즉 숫자적인 개념에서 한 분이 아니라는 사실이다. 일신론을 극복하기 위하여 반드시 가져야 할 인식이 바로 이것이다. 우리가 믿는 하나님은 한 분이 아니라는 사실이다. 그러나 교회사적으로 보면 하나님은 한 분이라는 생각이 늘 있었다.

삼위의 하나님을 하나님으로 인식한 결과는 예수 그리스도를 하나님에서 제외하는 엄청난 오류를 범하였다. 유대인들은 예수님 자신이 하나님과 자신을 동등한 하나님으로 말했을 때 예수님을 죽이려고 하였다 (요5:17~18). 유대인들의 머릿속에는 하나님은 한 분밖에 없다고 생각했었기 때문이다.

이러한 일신론적 관점에서 예수님을 보면 그는 분명 신성 모독죄에 해당한다. 유대인들의 사고로는 도저히 있을 수 없는 일인 것이다. 그러면 유대인들이 생각하는 한 분 하나님은 누구이신가? 유대인들이 생각하는 한 분 하나님은 삼위 일체론적 하나님과 어떤 차이가 있는가? 성경에서는 '한' 하나님을 어떻게 말하고 있는가? 성경에, 특히 구약성경에 그리고 유대인들의 관점에서 나타나는 '하나'님을 숫자상 하나의 의미로 볼 때 그 하나님은 성부 하나님이시다. "이스라엘아, 들으라 우리 하나님 여호와는 오직 하나인 여호와이시니"(신6:4)라고 했을 때의 하나님은 당연히 성부 하나님을 가리킨다. 성부 하나님과 삼위 일체론적 하나님을 혼동해서는 안 된다. 성경에서 하나님을 하나라고 표현했을 때는 거의 다 성부 하나님을 지칭한다는 것을 우리는 발견할 수 있다.[5]

5_See, 김균진, 기독교 조직신학 I (서울: 연세대학교 출판부, 2023),
Jürgen Moltmann, 십자가에 달리신 하나님(Der Gek_reuzigte), 김균진 역(서울: 한국신학연구소, 2017).
허윤강, "삼위일체론에 대한 바른 이해"(석사학위논문, 장로회신학대학원, 2001), 7~9.

"할례자도 믿음으로 말미암아 또는 무할례자도 믿음으로 말미암아 의롭다 하실 하나님은 한 분이시니라"(롬3:30). 여기에서 말하는 하나님도 역시 성부 하나님을 가리킨다. 바울은 자연스럽게 성부 하나님을 한 분 하나님으로 지칭하고 있다. 성경에서 하나님이 한 분 이라 했을 때는 예외 없이 성부 하나님을 가리키고 있다. 이러한 말씀은 복음서에도 나타나고 있다.

"예수께서 이르시되 네가 어찌하여 나를 선하다 일컫느냐 하나님 한 분 외에는 선한 이가 없느니라"(막10:18). 여기에서도 예수님께서 말씀하시는 한 분 하나님은 성부 하나님임을 쉽게 알 수 있다. 그러나 성경에 나타나는 신관을 바르게 이해하기 위해서는 '성경에 기록된 하나님은 한 분이 아니다'라는 인식이 필요하다. 우리는 너무나 오랫동안 하나님은 당연히 한 분이라고 생각하고 있다. 성부 하나님이 한 분이지 삼위 일체론적 하나님이 한 분은 아니다.
성경의 여러 본문에 보면 예수님은 분명하게 자신과 성부를 구분하고 있다. 예수님은 성부 하나님과 같은 하나님이 아니다. 예수님은 성부 하나님을 자신과 구분하면서 그분, 한 분만이 선하다고 말씀하고 있다. 본문에서 말하는 한 분 하나님은 성부 하나님인 것을 알 수 있는 것이다.
다시 한번 정리하자면 성경에서 하나님이 한 분이라 했을 때는 예외 없이 '성부 하나님이 한 분'이라는 말이지 삼위 일체론적 하나님이 한 분이라는 말은 아니다.
그러므로 우리는 공동체로 존재하시는 하나님에 대해 설명할 때 하나님을 '한 분'이라는 숫자의 개념으로 이해해서는 안 된다.

몰트만(Jürgen Moltmann)은 다음과 같이 말하고 있다.

> 한 분 하나님의 생각을 엄격히 고수할 때 신학의 기독론은 사실상 불가능하게 된다. 왜냐하면 일자는 나누어질 수도 없고 전달될 수도 없기 때문이다. 그것은 진술될 수도 없다. 그러므로 교회는 일신론을 가장 강력한 내적 위험으로 간주하였다. 엄격한 일신론은 그리스도 없는 하나님을 생각하도록 강요하므로 하나님 없는 그리스도를 이해하도록 강요한다.[6]

6_Jürgen Moltmann, 삼위일체와 하나님 나라(Trinitat Und Reich Gottes), 김균진 역(서울: 대한 기독교 출판사, 2017), 162.

성경에서 하나님은 한 분이라고 했을 때는 한 분 성부 하나님을 지칭하는 말도 되지만 그 의미는 '참'이라는 뜻을 담고 있다. 즉 '한' 하나님을 가리키는 용어도 되지만 '참' 하나님을 가리키는 용어이기도 하다. 하나님만이 유일하신 참 하나님이라는 말이다. 신명기에서처럼 "이스라엘아, 들으라 우리 하나님 여호와는 오직 하나인 여호와시니"(신6:4)라고 했을 때의 하나님은 숫자의 개념이 아니라 모든 이방신이나 다른 잡신들을 배제한 참 하나님이라는 개념이다. 이에 대해 김명용은 다음과 같이 말했다.

> 신명기 6장 4절의 "이스라엘아, 들으라 우리 하나님 여호와는 오직 하나인 여호와시니"에서 표현되고 있는 '하나'라는 표현은 여호와 하나님만이 유일한 신이시고 참 신이라는 뜻이다.
> 중동 지방에 수많은 신들이 있지만 그 모든 신들은 거짓 신들이고 **오직 여호와 하나님만 참 신이시고 유일한 하나밖에 없는 신이라는 표현이다.**[7]

...
7_김명용, 온 신학의 세계(서울:장로회신학대학교 출판부, 2016), 68~81.

성경에서는 하나님만이 유일한 하나님이란 표현이 많이 등장한다. 그러나 하나님을 '하나'라고 했을 때, 숫자적인 의미보다는 '참신'이라는 의미가 더욱 부각되고 있다. 그래서 신명기에서는 다음과 같이 말하고 있다. "그런즉 너는 알라 오직 네 하나님 여호와는 하나님이시오 신실하신 하나님이시라 그를 사랑하고 그 계명을 지키는 자에게는 천 대까지 그 언약을 이행하시며 인애를 베푸시되"(신7:9). 또한 레위기에서도 말하고 있다. "너희는 서로 속이지 말고 너희의 하나님을 경외하라 나는 너희 하나님 여호와니라"(레25:17).
한편 시편에서도 이러한 사상은 이어지고 있다. "하나님이여 주는 나의 하나님이시라 내가 간절히 주를 찾되 물이 없어 마르고 황폐한 땅에서 내 영혼이 주를 갈망하며 내 육체가 주를 앙모 하나이다"(시63:1).

결론적으로 성경에서 하나님을 한 분으로 말할 때는 삼위 하나님이 한 분 하나님이라고 말하는 것이 아니라 성부 하나님만을 지칭하고 있는 말이다. 따라서 우리는 하나님이 한 분이라는 일신론을 극복해야 할 필요가 있다. 우리가 한 분 하나님은 유일하신 참 하나님이라는 의미로 성경을 해석할 때 더 쉽게 삼위 공동체론을 이해할 수 있을 것이다.

1) 양자론(Adoptionism)

'양자'(養子)라는 말은 문자적으로 원래 아들이 아닌 사람을 아들로 받아들인 입양자를 말한다. 양자론은 원래 예수는 하나님의 아들이 아니었는데 하나님이 아들로 삼았다는 것이다. 예수는 인간의 한 사람으로 거룩하게 독실한 삶을 살았는데 하나님이 그에 대한 보답으로 그를 아들로 삼아 특별히 그에게 거하고 그에게 능력을 주었다는 것이다. 이는 예수님의 선재적 존재를 인정하지 않고 동정녀에서 탄생한 특별한 인간으로 본 것이다. 예수님을 하나님과 완벽히 동등한 존재로 보지 않는 이론이다. 이에 대한 대표적인 인물은 비잔티움의 테오도투스(Theodotus)였다. 그는 190년경 비잔티움으로부터 로마에 와서 양자론을 로마에 유포시켰다. 그의 주장에 따르면, 그리스도는 성령의 비호를 받아 처녀의 몸에 나신 인간 예수라는 것이며, 그 예수는 인간 중에서 가장 의로우시며 신앙심이 깊은 분이셨지만 하나님께서 육신을 입으신 것은 아니라는 것이다. 그런데 예수님이 세례를 받을 때 성부의 능력으로 성령이 그 위에 내리시는 것을 통해서 하나님의 영을 주셔서 하나님의 아들로 삼아 그에게 예언자의 사명을 수행하시는데 필요한 능력을 입혀주셨으며, 그에 따라서 하나님의 아들이 되신 예수님은 성부께로부터 받은 능력으로 기적들을 행하며 그리스도의 일을 행하실 수 있었다고 말한다. 그러나 로마 감독 빅토르(189~198)는 테오도투스를 출교시켰다.

테오도투스에 이어 안디옥의 동북 유프라테스강 변에 있는 사모사타(Samosata)의 바울(Paul, 200~275)이 같은 견해의 주장을 하였다. 그는 안디옥의 감독을 지냈는데 260~270년경에 데오도투스의 주장과 견해를 같이하면서, 로고스(λogo)인 그리스도는 하나님의 지혜와 같으며, 따로 제2의 인격을 갖춘 것이 아니라면서, 신적인 지혜에 감동된 보통 사람으로 완전하게 도덕적으로 생활한 분인데 세례를 통해 양자의 영을 받았으며 지속적인 이적들을 통해 하나님의 아들로서 하나님 아버지와의 교제를 가졌다고 했다. 그러자 268년 안디옥 회의에서 그를 이단으로 정죄하였다.

사모사타의 바울이 주장하는 양자론은 제자인 안디옥의 루키안으로 잇게 되며, 또한 그의 제자인 아리우스(Arius, 256~336)로 잇게 되어서 영원히 존재하시는 하나님이 존재하지 않았던 성자를 창조하셨으며, 예수님은 그 성자가 하나님의 사역을 위한 도구로 사람의 몸을 입고 태어난 피조물로서 성령에 충만한 초자연적 인물이나 성부와 동일본질이 아니며, 세상이 창조되기 전에 존재했던 분으로 성부 하나님과 함께 세상의 창조 사역에 참여하였으며 성부 하나님과 함께 영원까지 존재하시는 분이지만 하나님이 창조하신 피조물이기 때문에 성부 하나님보다는 열등하신 분이라는 사상으로 발전하였다.

아리우스의 이러한 주장에 대해 감독 알렉산더는 320년에 이집트지역

감독들이 모인 회의에서 아리우스를 이단으로 정죄하고 그의 장로직을 파직한 후 출교시켰다.

그러나 아리우스의 사상은 양자론을 가장 잘 발전시킨 것으로 적지 않은 영향을 끼쳐서 오랫동안 그의 사상을 그를 따르는 사람이 많았다. 그래서 그를 추종하는 자들을 '아리안'(Arian)이라고 부르며, 그들의 사상을 가리켜서 '아리안 주의'(Arianism)라고 말한다. 이는 당시 로마교회 내에서 중요하고도 큰 신학 논쟁으로 계속되었기 때문이다. 325년 니케야 회의를 비롯한 381년 콘스탄틴노플 회의, 431년 에베소 회의, 451년 칼 케톤 회의에 이르기까지 오랜 교회 회의를 통해서 계속해서 교회가 가진 신학적 입장을 정립하고 신앙을 표명해야만 했다.

그리고 이러한 표명에서 양자론은 그리스도의 일위성(一位性)을 부정하는 것으로 정죄되었다. 칼케돈 회의에서는 그리스도의 인격에 관한 교회의 신앙이 어떤 것인지를 신조로 작성하여 공포함으로써 공식화하였다. "그리스도는 혼잡없이, 변화 없이, 분할 없이, 분리 없이 이성(二性)을 가지신 것으로 인정되며, 그 성(性)들의 구분이 연합에 의해 제거된 것이 아니라 오히려 각 성(性)의 특징이 보존되고 한 위(인격)와 한 실체로 결합(일치)하여 이위(二位)로 나누이거나 구분되지 않는다"라고 선언하였다.

그렇지만 양자론은 8세기에 이르러서도 톨레도의 대주교 엘리판두스의 주장에 의해서 여전히 나타났다. 그는 그리스도 안에서의 인성과 신성의 두 본성을 구분하면서 인간의 몸을 입으신 그리스도를 본질상 하나님의 아들인 신적인 그리스도와 구별해서 '양자'(養子)라고 불렀다. 즉, '말씀'에 의해서 마리아에게 수태되어 태어난 그리스도는 본질상 하나님의 아들인 신적인 그리스도가 아니고, 다만 하나님께서 아들 삼으신 양자에 불과하다면서 말이다.

그리스도의 일위(一位)에 이성(二性)이 연합되었다는 것은 인간의 이성에 의한 합리적인 사고로 규명할 수 있는 것이 아닌 신비로운 것이다. 이 때문에 교회사에서 종종 인간의 이성에 의한 합리적인 사고에 의해서 부정됐다. 이런 이론에 대해 교회는 그 신비를 규명하여서 설명하려고 시도하지를 않고 다만, 이단적인 견해들에 대항하여 그리스도의 진리에 대한 교회의 신앙을 분명히 진술함으로써 그리스도께 가진 신앙을 수호하고자 하였다.

2) 종속론(Arianism)

삼위의 하나님을 일신론적인 **'하나'**의 하나님으로 생각할 때 빠질 수밖에 없었던 또 한 가지 오류는 종속론의 오류이다. 종속론은 아리우스

(Arius)에 의해 그 완성된 모습을 보여준다. 아리우스는 원래 오리겐의 제자이며 또한 루시칸의 제자였다. 아리우스는 이들에게서 종속론의 사상적인 근거를 가지고 있었다.

알렉산드리아에서 감독으로 있던 알렉산더와 장로였던 아리우스 사이에 논쟁이 벌어졌는데 그들은 각각 오리겐의 제자들이었다. 아리우스는 오리겐 이후로 나누어진 그의 제자 중에서 성부와 성자의 본질상의 차이를 주장했던 오리겐 주의자의 대표주자였다.[8]

아리우스의 출발점도 하나님은 한 하나님이라는 대전제에 있었다. 그의 산학체계의 기본전제는 하나님은 한 분뿐이라는 것이다. 그래서 그는 하나님의 초월성을 지나치게 강조하였다.[9]

그에 의하면 거룩하시고 전능하신 초월적 하나님은 오직 한 분, 성부 하나님이다. 따라서 성자가 설 수 있는 자리는 위축될 수밖에 없었다. 즉 "아들은 아버지의 유출이 될 수 없고 아버지의 본질 일부분도 될 수 없고, 혹은 아버지와 유사한 또 다른 존재도 아니다"라고 강조하였다. "아들은 시작이 있었고 그는 아버지로부터 무(無)에서 창조되었다."[10]라고 아리우스는 주장하였다.

아리우스에 의하면 예수님은 하나님이 아니라 초인적 존재에 불과하며 하나님보다는 조금 열등한 존재로 창조된 아들로 인식하였다. 그는 "창조된 아들은 시작이 있었고 그는 아버지로부터 무에서 창조 혹은 조성되었다. 아들은 만물을 만들었으나 그 자신, 아버지에 의하여 만들어졌다. 따라서 아들은 아버지의 피조물이며 하나님이 아니다"라고 주장하였다.[11]

아리우스파의 핵심을 요약하면 "예수님은 하나님이 아니고 피조물이다"라는 것이다.

더 나아가 아리우스파의 극단적인 주장은 "아들은 변하기도 하고 심지어 죄를 범할 수밖에 없는 존재이다"라고 까지 주장하였다. 이런 아리우스의 종속론은 다음의 4가지로 간추려 볼 수 있다.

첫째, 로고스(Logos, 말씀)는 피조물이다. 그러므로 하나님이 그를 무에서 창조했다.

그러나 로고스는 다른 피조물과는 비교될 수 없을 정도로 완벽한 피조물이다. 그는 자존적이 아니기 때문에 그는 자기 존재를 전적으로 하나님 아버지께 의존한다.

둘째, 말씀은 시작된 것이다. 자존적이 아니라 피조자이기 때문에 시초를 가지고 있다. 그는 태어나기 전에는 존재하지 않았다. 그가 존재하지 않은 때가 있었다.

8_이종성, 삼위일체론, 226~231.

9_Horst G. Pohlman 교의학 (Abriss Der Dogmatik), 이신건 역(서울: 한국 신학연구소, 2015), 152~153.

10_Justto L, Gonzales, 기독교사상사 I (A History of Christian Thought), 이형기, 차종순 역(서울: 대한예수교장로회총회 출판국, 2020), 314.

11_Neve, J, C, 기독교교리사(A History of Christian Thought), 서남동 역(서울: 대한기독교 출판사, 1992), 164.

셋째, 아들은 그의 아버지와 관계를 맺거나 직접적인 지식을 가지지 않는다. 그가 비록 하나님의 말씀이요 지혜 자이기는 하나, 하나님의 본질로써의 말씀이거나 지혜와는 다르다. 그는 피조자이다. 그를 지혜 자라고 하는 것은 하나님의 지혜에 참여하기 때문이다.

아버지는 아들에게 파악될 수 없는 분이다. 말씀은 아버지를 완전하게 또는 정확하게 볼 수도 알 수도 없다. 다만 그가 알고 보는 것은 능력의 한도 내에서만 보고 알 따름이다.

넷째, 말씀(그리스도)은 변하기도 하고 죄를 범하기도 한다. 아들의 본성은 죄를 범할 수 있는 것이다. 그러나 그것을 예견한 하나님이 그에게 특별한 은총의 능력을 주셨다.

아리우스파의 종속론은 하나님을 한 분 하나님으로 생각할 때 필연적으로 예수님을 열등한 존재로 만들 수밖에 없었던 결과였다. 삼위의 하나님을 한 분 하나님으로 인식하자니 일신론적인 사고를 할 수밖에 없었다. 종속론을 들여다보면 예수는 하나님의 아들이 아니라 성령으로 충만한 인간, 예언자들 가운데 한 사람, 또는 많은 형제 중에서 장자가 되기 위하여 하나님의 아들로 입양한 사람으로 전락[12]하는 것을 발견하게 된다. 그렇게 되면 기독론은 설 자리를 잃고 그리스도는 우리에게 구세주의 의미를 상실하게 되는 것이다.

A.D.325년 니케아 종교회의는 콘스탄틴 황제의 도움을 받아 이들을 이단으로 규정하였다. 그리고 '독생자'이신 예수 그리스도와 아버지의 완전한 본질의 단일성을 교리화 시켜 관철했다. 즉 **"하나님의 독생자는 하나님의 하나님, 빛의 빛, 참 하나님의 하나님이요, 태어났으나 창조되지는 않았으며 아버지와 같은 본질이다"**라고 하면서 아리우스의 종속론을 이단으로 명백하게 규정하였다.

3) 양태론적 단일신론(Modalistic Monarchianism)

3세기 초에 양태론을 가장 번성시킨 사람은 사벨리우스이며 그의 이름을 따서 양태론을 사벨리우스주의(Sabellianism)라고 부르기도 한다. 사벨리우스에 의하면 아버지, 아들, 성령은 그의 표현되는 양태(Modus)라는 것이다. 즉 아버지는 자신의 발전과 확장을 거듭하면서 먼저 아들로 나타나시고 그 다음에 성령으로 나타나신다. 그러므로 신성(Godhead)으로서의 하나님은 창조자로서, 또는 율법 부여자로서 아버지가 된다.

그에 의하면 아버지, 아들, 성령은 한 하나님을 나타내는 세 가지의 표현 방식이다. 그는 종종 태양을 비유로 사용하곤 하였는데, 태양은 하나의 실체이지만 열과 빛을 발산하듯이, 성부는 형상을 이루시는 본질이

· · ·
12_ Jürgen Mlotmann, 삼위일체와 하나님 나라, 163.

고 성자는 태양에서 발산되는 빛이며, 성령은 열이다. 즉 본질은 하나인데 태양의 양태가 3가지로 나타나는 것처럼 하나님도 한 분이신데 삼위일체로 나타나신다고 설명한다.

사벨리우스는 신적인 존재인 성부가 자신을 먼저 성자로서, 다음에는 성령으로서 발산하는 과정에 의하여 하나님으로서의 존재가치를 높인다는 사상을 전개하였다. 양태론에 의하면 성자가 따로 존재하는 것이 아니라 성부 안에 흡수되어 있으므로 성자가 하는 일이 곧 성부가 하는 일이라고 주장한다. 그러므로 성자가 십자가 위에서 고난당한 것은 곧 성부가 당한 것이라고 하면서 성부의 우월성을 강조하였다.

그래서 이런 사상을 성부 수난설(Patripassianism)이라고 한다. 성부 수난설에 의하면 성자나 성령은 성부를 떠나서 단독적으로 본체를 가지지 못했기 때문에 성부 자신이 처녀의 태에 들어갔고, 자기의 아들이 되었고 십자가에서 고난을 겪으시고 죽었다가 부활했다고 설명한다.

이런 사상은 오래전에 이미 이단으로 정죄를 받았지만 20세기에 들어와서도 형태가 변형되기는 했지만, 여전히 위력을 발휘하고 있다.

그 대표적인 학자인 칼 바르트(Karl Barth)는 하나님의 본질의 단일성을 강조함으로써 위격(Persona)이 셋이 있다는 것에 대한 새로운 해석을 시도하였다. 그는 하나님의 위격을 세 위격(Three Persona)과 연결하지 않고 단일적인 하나님의 본질과 연결했다. 그래서 하나님의 주권 역시 삼중적이 아니라 삼중적으로 된 하나라고 이해하였다. 하나님은 삼중적으로 반복된 한 분의 하나님이라고 강조하였다.

결국 바르트는 "하나님은 성부, 성자, 성령의 세 가지 존재 양태(Seinsweise) 안에서 한 분이시다."라고 주장하였다.[13]

이렇게 하나님의 통일성과 단일성을 지나치게 강조한 바르트의 삼위일체론은 몰트만(Jürgen Moltmann)에 의해 "삼위일체론적 단일군주론"이라고 비판받았다. 몰트만은 바르트를 겨냥해 "하나님의 삼중성을 영원한 반복이나 거룩한 중복으로 이해한다는 것은 삼위 일체적으로 생각한다는 것을 뜻하지 않는다."라고 말했다.[14] 그는 동일한 것이 세 번 정립되는 일이 삼위일체론의 내용과 무관하다는 것이다. 세 인격을 한 하나님의 세 번 반복으로 보는 것은 공허하고 불필요한 것이라고 설명하였다.

몰트만은 일찍이 바르트가 말했던 "아버지가 창조하고, 화해하며, 아들을 통하여 성령의 능력 속에서 세계를 구원한다. 모든 활동성은 아버지로부터 나오며, 아들은 언제나 중재자이고, 성령은 보호자이시다"라는 삼위일체론을 아들과 성령의 인격성을 무시하는 삼위일체의 군주신론적 구상이라고 비판하였다. 즉 세 가지 존재 양식을 통하여 자기 자신을

13_이종성, 삼위일체론(서울: 대한기독교 출판사, 2005), 624.

14_Jürgen Moltmann, 삼위일체와 하나님 나라, 174.

. . .
15_ Ibid., 175~178.

계시하시는 하나님은 그의 계시의 능력과 성령님의 존재에 대한 주체성을 증명할 수 없다는 것이다. 이 경우 성령님은 아버지와 아들을 결합하는 사랑의 공통적인 끈에 불과할 것이라고 말하였다.[15]

바르트의 이러한 삼위일체론적 사고의 결여는 삼위 하나님에 대한 이해에 있어서 오류를 범할 뿐만 아니라, 하나님과 인간의 관계에서도 잘못된 이해를 하고 있음을 몰트만은 지적하고 있다. 삼위 하나님의 세 위력을 균형 있게 강조하지 못하고 한 분 하나님의 군주신론적 구상으로 삼위일체를 말했던 그는 결국 일신론적 사고에서 벗어나지 못했다고 평가되고 있다.

지금까지 내려오는 가장 위험한 삼위일체론은 하나님은 본질적으로 한 분이신데 세 가지의 양태를 띤다는 이론이다. 즉 아버지의 형태 속에서 하나님은 구원자로 나타나며, 성령의 형태 속에서는 생명의 사역자로 나타난다. 그러므로 현대판 사벨리아니즘은 결국 예수 그리스도는 성부 자신이고, 성부께서 탄생하셨고, 성부께서 고난받으시고 죽으셨다고 주장하고 있다.

. . .
16_ Ibid., 167.

한 본질이 세 가지의 모습과 형태로 나타난다는 이런 양태론의 사상 속에서 가장 심각한 문제점이 대두되는데 바로 예수 그리스도의 위치가 사라진다는 점이다.[16]

. . .
17_ 가현설은 영지주의자들의 영향을 받아, 그리스도의 인성이나 수난은 실제가 아니라 하나의 환상적인 현상이었다고 주장하는 설이다. 그리스도는 예수 안에 실제로 사람으로 온 것이 아니라 그렇게 보인 것에 지나지 않는다고 주장하면서 그리스도의 인성을 전적으로 부인하였다.

성부, 성자, 성령의 개성적인 구별이 없이 단순히 한 하나님이 여러 모양으로 나타나는 가면(Persona)일 뿐이라 할 때 그것은 다분히 가현설(Docetism)[17] 적이고 범신론적일 수밖에 없다.

결국 유일신관을 표명하면서도 실제로는 다신교적인 사상으로 떨어지고 만다. 이렇게 되면 하나님이 성부라는 얼굴을 쓰고 있지만 성자의 얼굴을 쓰기 전에, 성부의 얼굴을 벗어 버려야 하므로 성자가 되기 전에, 성부를 그만두어야 하고, 성령이 되기 전에 성자를 그만두어야 한다는 이론이 생기게 된다.

결국 성부, 성자, 성령은 상호 간에 아무 관계도 없는 범신론이 성립되고 만다. 또한 시간과 공간을 초월하는 하나님을 시간과 공간에 제약받는 존재로 전락시키고 만다.

만약 성부의 시대가 구약 창세기부터 신약의 성자가 오시기 전까지이고, 성령의 시대는 예수님의 승천 이후 오순절 성령강림 때부터 오늘날까지라고 한다면 성부, 성자, 성령 하나님에게는 시작이 있고 끝이 있게 된다. 그러면 그리스도의 태초로부터 이어진 역사성과 영원성이 사라져 버린다.

성자가 하나님의 한 가면일 뿐이라면 역사상에 실재한 예수 그리스도라는 인물은 있을 수 없다. 그의 십자가와 부활도 일종의 연극일 뿐이지 역사적 사실이 아니다. 십자가에서 고통받는 분은 성자가 아닌 성부로서 여기에서 예수 그리스도의 고난과 구속성이 사라져 버리게 되는 것이다. 이렇게 현대판 양태론은 많은 신학적인 문제점을 가지고 있다. 몰트만은 여기에 대하여 이렇게 지적한다.

> 그리스도가 우리의 하나님이라면 아버지와 아들은 하나(Eins)일 뿐만 아니라 사실에 있어서 한 분(Einer)일 수밖에 없다…. 하나님의 단일성을 고수하는 초기형식은 시리아의 성부수난설에서 발견된다. '아버지는 자기 자신을 아들로 만들었다. 그리하여 아버지 자신이 육으로 나타나셨다. 그 자신이 고난을 겪었고 그 자신이 자기를 부활시켰다.'[18]

• • •
18_Jürgen Moltmann, 삼위일체와 하나님 나라, 166.

김명룡은 양태론의 문제점을 다음과 같이 지적하고 있다.

> 삼위일체론은 철저히 예수 그리스도의 역사와 성경에 기초해야 하는 교리이다… 그런데 유감스럽게도 세월이 흐르면서 삼위일체론은 점차 사변적 형태를 띠게 되는데 이 사변적 형태로 잘못된 발전의 핵심은 셋은 하나이고 하나가 셋이 되는 3=1의 괴상한 논리에로의 발전이다. 한 분이 세 분이 되고 세 분이 한 분이 된다는 것은 불가능할 뿐만이 아니라 있을 수도 없음에도 불구하고 이것이 우리의 이성을 넘어서는 하나님 존재의 신비라는 괴상한 논리로 무장하여 교회와 성도들에게 도저히 이해할 수 없는 이론으로 발전하는데…[19]

• • •
19_김명룡, 이 시대에 바른 기독교사상 (서울: 장로회신학대학교 출판부, 2016), 51.

삼위일체론을 혼란스럽게 했던 가장 큰 원인 즉 **셋이 하나**라는 등식은 처음부터 모순된 등식일 수밖에 없다. 이러한 등식은 하나님의 존재 신비 혹은 초월적인 신비라고 표현할 수 없다. 우리가 하나님의 신비라는 명분으로 3=1로 끌고 갔을 때 그리고 이것을 억지로 설명하려 했을 때 결국 일신론에 빠지고 말았으며, 양태론적인 형태를 띠었고 결국 우리의 삶과는 관계가 없는 하나님, 신앙인의 생활과도 전혀 관련이 없는 추상적이고, 사변적인 하나님을 만들어내게 된 것이다.

2. 삼위공동체론(三位共同體)

초대교회 이후 오늘날까지 기독교 교리 가운데 가장 설명하기 어려운 교리가 바로 삼위 공동체적 신관이다. 세 분 하나님이 한 분이 되고, 한 분 하나님이 세 분이 되는 이 이상한 교리는 이해하려고 노력하다가 많은 사람이 포기하고 결국 이상한 사상으로 발전하고 만다.[20] 삼위 공동체적 교리가 하나님의 존재 신비에 싸여 있는 것은 틀림없다.

그러나 이 신비는 사변적이거나 인식할 수 없는 신비, 또는 경험할 수 없는 신비가 아니다. 오히려 하나님 은총의 계시 안에서 분명하게 경험되고 인식할 수 있는 신비이다. 그럼 우리는 어떻게 삼위 공동체적 신관을 이해할 수 있을까? 이 질문에 대해 김명룡은 다음과 같이 말하고 있다.

> 하나님의 삼위 되심을 이해할 때 첫 번째 가장 중요한 것은 삼위라는 말의 뜻이다. 삼위일체 하나님의 **삼위라는 말은 하나님은 세 분이라는 말이다.** 한국 내의 성도들과 교회들은 삼위를 세 분으로 생각하지 않고 셋이긴 하지만 세 분이 아닌 다른 어떤 형태로 생각하는 경향이 있는데 이는 삼위일체 하나님을 이해하기 위해서 빨리 버려야 할 사고이다.[21]

우리의 신앙에서 삼위 공동체적 신관은 "하나님은 한 분이 아니라 세 분이시다"라는 대전제에서 출발해야 한다.

창세기 1장 1절에 사용된 하나님의 이름 엘로힘(Elohim)은 복수이다. 또한 하나님께서는 인간을 만드셨을 때 복수언어를 사용하셨다. "우리의 형상을 따라 우리의 모양대로 우리가 사람을 만들고"(창1:26) 또한 예수님께서 아버지를 "유일하신 참 하나님"(요17:3)이라고 말씀하는 동시에 "나와 아버지는 하나이니라"(요10:30)라고 확언하셨음을 보게 된다.

결국 하나님의 삼위 공동체성을 이해하기 위해서 우리는 삼위 하나님의 독자성, 독립성을 모두 인정하여야 한다. 아버지는 결코 아들이 아니며 아들을 대신할 수도 없다. 아버지가 아들이 되는 것이 아니라 아버지는 아버지이고 아들은 아들이다.

아들과 성령도 역시 각각 그 독자성과 고유성에 의하여 보장받는다. 몰트만의 삼위일체론은 모두 삼위의 하나님은 각각 독립된 고유의 인격을 지닌 다른 하나님이라는 사실을 말하고 있다.

앞에서 설명했듯이 20세기 신학계에 혁혁한 공을 세운 칼 바르트(K. Barth)는 자유주의에 의해 폐기된 삼위일체론을 재건하고 성경의 하나님이 삼위일체의 하나님인 것을 밝혀내는 업적을 남겼다. 그러나 하나

20_김명룡, 이 시대의 바른 기독교사상, 38.

21_Ibid., 38~39.

22_남기룡, 칼 라너의 삼위일체론, lifelog.blog.naver.com/PostView. 라너는 위격은 여러 영적 활동의 핵심, 여러 주체성과 자유를 의미하기 때문에 세 주체를 의미할 수있다고 말했다. 그래서 위격 대신 '개별적 존재 방식' 개념을 제시했다. "한 분 하나님의 하나의 자기 전달은 주어진 것의 세 가지 다른 방식으로 일어난다. 즉 한 분 하나님은 세 가지로 구분되는 개별적 존재 방식 안에서 존재한다." 라너는 바르트의 존재 방식보다는 구별된 개별적 존재 방식이 더 낫다고 주장했다. 구별된 개별적 존재는 관계적인 것, 즉 아버지와 아들과 성령의 순서 안에 있는 것으로 본다. 라너는 다음과 같이 삼위일체를 재 진술하였다.
① 한 분 하나님이 세 가지 구분되는 방식으로 개별적으로 존재한다.
② 아버지, 아들, 성령의 현존 방식은 대립의 관계로서 구분되어 있다.
③ 아버지와 아들과 성령은 각각 서로 다른 개별적 존재 방식 안에서 한 분 하나님이다.
④ 하나님은 그의 세 가지 개별적 존재 방식을 통해 삼중적으로 존재한다. 라너는 또한 필리오케를 주장하지 않았다. 라너는 성령이 아버지와 아들로부터 나온다고 하지 않고, 그 대신 "성령은 아버지로부터 아들을 통해 나온다"라고 말했다. 라너는 아버지와 아들의 상호 사랑이란 개념에 반대했다. 그는 "로고스는 말하는 분이 아니라, 말해진 분이다. 엄격하게 말하면, 아버지와 아들 사이에 상호 사랑은 없다. 왜냐하면 아버지와 아들 사이의 상호 사랑은 두 행위를 전제하기 때문이다.

님의 삼위 되심을 세 가지 존재 양태(Seinsweise)라고 표현함으로써 완전한 독자적 인격체로서 세 분 하나님을 바르게 표현하지 못했으며, 칼 라너(K.Rahner,1904~1984) 역시 세 가지 존립 양태(Subsistenzweise)로 표현함으로써 오류는 계속됐다.[22]

삼위공동체라는 의미는 성부, 성자, 성령 하나님은 각각 고유한 성품을 가지고 있다는 뜻이다. 그 성품은 서로에 의해서 밀접하게 연관이 되어 있으나 분명히 독립되어 있고 이렇게 독립된 삼위의 영역은 또한 고유의 영역을 가지고 있다. 여기에 대하여 성경은 어떻게 말하고 있는가? 하나님이 세 분 이라는 성경적 근거는 무엇인가?

> 예수께서 세례를 받으시고 곧 물에서 올라오실 새 하늘이 열리고 하나님의 성령이
> 비둘기같이 내려 자기 위에 임하심을 보시더니 하늘로부터 소리가 있어 말씀하시
> 되 이는 내 사랑하는 아들이요 내 기뻐하는 자라 하시니라 (마3:16~17)

위 본문에서 성부, 성자, 성령 하나님은 각자의 고유한 영역이 있음을 보여 주고 있다. 먼저 세례를 받으시는 성자 하나님, 비둘기같이 예수 위에 임하시는 성령 하나님, 그리고 하늘에서 소리로 임하시는 성부 하나님, 이 삼위의 하나님에 대해 우리는 같은 한 분이 아니라 각각 다른 세 분이라는 인식이 먼저 있어야 한다.

우리는 지금까지 당연히 하나님은 한 분이라고 생각해 왔다. 그러나 다시금 성경을 들여다보면 하나님은 각각 다른 세 분인 것을 알 수 있다. 신약성경 기자들도 모두 세 분 하나님을 언급하고 있다. 마태복음에는 "그러므로 너희는 가서 모든 민족으로 제자로 삼아 아버지와 아들과 성령의 이름으로 세례를 베풀고"(마28:19) 분명히 아버지와 아들과 성령으로 구분하여서 부르고 있음을 발견할 수 있다. 사도바울도 고린도서에서 "주 예수 그리스도의 은혜와 하나님의 사랑과 성령의 교통하심이 너희 무리와 함께 있을지어다"(고후13:13)이라고 하면서 성부와 성자의 성령의 이름으로 축원하였다.

하나님이 세 분이라는 증거는 예수님의 십자가 사건에서 극명하게 드러난다. 십자가의 사건은 서로 다른 삼위 하나님의 공동작품이었다. 성자 예수 그리스도는 성부로부터 버림받은 십자가에서 고통당한다. 성부는 성자를 버린 아버지의 아픔 속에서 성자의 고통에 참여하고 있다. 성령은 예수님과 그 고통을 견디며 이길 수 있도록 도와주면서 그 고통에 참여한다. 십자가 사건은 철저하게 서로 다른 삼위 하나님이 서로에게 합일되고 내재한 관계 속에서 이루어낸 공동체적 사건이었다.

몰트만(Jürgen Moltmann)은 다음과 같이 말했다.

한마디로 아버지와 아들 사이에 일어난 이 사건을 성령을 통한 '관계의 사건'으로 이해함을 말한다. 하나님을 버림으로써 하나님의 버림을 받은 그리하여 하나님 없이 살아가는 인간을 위하여 하나님 아버지께서는 그의 아들을 저주와 죽음으로 내어준다. **아들은 아버지에게 버림받은 상태 속에서 저주와 죽임을 당한다.** 그리하여 '나의 하나님 나의 하나님 어찌하여 나를 버리시나이까?'라고 부르짖는다. **그러나 아버지는 아들의 고난과 무관한 상태에 있는 것이 아니라 무한한 사랑의 영, 소위 말하는 성령 가운데서 아들이 당하는 고통을 함께 당한다.**[23]

23_see Jürgen Moltmann, 십자가에 달리신 하나님, 김균진 역(서울:한국신학연구소, 2017).

십자가 사건은 삼위의 하나님이 독립되어 각자 고유의 성품을 갖고 있으면서 하나됨의 관계 속에서 서로 합작하여 인류를 구원하신 역사적이며 공동체적인 사건임을 성경적 증거를 통해 보여 주고 있다. 만약에 십자가 사건에서 삼위의 하나님을 양태론적으로 설명한다면 그래서 만약에 모든 하나님이 같은 하나님이라면 어떠한 결과를 초래하는가?
예수님의 겟세마네 기도는 아주 우스운 꼴이 되고 만다.
예수님은 자신이 자신에게 기도하는 꼴이 되지 않겠는가? 그러나 분명히 예수님은 성부 하나님께 기도하고 있다. "나의 하나님 나의 하나님…"이라고 성부 하나님을 분명하게 지칭하여 부르고 있다. 또한 이 문제는 예수님의 죽음에서 더욱 심각한 문제를 발생시킨다. 단순히 가면만을 바꿔 쓴 하나님이 십자가에서 죽으셨다면 우리는 '하나님의 죽음'을 말해야 하지 않겠는가? 십자가에서 죽으신 분은 성부라고 말해야 하지 않겠는가? 그러나 성경에 증언된 대로 십자가에 죽으신 분은 성부가 아니다. 십자가에서 우리 죄 때문에 죽으신 분은 성자 예수 그리스도인 것이다.
성경을 고찰해 볼 때, 우리는 다음과 같은 결론에 이른다. 삼위의 하나님은 각각 다른 하나님이시다. 그러나 공동체로 존재하시기 때문에 한(참) 하나님이시다.

몰트만은 절대적이며 초월적인 전통적 신관을 비판하는 그의 신학적 근거로서 십자가를 통해 드러난 삼위 공동체 하나님의 관계성에 초점을 맞춘다. 즉, 그는 **'삼위일체론적 십자가의 신학'**을 통해 전통적인 신관과 고전적 삼위일체론을 비판하면서 하나님의 관계성과 공동체성을 강조하고 있다.
그의 십자가 신학에 따르면, 아들을 버리고 내어주시는 성부 하나님 자신은 사랑의 무한한 아픔 속에서 아들의 죽음을 고통당하신다. 그러나 이것은 십자가 신학에 의하면 결코 성부 수난적으로 이해될 수 없는 것

I. 공동체란 무엇인가 | **33**

이다. 오히려 십자가 위에서 성자 예수님과 성부 하나님 관계에서 일어난 것을 파악하기 위하여 우리는 공동체로 존재하시는 각각 다른 하나님으로 이해하여야 한다는 것이다.

아들이 죽음의 고통당하였으며, 아버지는 아들의 죽음을 고통당하는 것이다. 십자가에서 아버지와 아들은 아들의 버림받은 상태 속에서 가장 깊이 분리되어 있으며, 이와 동시에 아들의 내어 줌 속에서 가장 깊이 하나로 결합하여 있다. 또한 아버지와 아들 사이에 일어난 이 사건으로부터 함께 고난당하신 분이 바로 성령님이시다.[24]

• • •
24_김명룡, 이 시대의 바른 기독교사상, 41.

우리는 하나님은 인간의 고통과 아픔의 현장 한복판에서 함께 고통당하실 수 없으며, 인간의 구체적인 삶의 현장에서 창조주 하나님을 경험할 수 없다는 전통적 하나님 개념을 '삼위 공동체적 십자가 신학'을 통해 극복해야 한다. 아들이 경험한 십자가의 고통이 아버지의 고통이 되며 다시 성령님의 고통으로 이어지는, 즉 세 분 하나님의 깊은 인격적 관계가 삼위 공동체론의 핵심이며, 동시에 모든 신학 전체의 출발점이 된다. 성부, 성자, 성령 하나님은 어떻게 한 분으로 연합이 될 수 있는가?

바로 아가페적인 코이노니아(Koinonia, 교제)로 한 지체를 이루고 있다. 아가페적 사랑을 가지고 **성부는** 성자와 성령과 나눔과 섬김을 가지며, **성자는** 성부와 성령과 나눔과 섬김을 가지고, **성령은** 성부와 성자와 나눔과 섬김의 교제를 하고 있으므로 인해 삼위 하나님은 한 공동체를 이루고 있고 한 지체를 이루고 있다.

삼위 하나님의 공동체적 아가페 사랑이 너무나 큼으로 인해, 이 큰 사랑을 나누어줄(표현할) 또 다른 대상이 필요했는데 그것이 바로 천지창조와 인간창조로 나타나게 된 것이다. 그래서 레오나르도 보프(Leonardo Boff)는 "태초에 코이노니아가 있었다"라고 말했다.

그는 하나님은 처음부터 삼위로 있으면서 상호 간에 '교제'가 있었다고 말한다. 즉 아버지는 언제든지 아들과 성령 안에 있다. 아들은 아버지와 성령 안에 내재한다. 성령은 아버지와 아들을 결합하는 동시에 전적으로 그들과 통합한다. 하나님의 삶과 사랑의 힘이 그 세 위격을 하나로 묶어 주기 때문에 세 위격은 완전히 통합을 이룬다. 이 통합은 '상호통제'로써 삼위가 동등하게 영원히 전능하신 사랑의 위격이 된다. 세 위격은 너무나 철저하게 서로 공존하기 때문에 분리될 수 없다는 것이다.

보프는 삼위의 이러한 관계를 '영원한 교제'라고 지칭하면서 이러한 성 삼위 하나님의 영원한 교제의 관계가 모든 인간의 교제와 모든 공동체의 바탕이 된다고 말했다.[25]

• • •
25_see, Jonathan Edwards, 『성 김현진, 공동체 신학(서울: 예영 커뮤니케이션, 2005), 53에서 재인용.
Leonardo Boff, 생태신학, 김항섭역(서울: 가톨릭 출판사, 2013), 54~59.

그러므로 우리는 다음과 같은 삼위 공동체적 신관에 대한 결론을 내릴 수 있다.

첫째, 성부, 성자, 성령 하나님은 각각 고유의 독립적인 하나님이시다. 성부는 성자가 아니시고, 성자는 성령이 아니시고, 성령은 성부나 성자가 아니시다.

둘째, 삼위의 하나님은 서로에 대한 사랑과 사귐을 통해 공동체의 모습으로 존재하신다. 성부는 권위자가 아니라 성자, 성령을 섬기기 위해 존재한다. 성자는 자신을 성부에게 드리기 위해 존재한다. 성부는 성자가 되려고 하지 않고 성자는 성령이 되려고 하지 않는다. 성령은 자기 뜻대로 행하지 않고 성부와 성자의 뜻을 드러낸다. 서로의 자리를 존중하고 서로에게 봉사(Diakonia)한다. 삼위 공동체 하나님은 각각 자신만을 위하여 존재하는 것이 아니라 타자를 위해 섬기는 모습을 보여 준다. 성부는 섬기기 위해 존재하신다. 삼위 하나님은 서로 이러한 사귐과 섬김의 관계성 가운데 계시는 '관계적인 존재'요 '공동체적 존재'이다.

셋째, 삼위 하나님이 서로 교제하고 섬기는 것은 그 자체가 '기쁨'이 되기 때문이다. 진정한 사귐에는 기쁨이 있다. 그러므로 삼위공동체 하나님의 사귐과 섬김은 그 자체가 존재의 목적이며 가장 근본 되는 사역이다. 삼위 공동체로서의 하나님은 온전한 코이노니아의 표본이다.

삼위공동체가 상호 사귐과 섬김의 공동체이듯 우리도 이를 따라 온전한 공동체를 이루어야 하는 것이다. 구원 사역의 본질도 성 삼위의 본질과 같다. 기독교의 섬김의 사역은 성 삼위의 본성과 같이 서로 사귐과 섬김의 모습 속에서 비롯되는 것이다.
이러한 삼위 공동체 하나님의 온전한 교제의 모든 관계는 인간들에게 표본을 제공하며, 인간의 공동체 속에 투영될 뿐 아니라 그리스도인들이 새롭게 공동체를 건설해 나갈 수 있도록 능력을 부여해 주고 있다. 우리에게 오신 성령님은 자신의 코이노니아 역사로써 공동체로 살아가고 공동체를 섬기는 구체적인 방안을 우리에게 가르치시고 인도하신다. 그러므로 삼위공동체 하나님을 믿는 모든 성도와 교회는 하나님의 영광스러운 교제의 관계를 반영하는 살아 있는 공동체가 되어야 하는 것이다.[26]

•••
26_Ibid., 54.

제1장

1. 단일신론의 핵심은 무엇입니까?

2. 역동적 단일신론과 양태론적 단일신론의 차이점은 무엇입니까?

• 역동적 단일신론:

• 양태론적 단일신론:

3. 그리스도 양자론과 그리스도 종속론은 무엇입니까?

• 양자론

• 종속론

4. 왜, 단일신론은 이단으로 정리되었습니까?

5. 삼위공동체론의 정확한 신관을 서술하세요.

제2장

교회의 본질과 실제

교회의 본질은 바로 신앙의 본질이다. 왜냐하면 신앙의 실제가 나타나는 것이 교회이고 이런 교회는 그리스도의 몸의 지체를 이루면서 누룩과 같이 이 땅에서 그리스도의 나라를 확장하기 때문이다.

20세기 교회론(敎會論)에 불을 지핀 개신교 신학자는 칼 바르트였고, 본질적 교회론을 가지고 모든 교파에 교회론을 확장시킨 가톨릭 신학자는 한스 큉(Hans Küng)이었다.

바르트는 예수 그리스도 안에서 선택된 공동체에 대하여 "이스라엘 백성으로 존재하는 동시에 유대인과 이방인으로 형성된 교회도 존재한다."[27]고 말한다. 이 양자는 서로 분리될 수 없이 하나를 이루는 것으로 교회 공동체는 이스라엘이고, 이스라엘 공동체는 교회임을 강조하였다. 왜냐하면 이스라엘과 교회는 한 공동체의 두 면에 불과하여 이 두 면은 그의 주님 되신 예수 그리스도의 두 면에 근거가 되기 때문이다. 예수 그리스도의 두 면에 대하여 바르트는 "예수 그리스도는 아브라함과 다윗의 약속된 아들로서 이스라엘의 메시아요 동시에 유대인과 이방인들 가운데서 부름을 받아 회집한 교회의 머리요, 주님이시다."라고 설명하였다.[28]

예수 그리스도로 인해 하나님 나라가 이 땅에 건설되게 되었고 성령님으로 인해 초대교회가 설립되었다. 성령님은 인간을 위해 인간에게서 행동하시고, 인간에게로 와서 화해하시는 하나님을 계시하신다. 인간 편을 들어 행동함으로써 인간이 자기 자신을 긍정하고 그와 동시에 하나님을 긍정하도록 만드시는 '하나님 자신의 영'으로서 인간에게 임재하셨다. 그러므로 성령님은 교회를 설립하고, 생명력 있게 조명하신다. 예수 그리스도가 성령님을 통하여 교회를 가능하게 하시기 때문에 교회가 존재하는 것이며 이러므로 성령님은 그리스도인의 공동체와 관계 맺으시는 예수 그리스도의 능력이 되신다. 교회란 '성령님의 역사로 함께 불러내심을 받은 자들이 만왕의 왕의 소집으로 모여 있는 곳'이다.[29]

한스 큉은 교회를 보는 두 가지의 잘못된 시각을 거부한다.

27_Karl Barth, Die Kirchliche Dogmatik, II/2, G. W. Bro_miley and T. F. Torrance, Trans(Edinburgh : Knigh, 2019), 210.

28_Ibid., 218.

29_see 이신건, 칼 바르트의 교회론(서울: 한들출판사, 2000).

첫째는 교회가 걸어온 역사를 무시하고 비역사적으로 교회를 보는 것이다. 이것은 교회를 이상화(理想化)하고, 추상화(抽象化)하는 오류를 낳는다.

둘째는 교회가 가진 하나님과의 관계를 무시하고 교회를 인간적으로만 파악하는 비신앙적인 시각이다. 교회의 참모습은 비신앙인의 눈에는 드러나지 않는다. 교회에 대한 찬양과 비판은 그것이 불신앙인의 피상적인 주장일 때에는 모두 교회의 참모습을 보지 못한다. 교회는 믿는 자들의 공동체이며 신앙인의 눈에만 그 참모습이 나타난다.

그는 구원의 행위가 교회론의 최상의 가치라고 말했다.

> 신앙이 먼저냐 교회가 먼저냐 하는 것은 마치 닭이 먼저냐, 달걀이 먼저냐 하는 것과 마찬가지로 끝이 없는 질문이다. 신앙도 교회도 절대화해서는 안 된다. **절대화된 신앙은 교회를 붕괴시킨다.** 이것이 프로테스탄트의 위험이다. **절대화된 교회는 신앙을 파산시킨다.** 이것이 가톨릭의 위험이다. 무엇보다 중요한 것은 하나님의 **구원행위가 신앙에도 교회에도 앞선다는 것이다.**[30]

그러나 궁극적으로 신앙은 단순히 교회에서 나올 수는 없고, 교회도 단순히 신앙에서 나올 수는 없다. 교회는 개인 신앙의 결단과는 상관없는 객관적인 존재가 아니며, 신앙인들도 스스로 모여 교회를 만들 수 있는 것은 아니다. 신앙과 교회는 서로 의존하여 서로가 도와서 열매를 맺는다. 그러나 궁극적으로 신앙과 교회의 근거는 서로가 상대방에서 찾을 수 있는 것도, 독자적으로 찾을 수 있는 것도 아니다. 오직 자비로운 하나님의 구원행위 안에 그 공통의 근원이 있다.
교회는 인간들로 구성된 교회이자 하나님의 은총으로 이루어진 하나님의 교회다. 죄 많은 동시에 거룩하고, 거룩한 동시에 죄 많은 공동체이다. 이것이 바로 교회론적으로 본 '의인 겸 죄인(Simul iustus et peccator)'이라는 이론이다. 즉 '죄인 공동체(Communio peccatorum)'가 **그리스도의 은혜**로 말미암아 '의인 공동체(Communio sanctorum)'로 되는 것이다.[31]

· · ·
30_Hans Küng, 교회란 무엇인가, 이홍근 역(왜관:분도출판사, 2023), 44.
see Hans Küng, 교회, 정지련 역(서울 : 한들출판사, 2007).

· · ·
31_ Ibid., 140.

1. 하나님 나라(The Kingdom of the God)

가라사대 때가 찼고 하나님 나라가 가까웠으니 회개하고 복음을 믿어라(막1:15).

'하나님 나라', '하나님 왕국', '하나님 통치'라는 의미의 그리스어 바실레이아(Basileia tou thou)라는 단어는 공관복음서에 약 백 번 정도 나온다. 그러나 오늘날 보편적으로 사용하고 있는 교회(에클레시아, Ekklesia)라는 단어는 복음서에서 단 2번(마16:18, 18:17)만 나온다. 예수님의 설교에 있어서 대부분 사상은 바실레이아였다.[32]

예수님의 하나님 나라는 구시대가 지나가고 새로운 시대의 도래를 의미하는 종말론적인 하나님 나라를 의미한다. 하나님 나라의 실현은 마귀와 그의 사자들이 궁극적으로 완전한 파멸을 당하고(마25:41) 악에 물들지 않는 구속된 무리가 형성되며(마13:36~43) 메시아적인 잔치에 참여하여 하나님과 완전한 교제를 나누게 될 것을(눅13:28~29) 의미한다.이런 의미에서 하나님 나라는 미래지향(未來指向)적인 의미를 가지고 있다.
우리는 종말론적인 하나님 나라에 들어가기 위해 현재적(現在的)으로 선포되는 하나님 나라를 절대적으로 의존하는 신앙이 있어야 한다. 하나님 나라는 현재적 의미와 미래적(未來的) 의미를 동시에 가지고 있다. 하나님 나라를 현재적 실제로 보는 성경 구절이 마태복음 12장 28절이다. "그러나 내가 하나님의 성령을 힘입어 귀신을 쫓아내는 것이면 하나님의 나라가 이미 너희에게 임하였느니라." 예수님의 사역 가운데 가장 큰 사역 가운데 하나는 바로 귀신을 내쫓는 사역이었다.
예수님의 명령 한 마디로 인간들 속에 역사하는 마귀 멍에를 해방함으로 사람들을 놀라게 하였다. 그러므로 하나님 나라는 다가온 미래적, 종말론적 나라임과 동시에 현재에 우리의 삶과 신앙 속에서 적용되는 현재적 하나님 나라임을 알 수 있다.[33]

신약에서는 두 가지의 구원론(救援論)이 존재한다. 즉 하나님의 뜻인 완전한 구원이 하늘에서 이루어졌다는 구원론이다. 또 하나는 이런 완전한 구원론 속에 있는 그의 나라가 그분의 뜻에 의해, 그 뜻을 이 **땅** 위에도 가져옴으로 인해 이루어지는 인간구원론이다. 오는 세대에서는 하나님의 나라(The Kingdom of the God)가 이 땅으로 내려오고, 역사적인 존재로 새로운 수준의 구속 받은 우리는 끌어올려진다.
한스 큉은 종말론적 하나님 나라를 설명하면서 이것은 세속적, 민족적,

32_Geoge Eldon Ladd, 신약신학, 신성종, 이한수 역(서울:대한기독교서회, 2012), 77~83.

33_ Ibid., 84~86.

34_Hans Küng, 48~49. 종교적 지배란 완전한 하나님 통치를 의미한다.

35_Howard Snyder, Community of the King (Illinois : Intervarsity Press, 2004), 13.

36_예수 생애에 교회는 없었으며 교회를 세우려고 하지도 않았다. 오직 예수님의 관심은 이 땅에 하나님 나라를 건설하는 것뿐이었다. 그러나 예수 부활 이후에 그를 따르는 제자들에 의해서 교회라는 제도가 만들어졌다.

37_김현진, 공동체신학, 44~45.

종교적 신정(神政)이 아니라 순수한 종교적 지배(支配)라고 말한다.[34] 어떤 인간적 기대(눅19:11, 23:42)도, 왕국의 높은 자리(막10:35~45)도, 어떤 폭력 행위(막14:17~21)도 거부한다. 죄인과 불경한 자들에 대한 복수의 심판도 아닌 오히려 죄인들을 구원시키는 역사적 사건을 강조한다.

교회는 하나님 나라를 증명하는 도구이며 대리기관이다. 스나이더(Howard Snyder)는 "교회는 하나님 나라를 건설하기 위한 그의 사신이다. 교회는 하나님께서 그의 화해의 뜻을 이루시는 회상의 수단이다."라고 교회를 정의하였다.[35]

예수님은 하나님 나라를 건설하러 이 땅에 오셨다.[36] 그러면 이 땅에 하나님 나라가 어떻게 건설될 수 있는가? 김현진은 하나님 나라가 다음과 같이 건설된다고 설명하고 있다.

> 하나님의 나라는 회개하고 복음을 믿음으로써 이루어지고(마3:2, 막1:15) 물과 성령으로 거듭나서(요3:1~5) 복음을 믿는 사람들 가운데 나타난다(눅17:21). 하나님을 신령과 진정으로 찬양하고 예배하는 가운데 나타난다(시22:3). 병을 고치고 귀신을 쫓아내는 기적 가운데서 하나님의 나라가 나타나고(눅11:20) 또한 어린아이 같은 겸손함과 단순한 믿음(마18:1~5), 헌신과 충성, 낮아지고, 주고 버려지는 섬김의 삶(마19:13~30, 가난한 자와 나누는 공의의 삶(막10:21~23 ; 눅18:22~24), 온전한 사랑의 실천 등을 통해서 나타난다. 무엇보다도 천국의 헌장인 산상수훈(마5~7장)은 천국, 즉 하나님의 나라가 무엇을 통하여 나타나는가를 총괄적으로 말해 주고 있다. 산상수훈은 그리스도의 제자들이 지켜야 할 새 법으로서의 제자도이다. 그 제자도는 원수까지 사랑하는 '철저한 제자도(Radical Discipleship)'를 가리킨다. 이 제자도는 인간으로서는 지키기가 매우 힘든 명령이다. 그러나 이것은 이루어졌다. 오순절 성령이 강림하셨을 때 초대교회는 성령의 능력으로 병든 자를 고치고 귀신의 역사를 물리치는 기적을 베풀어 하나님 나라를 나타내었고, 또한 물질까지 온전히 나누어 가난한 자가 없는 '사랑의 공동체'의 삶을 통하여 하나님 나라를 보여 주었다… **하나님 나라는 철저한 제자도라는 새로운 가치관으로 형성된 '새로운 공동체'를 통하여 나타난다.**[37]

2. 에클레시아 (Ekklesia)

구약 히브리 성경을 그리스어로 번역할 때(70인 역, The Septuagint) 히브리어 '부르다'의 카할(Qahal)은 에클레시아(Ekklesia)로 번역되었으며 100번 정도 사용되었다. 카할은 하나님께 듣기 위해 또는 하나님을 위해 행동하기 위해, 하나님에 의해 불러 모은 하나님의 백성이란 뜻이다(신9:10; 10:4;23:1~3).

다시 말해 '하나님의 회중(會衆, 교회)'이라고 말할 때는 '택함을 받은 백성이 하나님의 부름을 받고 그 앞에 회집한 단체'를 의미한다. 신약에서도 이처럼 성도들의 모임을 말하는데 예수 그리스도를 통하여 하나님의 부르심에 응답하여서 모인 회중을 가리켜 교회라고 말했다.[38] 또 다른 종교적 모임으로 히브리어 에다(Edah)라는 단어가 나오는데 민수기에서 나타나는 회막(The tent of meeting) 앞에 모인 사람들을 의미한다. 에다는 보통 쉬나고게(Synagogue)로 표현되고 있다. 쉬나고게는 유대인들만의 종교적 모임인 회당으로 번역되었다(행13:43). 그러나 일반적으로 신약의 교회를 나타내는 데 사용된 용어는 에클레시아다.

에클레시아는 복음서에서 두 군데(마16:18;18:17)에만 유일하게 사용되었고 바울서신에 46회, 사도행전에 23회가 사용되었다. 에클레시아라는 말에는 '속세에서 사람들을 불러 모았다'라는 소극적인 의미보다는 '하나님 뜻에 복종하기 위하여서 모인 무리'라는 적극적인 의미가 있다. 특히 히브리어와 헬라어에 '불러 모았다'라는 의미는 어떤 특정인만 부르는 배타적 부름이 아니고 포괄적(包括的), 보편적(普遍的) 의미가 매우 강하다.

그러므로 교회는 그 본질에 있어서 모으기 위해, 선택되었기 때문에 모인 것이라기보다는 하나님이 부르셨기 때문에, 하나님의 음성을 듣기 위해 모인, 모든 사람을 통칭함을 의미한다. 교회는 구약으로 거슬러 올라가 하나님이 그의 선민인 이스라엘과 맺은 언약과 그들이 모이는 성막이 근거가 된다. 이 구약 공동체는 그리스도의 교회 공동체의 그림자로서 신약에 이르러 구체적인 조직 교회 공동체가 되었다.

신약에서는 에클레시아가 세 가지의 다른 용법으로 사용되었는데,

첫째, 보편적인 교회(고전10:32;12:28;빌3:6):예수님을 그리스도, 주님, 하나님의 아들로 고백하고 주님께 경배와 찬양을 드리는 그리스도와 영적으로 연합된 성도들의 모임으로서의 공동체.

둘째, 각 지역의 흩어져 있는 교회(행9:31;고전16:19):예루살렘을 중심으로

38_하용조 편찬, 비전성경사전 (서울:두란노)

한 지역 교회보다는 더 선교적이고 광범위한 아시아의 여러 교회 공동체.

셋째, 장소를 불문하고 예배를 위해 모인 서도들의 소그룹별 모임(고전 11:18;14:23) : 조직적인 형태는 아니지만, 주님을 고백하는 적은 무리가 모여서 하나의 가정교회 공동체를 이루는 교회를 말한다.[39]

39_Ibid., 60~61.

이런 에클레시아는 코이노니아(Koinonia)와 디아코니아(Diakonia)를 통해 열매를 맺을 수 있었다. 즉 교제와 섬김 속에서 비로소 교회 공동체의 본질이 성립되고 이런 교회 공동체를 통해 새로운 형태의 재창조가 시작되는 것이다.

3. 본질로서의 교회

신앙에 있어서 교회의 본질은 영원불멸한 고정상태로 이해하지 않는다. 교회의 본질은 변하는 역사적 형태 속에서 새롭게 태어날 수 있다. 이런 점에서 본질도 역시 변할 수 있다고 말할 수 있다. 그러나 본질이 변한다는 의미는 교회의 본질이 어떤 고정된 방식으로서가 아니라 역사(歷史) 속에서 사전적 형태로 재해석(再解釋)된다는 것을 의미하는 것이다. 교회는 역사적 형태 가운데에서 존재한다. 이러한 사실은 초대교회, 교부시대, 중세 그리고 현대의 교회 상의 변화에서 잘 드러난다. 교회는 이렇게 역사적인 형태 가운데서 존재하며 역사적인 형태는 시대와 상황의 제약 가운데 있는 비영속적(非永續的)이다. 그러나 이러한 역사적 형태 가운데 영속(永續)하는 본질이 있다. 이 본질은 교회의 근원(根源)으로부터 나오는 것이며 비영속적인 역사적 형태 속에서도 교회를 교회답게 하는 데 있는 것이다.[40]

40_Hans Küng, 42~45

교회에 대한 신앙고백이 함축하고 있는 것은 교회는 가시적인 제도만이 아니라 그 이상의 어떤 불가시적인 무엇들도 있어야 한다는 것이다. 한스 큉에 의하면 우리가 교회 자체를 믿기보다는, 교회에서 역사하시는 역동적 하나님을 믿어야 한다는 것이다. 우리가 교회 자체를 믿지 않는다는 뜻은 첫째, 교회는 하나님이 아니기 때문이고 둘째, 바로 우리가 교회이기 때문이다. 반대로 교회에서 역사하시는 역동적 하나님을 믿는다는 뜻은 첫째, 교회는 하나님의 은혜와 믿음을 통하여 존재하기 때문이고 둘째, 믿음은 하나님의 은혜에 의해 교회를 통해 주어지기 때문이라는 것이다. 그러므로 교회는 신앙의 대상이 아니라 믿어지는 대상이

...
41_Ibid., 42~45.

되어야 한다는 것이다.[41]

그럼 진정한 **교회의 본질**은 무엇인가?

첫째, 계약된 하나님의 소유된 백성(Laos Eis Peripoiesin, 벧전2:9)으로서 책임과 의무를 다하는 것이다.

> 그리스도에게 속한 사람은 아브라함의 자손이며 따라서 약속에 의한 상속자들이 되는 것이다(갈3:20)

신약에서 베드로는 "오직 너희는 택하신 족속이요 왕 같은 제사장들이요 거룩한 나라요 그의 소유가 된 백성이니…너희가 전에는 백성이 아니더니 이제는 하나님의 백성이요…(벧전2:9~10)"라고 말하고, 바울도 호세아서를 인용하여 하나님께서 유대인들만 아니라 이방인들도 자기 백성으로 부르신다고 밝히고 있다.

> 이 그릇은 우리니 곧 유대인 중에서뿐 아니라 이방인 중에서도 부르신 자니라 호세아의 글에도 이르기를 내가 내 백성 아닌 자를 내 백성이라, 사랑하지 아니한 자를 사랑한 자라 부르리라 너희는 내 백성이 아니라 한 그 곳에서 그들이 살아 계신 하나님의 아들이라 일컬음을 받으리라 함과 같으니라(롬9:24~26)

이처럼 신약 기자들은 교회를 구약의 이스라엘 백성과 연관을 가진 의미로 사용하였고, 그리스도인들을 하나님이 선택한 이스라엘 백성의 연속적 확장으로 표현하였다.
그러므로 신약 교회에 대한 가장 기본적인 정의는 '그리스도 안에서 하나님의 백성(참조. 고전1:2)'이다.
하나님의 백성이라는 교회의 정의는 그리스도 안에서 이스라엘 백성을 초월하여 유대인뿐 아니라 이방인들도 하나님의 동일한 백성이 될 수 있다는 것이다. 과거에 하나님을 믿었던 이스라엘 백성과 지금까지의 역사 속에 존재해 왔던 다양한 교파의 그리스도인들 모두가 역사 안에서 일직선상으로 본향을 찾아가는 하나님의 한 백성의 범주에 들어간다. 또한 현재의 다양한 인종과 교파들도 하나님의 백성이라는 교회의 정의 아래 모두 포함된다.
하나님이 아브라함을 부를 때(창12:1~3)나 예수님이 제자들을 부를 때(막1:16~20)는 분명히 개인적으로 부르시지만, 언약을 맺을 때는 항상 공동체를 향해서 맺으셨다(창17:7;행1:8). 그러므로 하나님의 백성이란 교회의 개념을 여기서 공동체적인 개념임을 알 수 있다. 이러한 의미에서 로잔

42_로잔 세계복음화 한국위원회, 로잔 세계복음화 운동의 역사와 정신, 조종남 편역(서울: IVP, 1990), 58.

언약의 제4항은 교회를 '하나님의 백성의 공동체'라고 정의하였다.[42] 바울은 그리스도의 속죄 죽음을 통해 일어난 구원을 하나님께서 죄인들을 자신에게 '**화해시킴**'이라는 언어로 설명한다(롬5:1~11;고후5:18~21;엡2:11~19;골1:20~22). 이것은 인간들을 창조주 하나님께 죄를 짐으로써 갈등 관계에 있는 것으로 보고, 그리스도 속죄의 죽음을 화목 제사로써 하나님과 인간들 사이에 갈등을 제거하고 화평을 이룬 것으로 보는 것이다. 우리를 '**의인 만듦**'과 마찬가지로, 우리를 하나님께 '**화해시킴**'도 철저히 하나님의 은혜의 행위이다. 다른 종교들은 인간들이 신을 기쁘게 하여 자신들의 죄에 대한 신의 진노를 풀어버리고 신을 자신들에게 화해시켜야 하는 것으로 가르친다.

그러나 바울의 일관된 언어 사용은 하나님께서 그리스도를 화목 제사로 바쳐 그의 '원수들'인 죄인들을 자신에게 화해시켰다는 것을 강조한다. '**의인 됨**'이란 구원의 대상인 죄인들이 하나님과 올바른 관계가 회복되어 이제 하나님의 은혜로 살 수 있게 되었다는 것이다. 즉 창조주의 무한한 부여함에 참여하여 신적 생명을 얻게 되었다는 것이다. 하나님과 '**화해됨**'이라는 구원의 실재도 결국 마찬가지이다. 하나님과 올바른 관계 회복됨이 다른 말로 하면 '**화해됨**'이다.

사도 바울은 이 화해됨을 에베소서 2장 11~19절에서는 죄인들이 하나님께 화해됨에만 적용하는 것이 아니라 그리스도 안에서 유대인들과 이방인들이 화해됨에도 적용한다. 그리스도의 화목 제사는 유대인들이냐 이방인들이냐를 막론하고 죄인들을 하나님께 화해시키고, 또 유대인들과 이방인들을 서로 화해시켰다는 것이다. 그 결과로 태어난 교회는 하나님께 화해되고 서로에게 화해된 유대인 성도들과 이방인 성도들의 공동체로서 하나님의 한 백성에 속한다.

골로새서 1장 20~22절에서는 그리스도가 십자가에서 드린 화목 제사로 말미암아 하나님께서 죄인들인 인간들뿐 아니라 심지어 온 우주 만물들까지도 창조주 자신에게 화해시켰다는 것이다.[43]

43_김세윤, 복음이란 무엇인가(서울: 두란노, 2021), 178~179

그래서 피조세계 전체가 사단의 유혹에 빠져 창조주 하나님께 대항하는 상태가 종식되고, 그들이 다시 창조주에게 환원되게 되었으며, 그 결과로 온 우주에 걸쳐 화평(샬롬)이 이루어지게 되었다는 것이다.

하나님에 대한 사랑은 이웃에 대한 사랑으로 표현되듯이, 하나님께 화해됨은 당연히 이웃에게 화해됨을 동반하게 되어 있다. 그러기에 바울은 에베소서와 골로새서에서 죄인들의 하나님과 화해와 함께 '이웃'(다른 인간들)과의 화해와 인간의 주도 아래 놓인 피조세계 전체(창1:28;롬8:19~22)와의 화해도 말하고 있는 것이었다.

20세기는 엄청난 갈등의 세기였다. 두 번의 세계대전이 일어났고 크고 작은 수많은 전쟁, 공산주의 진영과 자본주의 진영의 이념적 대립과 냉전, 제국주의 세력과 식민지 민족들의 갈등, 온갖 부족들간의 갈등, 종교 간의 갈등, 환경 파괴 등 이런 엄청난 갈등의 와중에 있었다. 그 가운데서 인간들은 인류 전체를 없애버릴 수 있는 핵무기 등 대량 살상, 무기를 가지고 서로를 적대시하는 무시무시한 상황이 지속되는 세기였다. 그래서 인류와 지구가 과연 살아남을 수 있을까 하는 근본 문제까지 제기되었다.

이런 상황에서 세계교회는 그리스도 안에 있는 하나님의 구원을 '화해'의 범주로도 선포해야 할 필요성을 절실히 깨닫게 된 것이다. 사도바울의 모범을 따라 우리는 그리스도 구원의 복음을 꼭 '의인 됨'의 범주로만 선포할 것이 아니라, '화해'의 범주로도 선포해야 한다. 그래서 인간들은 하나님께 화해시키고 서로에게 화해시켜야 하며, 심지어 인간들로 말미암아 파괴되어 가면서 인간들에게 복수하는 자연환경과도 화해를 도모해야 한다. 그리스도 안에서 이루어진 하나님의 '화해'의 구원이 개인들 간에 사회 공동체내에서, 민족들간에, 그리고 온 우주적으로 실제화하게 해야 한다.

어떤 근본주의적 교단은 자신들의 교회만이 정통이며, 자신들과 신학적 생각이 다른 교파는 배교적이며 신학적으로 부패한 사람들이라고 간주하는 경향이 있다. 특히 개신교는 과거 2,000년 동안 존재해 왔던 교회를 역사 안에서 분리해 버리는 경향이 있었다. 분리적인 교단이나 교파들은 점차적으로 하나님과도 분리되어서 역사 안에서 존재했던, 본향을 향해 나아가는 '한 하나님의 백성 개념'에서 점점 멀어지게 되었다.

소위 정통 교단이라는 것은 오히려 모든 그리스도인이 한 하나님의 백성이 된다는 성경적이며 정통적인 교회의 개념에 대립하는 결과를 초래하였다. 배타적이며 반역사적인 분리주의는 이스라엘 백성을 넘어 이방인까지 그리스도 안에서 하나님의 백성으로 받아 주는 하나님의 관용 차원에서 볼 때 이는 분명 하나님의 백성으로서의 교회 개념에 정면으로 배치되는 일이다.[44]

• • •
44_Robert Weber, 복음주의란 무엇인가, 홍성주 역(서울: 생명의 말씀사, 2003), 53.

'그리스도 안에서 하나님의 백성 됨'이라는 교회관을 더욱 진지하게 갖는다면 우리는 점차 배타주의의 벽을 허물고 서로를 수용하는 '공동체적인 태도'를 가질 수 있게 된다. 각 교파와 교단의 신앙고백 표현이 다르다고 해도 모든 교회 안에 하나님의 백성이 있다는 사실을 인지한다면 문제가 최소화된다.

우리가 교회에 대하여 포용적으로 이해해 가면 갈수록 역사 속에 존재해 왔던 다양한 하나님 백성들의 교회에 대하여 더 많은 관심을 가질 수 있게 된다. 그들의 이름이 개신교이든 그리스정교회든 혹은 복음적이든

• • •
45_우리는 우주적인, 전 인류
적인 교회 공동체 관을 가지
고 있어야 한다. 하나님은 교
파, 교황, 교리, 교본을 뛰어넘
어서 존재하시는 세상 통치적
(Kosmokratoras)존재이시기
때문이다.

• • •
46_D. Watson, 교회의 진정
한 표상, 오광만 역(서울: 여수
룬, 1993), 844.

• • •
47_교회의 성격은 단일성, 거
룩성, 보편성, 사도성으로 규정
되는데 이 4가지를 다 갖춘 교
회를 보편적 교회라고 칭한다.
사도신경에서 '보편적 교회'라
고 말할 때 그 보편성을 말하는
그리스어 καθολικηχ 라틴어의
catholican, 영어의 catholic
이란 말이 천주교를 가리키는
Catholic이란 말과는 전혀 다
른 뜻이다. 이 두 말은 로마자
표기에 있어서 전자는 첫 자를
소문자로 쓰고 후자는 첫 자를
대문자로 써서 형태상으로 구
별이 된다.
See, 나채운, 주기도, 사도신
경, 축도, 개정증보판(서울: 성
지출판사, 2001), 193~195.

• • •
48_Hans Küng, 173.

진보적이든 간에 '교회는 하나님의 백성의 공동체'라는 사실을 우선 인식해야 할 것이다.[45]

둘째, 그리스도의 몸을 교회 공동체 안에 실현시켜 나가는 것이다.
신약성경에서 교회 개념 중에서 간과할 수 없는 것은 바울이 사용한 '그리스도의 몸'이라는 말이다. 이 말을 통하여, 바울은 교회가 그리스도의 인격과 구원 사역과는 분리할 수 없다는 사실을 제시해 주었다. 바울에 의하면 교회가 그리스도로 인하여 존재하여 형성되고, 지도체계가 확립되기 때문에 교회는 그의 몸이며, 그로 인하여 생명을 갖고 통일을 이루며, 영적으로 성장하게 된다.
이것은 교회가 인간에 의한 구조물이 아니라, 세상을 향하신 하나님의 행위에서 비롯된 것임을 즉 예수 그리스도라는 교회의 신적 기원과 하나님의 언약에 의한 것임을 말하는 것이다.

바울이 사용한 '그리스도의 몸'이라는 개념은 교회에 대한 여러 가지 의미와 교훈을 우리에게 주고 있다. 바울은 그리스도의 몸이라는 개념을 통해 교회의 통일성과 조화를 나타내주고 있으며, 개개인의 의사와 행위를 초월하는 그리스도에의 통일을 목표로 하고 있다. 여기에 대해 왓슨(D. Watson)은 교회를 하나의 유기체적 통일성이라고 표현하였다.
그에 의하면 교회는 결코 같은 생각을 지닌 사람들의 모임이 아니다. 교회는 오히려 여러 부류의 다양한 사람들이 모인 곳이다. 그런데도 이 모든 다양한 요소가 그리스도 안에서 통일을 이루어야만 한다고 주장하였다.[46]
이는 성도 서로가 '지체'됨을 확인하며, 유기적 관계, 상호의존성을 가지며, 그리스도 안에서 연합되어 있다. 이에 대해 깔뱅은 교회를 보편성을 가진 보편적 교회라고 표현했다. 한스 큉은 보편적 교회론(Ecclesian catholican)[47]에서 공동체 교회는 복음, 성례와 같은 신앙 행위에 따라 내적으로 서로 일치를 이룬다고 말했다.[48]
에클레시아는 무엇보다도 몸의 개념을 통해 설명하듯이 머리 되신 예수 그리스도 안에서 연합해야 하며, 또한 지체의 목적을 이루기 위해 상호 결합해야 한다고 말한다. 그러므로 교회는 그리스도 몸의 개념에서 살펴보듯이 머리 되신 예수 그리스도로 말미암아 공동의 목적을 실현하기 위해 무엇보다도(완벽한 몸을 위해 지체의 협력이 필요하듯이) 통일된 하나의 몸이 되는 일에 자신을 복종시키는 일이 요구된다.
교회가 하나님과 관계를 이루어야 하듯이 성도 역시 그리스도 안에서 상호 관계가 이루어져야 한다. 교회의 단일성 문제로서 교회는 무엇보다 다양성 속에서도 일치성을 가져야 한다. 교회의 단일성을 단순히 여러 지역적으로 모이는 공동체 속에서만 찾아서는 안 된다. 개별 교회도 어떤 자립성을 의미하는 것이고, 또 이 개별 교회가 유일한 것이 아닌 한 지역 교회의 단일성이야말로 복수성을 내포하고 있어야 한다. 그러므로 에클레시아는 무엇보다도 다수성을 전제로 한다고 볼 수 있다.

보편적 교회 즉 가톨릭(Catholic)의 의미는 오직 하나의 교회만을 의미하는 것이 아니다. 하나님의 부름이 각양이고 성령의 은혜가 각색이며, 그리스도의 지체들의 역할이 각종임을 볼 때 삼위 공동체를 믿는 모든 교회가 보편적 교회이다. 각 교회가 받은 하나님의 사명에 대해 부정하거나, 제한시키는 어리석음을 범하는 어리석음을 피해야 할 것이다. 하나 됨은 교회를 부르신 또 하나의 목적임을 결코 간과해서는 안 된다. 그렇지 아니하면 교회가 목적을 수행할 수 있는 능력을 상실하게 된다. 몸의 개념은 교회의 고유한 능력이 가시화되는 방법이기 때문이다.

교회의 능력은 무엇보다도 지체로서의 개념이 실제화될 때 부름의 사명을 감당할 수 있도록 나타나기 때문이다. 그러므로 무엇보다 교회는 그리스도의 몸으로서 존재해야 함을 상기해야 할 것이다.

오늘날 교회의 비극은 무엇보다도 그리스도의 몸의 본질이 변질하여 추상적으로 되어 버림이다. 이로 인해 교회의 고유한 능력을 상실해 버린 것에 기인한다.

신약의 교회는 에클레시아의 개념에서 증거하고 있듯이 다양성만을 말하는 것이 아니다. 다양성 속에 이루어지는 하나 됨 즉 연합됨을 의미하며 이것이 공동체적인 삶의 형태로 나타남을 의미하는 것이다.

결국 그리스도의 몸을 이룬다는 의미는 이러한 본질적인 것들을 나의 삶 속에서 공동체 안에서 실현해 나가는 것이다.

셋째, 진정한 공동체성을 회복하는 것이다.

종교개혁 당시 가톨릭에 대항해서 내건 개혁의 구호는 성도의 교통(Communio Sanctorum)이란 말이었다. 성도란 그리스도를 주님으로 고백하는 사람들이며 교통이란 공동체적 삶을 의미한다. 교통이란 말인 꼼뮤니오(Communio)라는 말이 그리스어 Koinonia에서 나온 것이며, Koinonia는 Community(공동체)의 어원이다.

신약에서 공동체를 지칭할 때 그것은 곧 교회를 가리킨다. 동시에 초대교회는 실제적인 공동체 모습이었다. 그래서 신약 교회를 교회 공동체라고 하며, 그 교회를 실제적인 공동체로 되게 하는 것은 성령의 코이노니아였다. 그런데 이 교회의 공동체됨은 단순히 관념적이거나 개념적인 것이 아니라 매우 실제적이며 전 생활적인 것이다.

초대교회 성도들은 성령세례를 받자마자 속사람이 변화되어 모두가 한 마음과 한뜻이 되었으며, 자원해서 물질을 나눔으로 그들 중에 가난한 사람들이 하나도 없게 되었다. 이뿐 아니라 대사회적으로는 고통당하는 이웃과 함께하는 삶을 살아가기 시작함으로써 온 백성들로부터 칭찬받게 되었다. 즉 초대교회의 성도의 교통은 결코 개념적인 것이 아니라 생활 속에서 실제로 보일 수 있는 가시적인 공동체성이었다는 것이다.

코이노니아의 신학적 의미는 성령님의 사역을 중심으로 하여 정리되어야 한다. 코이노니아의 주최는 성령님이시다. 이러한 성령님께서 교제하게 하는 사역에는 세 영역이 있다.[49]

...
49_김현진, 공동체 신학, 56.

첫째, 수직적 코이노니아가 있다.

수직적 코이노니아는 성령께서 신자들과 그리스도, 하나님과 교제케 하는 것을 말한다. 예수 그리스도는 구속 사역을 통해 하나님과의 관계를 회복시키셨다. 그런 예수 그리스도와 신자 간의 일대일 교제가 이루어지게 하시는 분이 성령님이시다. 오순절 성령세례는 코이노니아의 결정판이었다.

성령님이 우리 안에 오신 것 자체가 자기 백성과 교제하기 위한 삼위 공동체 하나님의 수직적 코이노니아적 사건이다. 성령은 우리를 그리스도와 교제케 하시며(고전1:9), 신의 성품에 참여하는 자(Kononoi)가 되게 하신다(벧후1:4). 성만찬은 그리스도의 몸에 참여하는 수직적 코이노니아의 결정판이다(고전10:16, 17). 또한 수직적 코이노니아는 그리스도 부활의 권능과 고난에 참여하는 일이다(빌3:10). 그리스도께서 우리를 구하기 위해 혈과 육에 속하신 것 자체가 수직적 코이노니아의 사건이다.

그러므로 우리는 그리스도의 고난을 코이노니아로 이해해야 하며 그를 위해 고난당하는 것을 즐거워해야 한다(벧전4:13).

수직적 코이노니아는 성령님께서 성도들에게 성부, 성자하나님과 교제하도록 인도하는 것을 말한다. 인간의 죄로 하나님과 단절되었던 관계를 예수님의 구속 사역으로 그 관계를 회복시키셨다. 그런데 그 회복은 예수님 한 분이 전 인류를 상대로 하여 단번에 구속하시는 전 인류를 향한 사역이었다. 전 인류를 향한 관계를 예수님과 성도 개인 간의 일 대 일의 관계로 될 수 있도록 하는 것은 성령님이 친히 예수님과 성도 개인 사이에 교제가 이루어지도록 역사해주셨기 때문이다.

이것이 '성령의 교제'의 수직적 차원이다. 성령의 교제 역사로 이루어진 그리스도와의 교제를 통해서 성부 하나님과의 관계도 다시 회복되는 것이다.

사도행전에서 이 수직적 코이노니아는 성령의 세례(Baptism of the Holy Spirit)를 통해서 이루어진다. 사도행전 2장은 성령님께서 실제로 강림하신 사건을 보여주고 있다(행2:1~4). 구약에서 선지자들은 새 언약에 따라 하나님의 영 즉 그리스도의 영을 받을 것이라고 예언했다(렘31:31~34;겔 37:15). 예레미야서와 에스겔서에서 새 계약의 핵심은 새 영, 즉 성령님을 우리에게 주시겠다는 것이다. 오순절 성령세례(성령의 기름 부으심)는 하나님과 인간이 직접적으로 만나는 코이노니아의 사건이다.

성령님이 우리 안에 오신 것은 자기 백성과 '교제'하기 위한 행위이다. 즉 성령님이 우리 안에 오신 사건은 합일을 위한 새로운 교제를 의미한다. 하나님의 영인 성령님께서 우리 안에 오심으로, 즉 '**그가 내 안에, 내가 그 안에**' 들어가서 '**하나**'되어 우리는 육신의 굳은 마음을 제하고 예수 그리스도와 삼위 공동체 하나님을 진정으로 만나고 알게 되는 것이다.

예수님은 "내가 아버지께로서 너희에게 보낼 보혜사 곧 아버지께로서 나오시는 진리의 성령이 오실 때 그가 나를 증거하실 것이요(요15:26)."라고 말씀하시면서 성령님이 우리로 하여금 그리스도를 알게 하신다고 확언하셨다. 우리는 성령님을 통하지 않고는 그리스도를 알 수 없고 그를 믿을 수도 없다. 성령님을 통하지 않고는 그리스도를 주시라 할 자가 없다(롬8:9,16). 동시에 그리스도를 통하지 않고서는 하나님께 나아갈 수 없다(요14:6).

왜냐하면 성령님은 '그리스도의 영'이요 '하나님의 영'이기 때문이다(롬8:9). 성부 하나님은 그의 하시는 모든 일에 있어서 성령님을 통하여 일하신다. 그러므로 성령을 통하여 그리스도와 하나님과 교제하는 것은 삼위 공동체 하나님과 수직적인 코이노니아의 사건이다.[50]

둘째, 수평적 코이노니아가 있다.

수평적 코이노니아는 그리스도인들이 서로 하나가 될 수 있도록 상호간에 교제할 수 있게 해주는 것을 의미한다. 신약에서는 '서로', '더불어', '함께', '피차'와 같은 부사들이 빈번히 등장하는데, 이것은 수평적 코이노니아를 뒷받침해 주는 중요한 용어들이다.[51]

수평적 코이노니아는 다시 세 분야로 구분할 수 있는데
① 영적인 코이노니아
② 정신적 코이노니아
③ 물질적 코이노니아이다.[52]

영적 코이노니아는 모든 사람에게 복음을 증거하고 말씀으로 교제하고 서로 중보기도 함으로써 영교함을 의미한다. 사도 요한은 "우리가 보고 들은 바를 너희에게도 전함은 너희로 우리와 '사귐(Koinonia)'이 있게 하려 함이니(요일1:3)"라고 말하면서 생명의 말씀을 전하고 나눔으로써 영적으로 서로 교제함을 말하고 있다.

...
50_Ibid., 61.

...
51_Ibid., 65.

...
52_Ibid., 66~67.

영적 코이노니아는 함께 그리스도의 '은혜에 참여한 자(Sungkoinonos)'가운데 일어나는 것으로서(빌1:7) 그리스도의 한 은혜에 참여하고, 지체 간에 그리스도의 은혜의 복음으로 서로 교제하는 행위이다. 빌레몬서 1장 6절에서는 '믿음의 교제(The fellowship of faith)'에 대해 말하고 있다. 이것은 믿음에 기초한 성도 간의 코이노니아이다. 같은 믿음 가운데서 성도간의 지속적인 사귐이 필요하다.

바울은 빌립보 교회에 있는 성도들을 위해서 늘 중보기도 하였는데 이것은 그리스도 안에서 서로 '복음으로 교제'했기 때문이라고 말한다(빌 1:4~5). 즉 복음 안에서 복음으로 교제하는 것이 영적 교제임을 알려주고, 그러한 교제는 서로 중보기도로서 지속된다는 것을 말해준다(골4:3; 엡 6:19~20;살전5:25;살후3:1 참조).

로마서 15장 28절에서는 "신령한 것을 코이노니아 하였다"라고 했는데, 이것은 영적인 것을 함께 나누는 영적 코이노니아의 표현이다. 내가 가진 복음의 내용을 나누어 주는 행위는 결국 영적인 코이노니아이다. 그러므로 성도간에 하나님의 말씀으로 지체들을 영적으로 세워주고 서로 중보기도함으로써 서로를 돕는 것이 영적 코이노니아의 중요한 핵심 행위이다.

정신적 코이노니아는 지체가 어려움에 부닥쳐 있을 때 서로 위로(Com_fort), 격려(Encouragement), 긍휼(Tenderness)히 여기는 태도로서 고통과 기쁨을 함께 나누어 지체를 세워주는 정신적인 차원의 교제를 말한다(빌 2:1~2;고전12:26;롬12:15).

바울은 빌립보서 2:1에서 지체 간의 권면, 위로, 긍휼, 자비와 함께 '성령의 교제(The fellowship of the Holy Spirit)'를 언급하면서 우리에게 그러한 성령의 코이노니아가 있으면 우리는 같은 생각, 같은 사랑, 같은 마음을 갖게 된다는 것을 강조하고 있다(빌2:2~5).

정신적 코이노니아는 특히 지체가 어려울 때 그 괴로움에 함께 참여하는 것이다. 빌립보 교인들은 바울이 고통스러울 때 그 괴로움에 동참하여 이를 나누어 가짐으로써 다음과 같이 바울의 칭찬을 받았다. "너희가 내 괴로움에 함께 참여하였으니 잘하였도다(빌1:4)"

그러므로 정신적 코이노니아는 성도간에 지체의 고통에 동참하여 서로 위로하고 상담하고 권면, 격려함으로써 어려움에 부닥친 지체를 일으켜 세워주는 행위이다. 성도간의 상대방에 대한 깊은 관심, 어렵고 외로울 때 함께 있어 주는 것, 그를 돌아보아 주는 것, 자신의 고민을 털어놓을 수 있는 관계, 자신을 의탁할 수 있는 깊은 신뢰의 관계속에서의 사역 등은 교회 공동체 안에서 필요한 정신적 코이노니아의 실제적 내용들이다.

물질적 코이노니아는 지체가 경제적으로 어려움에 부닥쳤을 때 말로써

만이 아니라 필요한 물질을 채워 줌으로써 한 몸의 삶을 실제로 실천하는 것을 말한다. "믿는 사람들이 모든 물건을 서로 통용하고 재산과 소유를 팔아 각 사람의 필요를 따라 나눠 줌으로써 핍절한 자가 하나도 없었다"(행2:44~45, 4:32~35)라는 사실은 물질적인 교제의 행위를 여실히 보여 주고 있는 부분이다. 원해 그리스어 용법에 따르면 '코이노니아 하는 자'의 뜻인 '코이노노스'는 사랑의 관계, 직계가족, 사랑, 관계성, 사업 등을 뜻하는 것으로 내적으로 친밀한 관계를 묘사할 때 주로 쓰였다.

이 관계는 또한 소유한 물질을 서로 나누는 관계를 나타낼 때 쓰였다. 코이노니아라는 용어는 기본적으로 '물질의 나눔'의 의미로 가장 많이 쓰였다. 물질을 공동으로 소유하고 필요에 따라 나누는 것은 '가족관계'이기에 가능한 것이다. 그러므로 코이노니아는 '평생 책임지는 관계'를 말한다. 교회는 예수 안에서 실제적인 코이노니아를 실천하는 확대 가족이다. 진정한 코이노니아는 영적, 정신적인 교제와 함께 물질까지도 함께 나누는 교제를 말한다. 즉 물질의 나눔은 영적 교제의 실체이다.[53]

...
53_ Ibid., 67.

셋째, 사회 변혁적 코이노니아가 있다.

사회 변혁적 코이노니아는 예수님을 믿는 성도들끼리만 아름다운 나눔의 삶을 갖는 집단 이기주의적인 교제를 의미하는 것이 아님을 강조하는 것이다. 온전한 코이노니아는 기독교인들의 울타리를 벗어나 지역 사회 속에 있는 고통당하는 이웃과 더불어 삶을 같이하는 영역을 포함한다.

사도행전 2장 47절에서는 "초대교회 공동체의 성도들이 온 백성에게 칭송받았다"라고 하였는데 이것은 믿는 자와 믿지 않는 자들을 모두 포함하는 말이다. 바울은 디모데전서 6장 18에서 "선한 일을 행하고 선한 사업에 부하고 '나눠 주기를 좋아하며 동정하는 자(코이노니아 하고자 하는 자들)'가 되게 하라."고 말한다. 여기서 코이노니아 하고자 하는 것은 '나눠 주기를 좋아하는 것'을 의미한다.

바울은 디모데에게 명하기를 부자들에게 재물에 소망을 두지 말고 하나님께 두며 선행과 나눠 주기와 코이노니아를 좋아하도록 가르치라고 하였다(딤전7:17~18). 이 나눠줌은 교회 내의 지체에게만 아니라 교회 밖 지역 사회의 가난한 이웃들에게도 실천하라는 의미이다.

제2장

Q&A

1, 하나님 나라의 개념을 설명해 보세요.

2. 에클레시아의 세가지 의미는 무엇입니까?

3. 교회의 본질은 무엇입니까?

4. 코이노니아의 뜻은 무엇입니까?

5. 코이노니아의 세가지 영역은 무엇입니까?

6. 코이노니이와 디아코니아의 상관관계를 설명해 보세요.

제3장

기독교 영성

인간이 동물과 다른 점은 사고하고 생각할 수 있고 그래서 재창조할 수 있다는 점과 자신의 노력으로 인격을 갖추고 영성(Spirituality)을 추구해 나간다는 점이다. 특히 세속화된 현시대에서 가장 흔하게 들려오는 용어 중 하나가 바로 영성 그중에 특히 기독교 영성이란 말이다.

그러나 기독교 영성에 대한 개념은 사람에 따라 혹은 시대에 따라 다양한 의미로 쓰이고 있으므로, 기독교 영성의 개념마저도 혼동될 때가 있다. 사실 영성이라고 부르는 용어는 기독교 교회사 안에서 오랜 역사를 갖고 있으며 다양한 이름으로 표현되고 사용됐다.

학자에 따라 영성신학(Spiritual Theology), 영성생활(Spiritual Life), 신심생활(Devout Life), 내적생활(Interior Life), 신비적수련(Mystical Evolution), 기독교적 완덕 신학(Theology of Christian Perfection)등의 명칭을 사용하였다.[54]

사실 성경에서는 영성이라는 명사가 나오지 않는다. 그러나 형용사로 영적(Spiritual)이란 용어가 있으며 이 단어는 하나님 나라에 들어간 사람들의 특성을 서술하는 데 자주 사용되었다. 영적이란 말은 신약에서 성도들의 독특한 속성을 나타내는 단어였다.[55] 그러므로 영성이란 의미의 바른 이해를 돕기 위하여 기독교 영성의 개념적 정의를 살펴보기로 한다.

1. 영성의 성경적 이해

1) 구약성경의 영성

영성이란 용어는 우리에게 그 단어의 어근이 되는 영(Spirit)이란 단어의 중요성을 인식하게 한다.

영은 구약 히브리어로 루아흐(Ruach), 신약의 그리스어로는 프뉴마(Pneuma)라고 하는데 이 용어는 하나님과 일반적으로 무형의 존재들 및

54_Jordan Aumann,영성신학, 이홍근 역(왜관: 분도출판사, 1987), 13.

55_엄세천, 영성생활(서울: 기독교 한국연수원, 1986), 17.

인간성 속에 있는 신적인 요소를 가리킨다. 루아흐와 프뉴마의 근본 의미는 '공기의 움직임', '미풍, 바람, 호흡'이며 더 넓게는 '생명의 본질'이란 뜻이다. 그 본질적인 개념은 창세기 1장 2절에 분명히 나타나 있다.

"하나님의 신(Ruach)은 수면에 운행하시니라" 이 구절은 "하나님의 바람이 수면에 운행하시니라"라고도 번역할 수 있다.[56]

• • •
56_기독교문사편, 기독교대백과서전 11권 (서울:기독교문사), 629.

영의 개념은 인간성 속에 불어 넣으신 생기이며, 하나님과 교제할 수 있는 출발점이다. 반면에 영성은 이런 영(Spirit)으로 인해 획득되는 관계적 친밀성이다.
구약성경의 히브리적 영 이해는 더욱 포괄적인 것으로 생명의 원리로서 하나님이 모든 만물에 부어주신 것으로 인식되고, 구약 종교의 구성적인 요소로 자리 잡고 있다.[57] 구약에서 영을 의미하는 낱말 루아흐는 약 389회(히브리어는 378회 아랍어는 11회) 나오고, 그중 113회가량은 바람과 같은 자연 세력을 의미하는 뜻이고, 129회의 경우는 인간이나 동물이나 거짓 신들에 적용하여 사용되었고, 그리고 나머지 138회의 경우는 하나님과 연관되는 방향으로 의미를 담아 사용되었다. 이런 루아흐는 3가지의 특성이 있다.

• • •
57_이성호 편, 성서 대사전, (서울: 혜문사), 178.

첫째, 자연계에서 움직이는 기상학적 현상인 바람과 같은 루아흐이다. 공기가 아니라 움직이는 공기 중의 미풍을 가리킨다. 바람의 움직임과 유사한 신비한 힘의 움직임, 그리고 불가항력적인 강한 세력을 지니고 불어대는 폭풍도 그 의미에 속할 수 있다. 이와 같은 예는 죽은 땅에 구름과 비를 운반하여 만물을 소생케 하는 바람(왕상 18:45), 날아다니는 독수리같이 이리저리 흐르는 공기의 이동(신32:11), 바닷물을 말리고(출14:21), 메추라기 떼를 몰고 오는(민11:31) 변화를 가져오는 힘을 말하며, 예언자를 들어 올려 다른 장소로 옮기는(겔3:12, 14, 11:1) 바람 등의 내용 속에 잘 나타나고 있다.

둘째, 사람 속에서 작용하는 각종 능력, 기분, 정서 등과 관련된 루아흐가 있다. 이것은 생명체의 기운으로써 쓰이는 경우이며 시편에서 "주께서 호흡을 취하신즉 저희가 죽어 본 흙으로 돌아가나이다. 주의 영을 보내어 저희를 창조하신 지면을 새롭게 하시나이다"(시104:29~30)할 때 잘 나타난다.

셋째, 영성의 근원인 하나님과의 관계 속에서의 루아흐이다. 모든 자연과 사람은 하나님에 의해 피조되었다. 그렇다면, 자연현상이나 사람의

...
58_협성신학연구소, 기독교 신학과 영성(서울: 솔로몬,1995), 51.

...
59_네페쉬는 구약성경에 755회 나온다. 성경에는 대체로 '영혼'이라고 번역하였다. 한글 개역성경에는 창세기 2장 7절에서 '영'이라고 번역하여 '생명'과 합하여 '생령'이라고 표현되어 있다. 영혼은 영어 soul과 마찬가지로 그리스어 성경의 프쉬케(psyche, 마음)와 라틴어 성경의 아니마(anima, 숨쉬는 것, 숨, 생명의 숨, 영혼)의 언어인 네페쉬를 옮길 때 가장 많이 사용된 단어이다.

...
60_Henry M. Morris, The Genesis Record: A Scientific and Devotional Commentary on the Book of Beginnings (Grand Rapids : Baker Book House, 2017), 86.

...
61_이영두, 영성신학 (서울: 도서출판 임마누엘, 2001), 118.

...
62_안재도, 개혁주의 영성과 삶 (서울: 쿰란 출판사, 2006), 18.

정신적 활동, 도덕적 성품, 의지 등은 하나님이 주셨기 때문에 결국에 영성의 근원은 하나님이다. 시편 33편 6절에 "말씀이 하늘을 창조하고 하나님 입의 호흡(영)이 만물을 만들었다"라고 한 것은 하나님의 생명 창조력, 생명 공급력, 생명 동력 등을 의미한다.[58]

구약성경에는 또 다른 단어로서 히브리어로 '네페쉬(Nephesh)'[59]가 있다. 네페쉬는 '생명', '정신', '영성', '목구멍', '사람'으로서 생명력을 주는 '영(Soul)' 혹은 '혼(Spirit)'으로 사용되었으며, 한국 개역 성경은 '생령(Living soul)'으로 번역하였다.

> 야훼 하나님께서 진흙으로 사람을 빚어 만드시고 코에 입김을 불어 넣으시니, 사람이 되어 숨을 쉬었다(공동번역, 창2:7)

여기에서 네페쉬(생령)는 생기가 있는 존재이며, 생명의 호흡을 가진 피조물이다. 네페쉬는 피조물인 인간이 '생기가 있는 존재'와 '생명의 호흡'을 가진 것을 의미하는 동시에 역시 동물들도 소유하고 있다는 것을 의미한다. 그것은 의식, 즉 "이성과 감성의 영역을 가리킨다." 헨리 모리스(Henry M. Morris)는, "인간의 몸이 동물의 그것보다 엄청나게 복잡하고 기능이 뛰어났듯이 인간의 혼 역시 동물의 혼보다 훨씬 그 체계가 뛰어났으므로 하나님이 직접 활력을 불어넣으심으로 작동케 하셔야 했다,"고 설명하였다.[60]

구약적 영의 두 개념인 루아흐와 네페쉬 차이점을 보면, 루아흐는 인간의 이성적이고 불멸적인 생명의 원리이며, 이성과 의지 및 양심을 소유하고 있다. 또한 루아흐는 인간에게 하나님의 형상을 부여해 주고 활력을 제공해 준다. 이러한 활력은 결국 개인적인 삶의 주체로서 인간의 네페쉬가 된다. 개인의 독특한 인격과 감정 그리고 욕구는 원천적 네페쉬 안에 거한다. 루아흐는 그 자체 속에서 생명의 힘을 제공하는 생명력을 의미한다.[61]

그러므로 히브리어 단어의 영의 개념은 영(루아흐)과 영혼(네페쉬)이 중복되면서, 네페쉬보다는 루아흐가 더 적합한 의미를 지닌다. 그리고 구약적인 영의 의미는 피조물인 인간과 창조주 하나님과 깊은 관계성을 강조하면서 아울러 피조물인 인간의 생명력과 영성이 매우 중요함을 강조하고 있다.[62]

요엘 선지자는 종말에 하나님의 영이 모든 사람에게 임재 하신다는 보편적인 영적 현상을 예언하였다(욜2:28). 계시의 방편으로서 하나님의 영은 그 작용이 다양하게 나타나기 때문에 하나님 영을 완전히 소유하는 것을 특징으로 하는 고정 집단이란 있을 수 없다. 다시 말하자면, 하나님의 영은 구약의 율법적으로 규범 지어 정의되지 아니한 미지수 영역으

• • •
63_Ibid., 64.

로 이해해야 한다.[63]

이상에서 살펴본 대로 구약에서의 영에 관한 이해에 기초하여 볼 때 구약성경의 영성은 영과 육의 합일체로서 인간이 하나님과 갖는 교제 (Communion), 인간의 존재 전영역에서의 하나님과의 만남(Encounter) 등으로 표현할 수 있다. 이 개념을 좀 더 구체적으로 역사적인 관점에서 살펴본다면, 삼위 공동체 하나님께 선택된 백성(Chosen People)인 이스라엘의 삶 속에서 구원자이신 하나님과의 만남과 교제로 볼 수 있다. 이를 신학적인 관점에서 본다면 피조물인 인간이 삼위 공동체 되시는 하나님과 신비적 관계성을 갖게 되었다고 이해할 수 있을 것이다.[64] 이런 의미에서 구약의 하나님에 대한 바른 이해가 구약성경 영성 이해의 출발점이라고 할 수 있을 것이다.

• • •
64_Ibid., 46~47.

구약성경의 영성은 하나님의 계약 백성으로서 이스라엘 백성들의 삶의 이해에 기초를 둔 것이다. 하나님의 구원역사에 부름을 받은 자로서의 합당한 삶, 하나님과 올바른 관계 즉 자신에게 부여된 사명감을 최선을 다해 이룩하는 의미 있는 삶을 영위해 나가는 것을 의미한다고 볼 수 있다.

2) 신약성경의 영성

신약에서 '영'을 나타내는 프뉴마(Pneuma)는 복음서에서 105번, 사도행전에서 69번, 바울서신에서 161번, 공동서신에서 27번, 계시록에서 23번 등 모두 385번 사용되었다.

• • •
65_정인찬, 성서대백과(서울: 기독지혜사), 81.

그리스어 프뉴마($\pi\nu\epsilon\nu\mu\alpha$)는 동사 퓨네오($\pi\nu\epsilon\omega$)에서 나온 말로써 바람이 불다, 숨을 쉬다[65]라는 뜻이 있다. 따라서 프뉴마는 바람이 임의로 불어 공기가 흐르는 것과 같이 숨을 들이마시고 내쉬는 생명력을 의미한다. 이것은 자연의 바람, 인간의 숨결, 생명의 원인, 인간의 정신 등을 나타내는 말이기도 하다. 구약에서의 영성이 원리적이고 이론적이라면, 신약에서의 영성은 좀 더 구체적이며 체험적이라 할 수 있다. 즉 예수 그리스도를 중심으로 한 체험적 영성이라는 것이다. 이를 다시 표현하면 성령 하나님에 의한 신비적 영적 체험이라 할 수 있다.

• • •
66_소마는 사람이나 동물의 머리에서 발까지 딸린 모든 것을 일컫는 말로써 '육체'와 '육신'을 가리킨다. 이 단어는 육체적 존재(마5:28) 죄로 인해 죽을 몸(롬6:12) 산 제사를 드린 몸(롬12:1) 구속되는 몸(롬8:23) 영광의 몸(빌3:21) 예수 그리스도의 몸인 교회(고전6:15, 롬12:5)로서 표현되었다.

인간의 육체는 3가지로 구성되어 있는데 그리스어 소마(Soma, Body)[66]라 불리는 몸과 프쉬케(Psyche, Soul)[67]라 불리는 혼과 프뉴마(Pneuma, Spirit)[68]라 불리는 영으로 되어 있다.

• • •
67_프쉬케는 숨, 호흡, 영혼을 의미하는 것으로 육체에 타고난 생명(마2:20, 눅12:22), 인간 존재 내에서 볼 수 없는 비물질 부분(마10:28;행2:27), 육체와 분리되는 인간으로서의 프쉬케(계6:9)가 있다. 그리고 인격의 자리(눅9:24, 히6:19), 인간이 감지하고 숙고하며 느끼고 소망하는 인간의 감각 자리로서의 프쉬케(시84:2, 마

몸(Soma, body)은 순수하게 물질적인 부분인 육신을 가리키고 있으며, 혼(Soul)과 영(Spirit)은 '숨', '호흡', '생명'이라는 같은 의미가 있다. 프쉬케(혼)는 단지 육체적 생명에 불과한 것으로서 동물에서 공통적으로 발견될 수 있는 생명이나 감정, 감각과의 관계를 맺고 있다. 구약성경에 있

11:29, 행14:2,22), 욕망의 자리로서의 프쉬케(시107:9, 전6:3, 사5:14), 살아있는 인간, 혹은 동물들을 가리키는 프쉬케(고전15:45, 계16:3), 인간의 내부 세계로서의 프쉬케를 의미한다. 즉 새 생명의 자리이다(눅21:19).

• • •

68_프뉴마는 바람이 임의로 불어 공기가 흐르는 것과 같이 숨을 들이마시고 내쉬는 생명력을 의미하는 것으로(살후2:8), 기운과 목숨, 영혼(눅8:55;행7:59)으로 사용되고 인격체의 일부분으로 사용되었다. 또한 프뉴마는 육체와 함께 사용될 때는 인간의 비물질적인 부분을 의미하였다. "육과 영의 온갖 더러운 것에서 자신을 깨끗하게 하자"(고후7:11), "내가 육신으로는 떠나 있으나 심령으로는 너희와 함께 있어 너희의 규모와 그리스도를 믿는 너희 믿음의 굳은 것을 기쁘게 봄이라"(골2:5). 프뉴마는 인간의 통찰력, 감정, 의지의 원천으로서 인간의 내적생활의 대표적인 부분으로 사용될 때도 있었다(막1:9, 눅1:47, 롬6:6, 고전16:18). 그리고 독립된 존재로서의 영을 가리킬 때는 하나님의 영(요2:4) 즉 성령을 의미하고 있다(마12:32, 눅2:26, 행2:4).

• • •

69_Rudolf otto, 성스러움의 의미, 길희성 역(왜관: 분도출판사, 2009), 35~38.

• • •

70_Ibid., 41~48.

• • •

71_Ibid., 186.

어서 영성은 네페쉬(Nephesh)보다는 루아흐(Ruach)에 더 적합한 의미가 있다. 신약성경에 있어서는 영성이 프뉴마와 프쉬케로 번역되어 있으나 루아흐에 해당하는 번역은 프뉴마이다.

체험적 영성이란 첫째, 새로운 영적 각성을 의미하며 둘째, 반응으로써 하나님과의 만남을 말하고, 셋째, 체험하는 자와 체험하는 대상과의 역동적인 관계라고 말할 수 있다.

그리고 이러한 만남을 통하여 새로운 신관이 형성되고 평화가 샘솟으며 신앙의 성숙을 가져오게 되는 것이다. 즉 영성 신학적으로 볼 때 종교의 핵심은 사상이나 조직이나 이념이 아니라, 가장 중요한 것은 종교의 내면적인 체험이라는 것이다.

오토(R. Otto)는 영성을 합리적인 것에서 벗어나서 개념적 파악으로는 전혀 접근할 수 없는 하나의 불가언적인 감정, 즉 종교적 영역에서만 일어날 수 있는 '성스러운 어떤 것'이라고 표현하고 있다.[69] 다시 말해서 이것은 개념으로 파악할 수 없고, 오직 체험자의 마음 가운데 불러일으키는 특이한 감정적 반응을 통해서만 알 수 있다는 것이다.

이러한 신비의 감정은 예배의 평온 속에서 고요한 바다와 같이 우리의 마음 속에 엄습해 오기도 한다. 때로는 갑자기 저돌적인 충격으로 우리의 영혼으로부터 폭발해 나오거나 영적인 흥분과 도취, 기쁨과 황홀경으로 나타나기도 한다는 것이다.[70]

복음서의 기록은 영적인 체험에 대해 자세히 언급하고 있다. 예수님이 세례를 받으셨을 때 "성령이 예수 안으로(to Him)", "성령이 예수 위에(on Him)", "성령이 예수 속으로(into Him)"라고 각 복음서는 기록하고 있다.[71] 특히 마가복음에는 성령님이 예수님에게 들어가서 머물러 있음을 암시한다. 세례받던 그 날 예수님에게 성령님이 강림했다가 떠난 것이 아니라, 예수님 안에서 성령님이 계속 머물러 있게 되었다는 것을 말한다.

예수님 제자들의 영적 체험도 같은 맥락에서 이해된다. 예수님이 십자가에 못 박히던 날, 제자들은 실망과 두려움에 자신들의 본업으로 돌아간다. 그러나 예수님 부활 이후, 성령님을 체험한 제자들은 목숨을 다해 마지막까지 예수님을 증명한다. 즉 영성은 영적인 체험을 통해 발전됨을 볼 수 있다.

또한 사도바울은 이런 체험을 '교제의 신비(Communio mystica)'라는 말로 표현한다. 바울은 교제의 신비는 신과 인간이 하나 되는 '합일의 신비(Unio mystica)'일 뿐 아니라 더 나아가 '내가 그리스도 안에', '그리스도가 내 안에' 있는 존재론적 형태로까지 발전시킨다. 이것은 그리스도를 머리로 하여 그에 대한 사랑 및 그와의 교제의 관계 속에서 새로운 삶을 꾸려나가는 것을 말하고 있다. 이러한 면에서 바울의 영성은 실제적이며 실천적인 특성이 있으면서 그리스도의 고난에 동참하는 능동적이며 윤리적 특성이 있다고 말할 수 있다. 그러므로 신약의 영성은 단지 내면적이며 느낌에 머무르는 정적인 차원의 영성이 아니라, 성령님의 강력한 주도하에서 모든 인류에 대한 하나님의 목적을 수행하기 위하여 하나님께 순종하는 종들이 되도록 하는 능력이며, 그리스도와의 신비적 연합을 통해 복음이 사역을 실행하게 하는 실천적 영성이었음을 알 수 있다.

이처럼 영성의 개념은 하나님과의 교제로서의 수직적 영성과 인간과의 수평적 영성이 통전적으로 조화되어야 하며, 이러한 영성스러운 개념 속에는 인간과 하나님 그리고 사회와 자연이 모두 관계를 회복해야 한다는 진리가 포함되어 있어야 한다.

2. 기독교 영성

일반적으로 '영성(Spirituality)'이라 하면 종교에 사로잡혀 있는 정신상태를 말한다. 이것은 기독교뿐만 아니라 이슬람교나 유대교 등 타 종교에서도 마찬가지이다. 따라서 모든 종교 나름대로 그들의 고귀한 신앙 정신이 있다고 본다. 즉 영성은 '선'으로부터 무속종교의 점성술까지 포함하는 '우산'같은 것이며 마치 음식 같아서 어떤 영성을 선택하느냐에 따라서 개성과 인격이 다르게 형성된다는 것이다.

그래서 영성이라는 말은 '그가 어떠한 또한 누구의 정신을 가지고 살아간다'라는 것을 의미하기도 한다. 예를 들어서 소크라테스의 정신을 가지고 살아가는 사람은 스토아주의 영성을 가지고 있다고 말한다. 그것은 스토아주의자들이 소크라테스의 정신을 본받는 것을 최고의 덕으로 삼기 때문이다.

그러므로 일반적으로 영성이라는 용어는 자기가 보기에 가장 이상적인 정신을 자기의 정신으로 받아들여 그 정신을 실천하기 위하여 자기의 생명을 거는 것을 의미한다. 이것은 영성의 의미가 인간 이해와 직결되어 있다고 볼 수 있다. 즉, '우리의 인생은 무엇과 같은가?', '인간의 최고의 덕과 가치는 무엇일까?'하는 질문에 어떠한 대답을 하느냐에 따라서 그 사람의 영성은 다른 대답이 있는 사람들의 영성과 구별된다.[72]

일반 영성이 일정한 법칙에 따라 끊임없이 엄격한 자기 훈련을 쌓으며

· · ·
72_이완재, 영성신학탐구(서울:성광문화사, 2000), 58.

자기가 최고의 이상이라고 판단하여 받아들인 정신을 구현하려고 힘쓰듯이 기독교 영성도 훈련을 강조한다. 역사적으로 볼 때 신실한 그리스도인들은 예수님의 삶을 본받아 살기 위하여 청빈, 고독, 침묵, 봉사, 순종, 고백, 기도, 금식, 말씀 훈련 등 여러 가지 훈련 방법을 개발하고 이 훈련을 생활화하기 위하여 힘쓰고 있다.

기독교 영성은 역사상 실제로 사셨던 한 분 예수 그리스도를 본받는 데서 일반 영성과 비교하여 설명할 수 있으나, 일반 영성을 뛰어넘는 독특한 요소가 있다. 기독교 영성의 독특성을 오성춘은 다음과 같이 설명하였다.

> 기독교 영성의 독특성은 바로 여기에 있다. 일반 영성이 역사적 인격의 정신과 사상과 삶을 본받으려는 인본주의적 영성인데 반하여, 기독교 영성은 역사적 예수의 정신과 삶을 계승하려는 인본주의적 요소를 가지고 있다. 그리고 오늘 우리 가운데 찾아오셔서 우리와 직접적으로 교제하시는 하나님이신 예수 그리스도의 인격적 관계를 추구하는 수직적이고 하나님 중심적인 영성이다. 일반 영성은 엄격한 자기 훈련과 수양을 통하여 자신의 성품을 바꾸려는 인간적인 노력을 강조하는 데 반하여 **기독교 영성은 성령 안에서 우리에게 임재하신 우리 주 예수 그리스도의 인격적인 교제의 삶을 살아가고 있는 동안에 그분께서 우리 안에 의의 열매, 빛의 열매, 성령의 열매를 맺게 해주신다는 점에 초점을 맞춘다.**[73]

가톨릭의 영성 신학자 조던 오만(Jordan Aumann)은 영성신학에 대해 다음과 같이 정의하였다.

넓은 의미의 영성은 인간 행위를 유발하는 그 어떤 태도나 정신으로서 구체화한 종교적 또는 윤리적인 가치를 총칭한다. 영성에 대한 이러한 개념은 어떤 특정 종교에만 국한되지 않는다. 이것은 신적 또는 초월적인 것들을 믿는 사람이라면 누구에게나 적용되며, 각자의 종교적인 확신에 따른 어떤 생활양식을 형성한다. 이러한 맥락에서 볼 때 사람들은 크리스천 영성뿐 아니라 선(禪)의 영성, 불교도의 영성, 유대적인 영성, 회교도의 영성에 관해서도 말할 수 있다. 진술한 바에 따를 때 영성 신학은 신자들을 크리스천 생활의 완성으로 인도할 목적으로 윤리신학을 응용하는 것이라고 서술할 수 있다.
좀 더 정확히 말해서 영성 신학은 신적인 계시 진리와 개개인의 종교체험에서 시작하여 초자연적 생활의 본질을 밝히고 그 성장과 발전을 위

• • •
74_Jordan Aumann, 영성신학, 18~25.

• • •
75_Urban T. Holmes, 목회와 영성(Ministry and Spiri_tuality), 김외식 역(서울: 대한기독교서회, 2005), 29.

• • •
76_엄두섭, 기독교 영성의 흐름(서울: 은성출판사, 2009), 18.

• • •
77_협성신학 연구소, op. cit., 70

• • •
78_Karl. Rahner, 영성신학 논총, 정대식 역(서울: 가톨릭출판사, 2003), 17.

• • •
79_Bernard McGinn, 기독교 영성, 이후정, 엄성옥, 지형은 공역(서울: 은성출판사, 2013), 10.

한 지침을 규정하고 있다. 영성 생활의 시초에서 완성에 이르기까지 영혼의 진보 과정을 설명하는 신학의 한 영역이다.[74]

홈즈(Urban T. Holmes)는 "영성이란 관계성을 위한 인간의 능력이며 인식 현상을 초월하며, 이 관계성은 주체자의 노력과 관계없이 증폭되고 고양된 인식으로서 주체자에 의해서 인식하게 된다. 역사적인 구조 안에서 존재하고 세계 안에서의 창의적인 활동 안에 자신을 노출한다."라고 말했다.[75]

엄두섭은 "영성이란 조금도 딴 것이 섞이지 않은 비물질의 영으로서 순수한 것을 의미한다."라고 말했다.[76]

보통 기독교 영성이란 "하나님께서 당신 자신을 우리에게 한 인격으로 계시해 주셨다는 사실에 대한 믿음에서 출발하며 하나님 자신이 예수 그리스도 안에서 이 땅에 오심으로써 당신의 사랑을 우리에게 보여 주셨다는 믿음이 기독교 영성의 기초가 된다."[77]고 전제한다.

칼 라너(K. Rahner)는 "영성이란 인간이 창조 때부터 창조주 하나님으로부터 지음 받은 초자연적인 생명이며, 세례로 말미암아 죽었던 속사람의 생명이 다시 소생하여 살아난 은총의 생명으로 성체성사(聖體聖事)를 통하여 끊임없이 성장, 성숙하는 실체적인 초자연적 불변적 생명이다."라고[78] 정의했다.

버나드 맥긴(Bernard Mcginn)은 기독교 영성을 다음과 같이 말했다.

> 기독교 영성이란 기독교 신앙을 삶 속에서 일반적인 형태로, 또는 보다 특수화된 형태로 실제로 체험하는 것을 말한다. 기독교 영성은 믿은 자체에 집중하지 않고 종교적 의식과 수행 안에서 믿음이 일으키는 반응에 집중한다는 점에서 교리와 구분된다. 또한 기독교 영성은 인간의 모든 행동과 하나님과의 관계를 다루는 것이 아니며, 하나님과의 더 직접적이고 분명한 관계가 있는 행동들만 다룬다는 점에서 기독교 윤리학과 구분된다.[79]

유해룡은 기독교 영성이란 개념을 하나님 체험 즉 카리스마적(성령의 능력) 경험으로 시작하여 더 압도적인 경험인 예수님과 친밀한 만남과 교제를 통해 실존 세계에서 재해석된 영성적 열매라고 말했다.

> 지금까지 논의된 영성의 일반적인 정의가 기독교적인 영성이라는 말로 구체화할 때 '궁극적인 가치'나 '궁극적인 지평'이란 하나님 체험을 의미한다. 전통적으로 인간존재의 구심점으로 인정

하고 있는 '영'이란 예수 그리스도 안에서 계시가 된 하나님을 성령의 역사에 따라서 경험하고 인식하는 주체가 된다. 그러한 경험들이 특히 신자들의 어머니인 교회라는 상황 속에서 이루어질 때 그것이 바로 '기독교 영성'이 된다. 오늘 가장 보편적으로 이해되고 있는 현대적인 의미의 기독교적인 체험은 카리스마적인 (성령의 능력) 경험이다. 이것은 개념적인 이해의 차원이 아니라 종교 문화적인 환경을 뛰어넘는 초월적인 체험이다.

기독교 영성에서 체험되는 궁극적인 카리스마(은사)란 교회 공동체 안에서 활동하시는 삼위일체의 선물인 예수의 영으로 인도받는 것을 의미한다. 초기 카리스마의 경험이란 가히 환상적이고 초월적인 경험이었다. 그러나 더 중요한 것은 경험 자체에 대한 것보다 이런 압도적인 경험이 또 다른 경험으로 인도되며 풍부한 영적인 세계로 향하여 자아를 자유롭게 활짝 열어 놓는 계기가 된다는 것이다. 그 결과로서 각 개인은 성육신하신 그리스도 예수와의 친밀한 만남과 교제가 형성되고 실존 세계 속에서 그 만남이 통합되고 재해석 되면서 기독교 영성스러운 열매를 맺게 된다.[80]

• • •
80_유해룡, 하나님 체험과 영성수련(서울:장로회신학대학교출판부, 2005), 17~18.

김경재는 "영성은 지, 정, 의를 통합 총괄하는 인간존재의 바탕이며 인간성 안에 있는 무한한 가능성이며, 마음이 자신의 존재의 근거인 하나님과의 교류, 합일, 동역을 체험하는 영혼의 핵이요, 영성 훈련은 본질적으로 성화의 과정이며, 영성은 인간 영혼이 홀로 사는 독백이 아니라 삶의 현실과 역사 현실을 포괄하여야 하며 영성의 사회적 차원을 간과해서는 안 된다."[81]라고 말했다.

• • •
81_김경재, 영성신학 서설(서울:대한기독교출판사, 2003), 51.

이처럼 영성은 우리 속에 이루어지는 어떤 성품이라기보다는 하나님과 교제하는 삶의 과정이요, 성령 하나님께서 우리를 고쳐 나가는 과정이요, 성령의 역사로 이루어지는 하나님의 형상이요, 예수 그리스도와 함께 자기 십자가를 지고 고난받는 형제, 자매들 속에 나아가 그들의 삶에 참여하고 그들을 구원하시는 하나님의 구원에 동참하는 것이다.[82] 기독교 영성의 독특성을 살펴보면 기독교 영성에 대한 정의를 내리기가 수월해질 것이다.

• • •
82_오성춘, 광야의 식탁 1권(서울: 홍성사, 1985), 3.

첫째, 기독교 영성은 어떤 정신이나 이념(Ideology)이 아니라 하나님의 아들 예수 그리스도를 따라 산다는 점에서 다른 영성에 비해서 그 내용에 근본적인 차이가 있다.

둘째, 기독교 영성은 역사의 한 지점에서 태어나 인간으로 사셨던 인격이신 예수님의 정신을 본받는 데에서는 다른 영성과 외형적으로 비슷하다.

셋째, 기독교 영성의 독특성은 대체로 일반 영성이 역사적 인격의 정신과 사상과 삶을 본받으려는 인본적인 영성인 데 반하여, 기독교 영성은 역사적 예수님의 정신과 삶을 계승하려는 인본적인 요소를 가지고 있다. 또한, 기독교 영생을 오늘 우리 가운데 찾아오셔서 우리와 직접적으로 교제하시는 하나님이신 예수 그리스도와 인격적 관계를 추구하는 하나님 중심의 체험된 영성이다.[83]

이상의 영성에 대한 정의를 종합하여 정리해 보면, 기독교적 영성은 성령님의 역사로 이루어지는 하나님의 형상이요, 하나님과의 인격적인 교제의 과정이요, 예수 그리스도의 삶과 인격을 닮아 가는 과정이다. 그러므로 기독교적 영성은 하나님을 계시한 예수 그리스도의 삶과 그의 인격을 본받아 예수님의 성품(Imago Dei)을 형성하는 것으로 먼저는 하나님의 은혜로 이루어지며 또한 큰 노력과 훈련도 필요하다.

• • •
83_Ibid., 47~48.
유해룡은 종교개혁자들의 영성을 설명하면서, 종교개혁자들은 신비적이고 주관적인 체험에 강조점을 두고 있다는 인상을 주는 영성이나 말 대신 '경건'이란 말을 사용하고 있는데 경건이란 성령님에 전적으로 의지함으로써 경험되는 그리스도의 삶을 의미한다고 설명하였다.

3. 통전적(統全的) 영성 이해

우리가 기독교 영성을 바로 이해하지 못하면 우리는 편협하고 부분적인 영성을 추구하게 되어 결국 기형적 신앙을 소유하게 된다. 우리의 영성이 더 포괄적이고 균형 잡힌 통전적(전인적) 영성으로 나아가야 한다. 그러기 위해서 먼저 우리가 잘못 이해되고 있는 영성을 살펴보는 것이 바른 기독교 영성을 이해하는 데 도움이 될 수 있다. 영성에 대한 잘못된 이해는 다음 몇 가지로 구분될 수 있다.

첫째, 은사나 체험에만 국한된 영성이다.
이것은 성령님에 대한 잘못된 이해에서 유래한다. 성령님의 임재라고 일컬어지는 시기인 오순절 이후, 영적 은사체험으로 제자들은 방언하고, 이적을 행했다. 영적 은사는 곧 성령님이 임재하셨다는 증거가 되었다. 그래서 제자들의 영성에 대한 인식은 보이는 이적(異蹟)과 능력으로 이해되었다. 이것은 지금까지도 교회 내에서 보편적으로 알고 있는 영성이다.
이런 은사 주의적 관점에서 '신령한' 사람이란 변화된 삶, 이웃을 위한 삶이라기보다는 뜨겁고 열정적인 찬송과 기도, 예언이나 방언이나 신유 같은 비범한 은사들을 일반적으로 추구하는 사람이다. 주로 개인 영혼 구원만을 목표로 삼고 공동체적인 삶에 대해 무관심한 사람, 금욕이나 금식기도를 최고의 덕목으로 보면서 세상의 아픔을 외면하고 기도원 혹은 수도원만을 전전하는 금욕적 세상 도피주의적인 사람이다. 또한 예수 믿으면 건강, 장수, 사업 성공과 같은 축복을 가져온다는 현세 기복적 태도를 가진 사람으로만 인식되었다. 이러한 생각은 한국 교회 성도들의 통속적 영성 개념 속에 깊이 자리 잡고 있다.

그러나 오순절 성령은 결코 교회 내의 소수 그룹에 제한된 소수자의 경험이 아니다. 또한 신유의 은사는 삼위 공동체 하나님의 창조적 치유 현상이며, 전능하신 하나님의 사랑의 권능이 드러남이며 그런 의미에서 계시적 표징 사건이다. 진정한 은사 체험자는 그 비상한 이적현상 자체에 놀라지 않고 하나님의 임재 체험에 감격해한다.[84] 그래서 이적을 행한 사람은 그것을 자기 능력이나 재주로 자랑하지 않는다. 오히려 그 능력을 주신 하나님께 영광과 존귀를 돌리며 자기 자신은 감춘다.

영성은, 신비적 은사와 인적의 전제조건이 될 수는 있지만 은사와 이적이 영성일 수는 없다. 왜냐하면 필요에 따라 은사와 이적은 행해지지만, 그러나 영성은 항상 우리 안에 내재하여 있는 것이기 때문이다. 하나님의 형상으로서의 영성은 겉으로만 보이고 끝나는 것이 아니다. 영성은 내면 깊이 뿌리 내린 하나님을 향한 사랑의 표현이다. 따라서 은사와 이적의 체험이 영성의 전부로 이해될 수는 없다.

둘째, 신비적 고행으로 이해되는 영성이다.

영성을 고행과 같은 의미로 이해하도록 한 사람들은 교회사를 통해 발견되는 수도사들의 삶이다. 당시의 사회 전반에 걸친 도덕적 타락과 정신적 공황 상태, 특히 교회의 도덕적 부패와 영적 능력의 상실에 대한 강력한 저항과 정화 운동을 목적으로 수도사들이 생겨났다. 그래서 경건한 삶을 살려고 노력했지만, 그 당시의 기독교인들이 사회생활을 하면서 실천하기가 어려움을 느낀 나머지 사회와 세상을 떠나서 홀로 사는 것을 선택하게 되는 경향이 영적인 것을 갈망하는 기독교인들에게 발생하기 시작하였다. 이것이 바로 수도원 운동의 이념과 시작이었다고 볼 수가 있다.

신비적 고행으로 이해되는 영성은 그 역사의 처음부터 세상과 단절된 가운데서 인간의 영성 개발에 치중하기 위하여 금욕적이고 고행적인 삶을 실천하였다. 그들은 현실로부터 도피하여, 신비적 직관체험, 침묵, 명상, 관상 등을 통해 자신의 모든 사념과 욕망을 잠재웠다. 그들에게 욕망은 죄의 근원이었다. 욕망으로부터 탈피하기 위해서 식사는 하루에

•••
84_김경재, 영성신학서설,
185.

한 번만 하는 것이 보통이고 고기는 전혀 먹지 않았다. 새벽 2시에 기상하여 명상과 독서, 노동, 기도가 하루의 일과였다.

이들이 이토록 자신과 투쟁한 이유는 여러 가지가 있었지만 가장 근본적으로는 세속을 이기기 위한 영성 수련을 위해서였다. 그러나 이러한 고행은 영성 수련에 도움이 되기도 하지만, 고행 자체가 영성의 척도로 간주되어서는 안 될 것이다. 고행은 그 사람의 수덕(修德) 생활과 내면의 정화를 위한 방법은 될 수 있다.

그러나 그 이상은 아니다. 이러한 고행의 과정을 통해 신과 합하려는 신 지향적 고행은 어쩌면 인간의 교만이기도 하다. 하나님은 인간이 고행하도록 창조하지 않으셨다. 모든 것을 풍성하게 갖추어 놓으신 후에 생육하고 번성하여 땅에 충만하게, 모든 생물을 다스리게, 모든 식물을 먹을 수 있게 창조하셨다(창1:28~30). 그리고 "보시기에 좋았다"라고 말씀하셨다. 지나친 고행은 현실에서 도피하고 외부와 차단한 삶은 세상의 빛과 소금으로서 그리스도인의 책임을 회피한 것이나 다름없다. 고행으로 영성이 경험되는 것은 오히려 다른 종교, 특히 자력적 종교(불교, 힌두교 등)에서 강조되는 현상이다. 고행은 영성 수련을 위한 하나의 방법은 될 수 있어도 영성 전부가 될 수는 없다.

셋째, 실천적인 삶이 없는 영성이다.

이는 자신의 내면적 경건만을 중하게 여기는 영성이다. 개인기도 생활, 말씀 묵상, 구원의 확신 등 내면에만 치우친 나머지, 실천하고 행동하는 부분은 경시된다. 이러한 양상은 개신교 전통에서 볼 수 있는 일반적인 모습이며 특별히 복음주의에서는 너무나 친숙한 삶의 형태이다. 종교개혁은 성직자의 권위에서 말씀의 권위로 바뀌도록 한 운동이었다.

그러나 종교개혁이 일어난 지 400년이 지난 지금 개신교의 말씀에 대한 인식이 잘못되고 있음을 볼 수 있다. 말씀을 읽고 묵상하는 것으로 자신이 할 바를 다했다고 생각하는 것이다. 말씀을 읽고 묵상하는 것은 자신의 실제적인 삶 모두에게 영향을 미쳐야 한다. 우리의 변혁된 삶이 없이 단지 생각과 의식 속에서 머무는 영성은 온전한 영성이 아니다. 기독교 영성은 단지 교리에 대한 인지적 이해로써 끝나는 것이 아니라, 하나님의 말씀에 대한 이해와 이에 대한 믿음 그리고 믿음에 따른 행함이 함께 작동해야 한다. 온전한 영성은 내적 만족과 더불어 실제적인 삶 속에 스며들어 있어야 한다.

넷째, 반지성적(反知性的)인 영성이다.

신앙과 우리의 사상의 흐름 속에서 끊임없이 고민하고 갈등하는 것 중 하나는 신앙과 지성의 부조화 문제이다. 즉 신앙과 지성은 양분되어 전혀 다른 방식의 사고로 이해되었다. 기독교 영성은 초지성의 영역이기 때문에 신앙의 문제로만 인식되었다. 영성은 지성으로만 이해될 수 없다. 초 지성으로 이해되어야 한다. 그러나 초지성은 지성이나 혹은 반지성을 초월하는 차원이다.

이에 대해 한춘기는 다음과 같이 말하였다.[85]

85_한춘기, "교회 교육의 이해"(서울 : 한국 로고스연구원, 1996), 240.

> 영성적이라는 것과 지성적이라는 것은 상반되는 관계가 아니다. 생각이나 사상을 지성적인 것과 반지성적인 것으로 나눈다면 대체로 영성이라는 것은 반지성에 속할 것이다. 그러나 지성적인 것과 반지성적인 것에 한 가지 더 곧 초지성적인 것을 고려하여야 한다. 이 맨 나중의 초지성적인 것과 영성적인 것은 그 영역이 거의 합치되는 것이라 할 수 있다.

지성이 없이는 바른 영성을 이해할 수 없다. 지성이 없는 동물에게 하나님과 교제하려는 영성을 요구할 수 없기 때문이다. 바른 영성에 대한 이해는 지성과 신앙의 자리를 올바로 설정하여 어느 한쪽에 대한 무시 없이 양쪽의 풍성함을 누리는 것이어야 한다.

이상에서 살펴본 영성은 한 부분만을 지나치게 강조한 나머지 나무만 보고 전체의 숲을 보지 못한 채 한쪽으로만 기울어진 기형적 영성의 모습이다. 그럼 바른 기독교 영성이란 무엇인가? 바른 기독교 영성이란 통전적이고 균형적이면서 공동체적인 영성이다.

홈즈(Holmes)는 기독교인들이 하나님을 경험하는 다양한 방식들을 다음과 같이 양극성 척도(Bipolar scales)들과 관련지어 설명하고 있다.

첫 번째는 카타파틱(Kataphatic)과 아포파틱(Apophatic)척도, 두 번째는 사변적(Speculative)인 것과 감성적(Affective) 척도이다. 첫 번째 척도는 영적 성장의 기술들에 대해 묘사하고 있지만, 두 번째 척도는 이러한 기술들이 영적 삶에 미치는 주된 영향에 대해 묘사하고 있다.[86]

86_Urban T. Holmes, A History of Christian Spirituality(New York: The Seabury Press, 2016),

카타파틱 영성은 상상을 적극적으로 사용하는 것에 기초하고 있다. 기독교인들은 하나님에 대한 긍정적인 이미지들을 확인하고 그 이미지들은 묵상을 위한 도구로 사용한다. 예를 들어, 묵상은 그리스도를 좋은 목자로서 생생하게 마음에 그리는 형식으로 취한다.

이러한 이미지에 좀 더 덧붙일 수 있는 것에는 상처 입은 양을 안고 달래거나 잃어버린 한 마리 양을 찾아 언덕에서 헤매는 목자의 모습이 있다.

묵상하는 사람(Meditator)은 또한 언덕의 사면에서 나는 소리에 귀를 기울이며, 산에서 불어오는 시원한 바람을 느낄 뿐 아니라 자기 자신을 희생시키는 목자의 아픔을 경험함으로써 결국 가능한 한 온몸과 마음으로 느끼려고 애를 쓸 것이다.

아포파틱 영성은 "비우는" 영성이다. 아포파틱 영성에서는 자신을 비움으로 삼위공동체 하나님이 신비함으로 다가온다. 그는 우리에게 자기 자신을 드러내긴 하시지만 그래도, 여전히 신비한 상태로 다가오는 비밀스러운 하나님(Hidden God)이시다.

카타파틱 영성은 하나님을 알 수 있는 능력(Knowability)과 인간이 하나님과 나눌 수 있는 친밀감(Intimacy)을 주장하는 반면, 아포파틱 영성은 그럴듯한 지나친 친밀감과 하나님의 실체(Reality)가 말이나 상징들로 밝혀질 수 있다는 맹목적인 가정이 갖는 위험성을 경고하고 있다.

아포파틱 영성의 목표는 하나님의 일치(Union)를 경험하는 것이다. 이 하나님과의 경험을 통해서 발견되는 지식이 아니라 사랑이다. 하나님은 우리의 저력으로는 이해되지 않으나 사랑으로는 이해가 된다고 강조한다.[87]

반면에 영성에 대한 사변적 접근들은 정신(혹은 지성)을 밝게 비춰줄 것을 강조하는 반면, 감성적 접근들은 마음(혹은 감정)을 밝게 비춰줄 것을 강조한다.

사변적(思辨的) 영성은 우리가 하나님을 정신(Mind)을 통해서 만날 수 있으며, 이것은 결국 이론 신학으로 이어진다고 말한다. 사변적 영성은 동방정교회와 서방 개신교의 특성이다. 이 사변적 영성은 말씀으로 계시된 것을 통해 하나님을 아는 것이 중요하다고 주장하는 개혁주의 기독교인들에 의해 아주 분명하게 전개된다. 이러한 전통에서는 하나님이 감성적인 경험으로 다가오기보다는, 오히려 정신을 통해서 다가올 뿐만 아니라 성경 즉 그분의 말씀을 통하여 하나님을 알게 된다. 그러나 사변적 영성은 하나님과 신비로운 친밀감을 소홀히 여기는 신학을 강조하는 경향이 있다.

감성적 영성은 우리가 하나님을 머리가 아니라 마음으로 만날 수 있다고 한다. 하나님에 대해서 단지 알기만 하는 것은 개인적인 관계에 대한 대체물에 불과하다고 여겨진다. 이러한 마음으로 경험하는 종교(Heart religion)의 실례들은 전반적인 기독교의 역사에서 찾을 수 있다. 이를테면 사막의 교부들로부터 시작해서 오늘날에는 가톨릭과 개신교 모두에게서 발견된다. 어느 모로 보나 감성적 영성은 명백하게 하나님과의 경험을 강조는 하지만, 그 경험에 관한 체계적인 이론을 전개하거나 신학으로 이어지는 문제에 대해서는 소홀히 여긴다. 즉 교리가 거론될 때 이 감성

87_Ibid., 114.

적 영성은 하나님과의 경험에 있어서 비이성적인 측면들을 강조한다.[88] 따라서 영성에서의 문제는 바로 한 가지의 방식이 옆으로 약간 치우쳐 원의 균형이 깨어질 때 생기게 된다. 홈즈는 이렇듯 균형을 잃음으로 생기게 되는 네 가지의 특수한 위험들에 대해 말하였다.

즉 이성주의(Rationalism)는 지나친 사변적/카타파틱 영성으로부터 오고, 경건주의(Pietism)는 지나친 카타파틱/감성적 영성으로부터 온다. 정적주의(Quietism)는 지나친 아포파틱/감성적 영성으로부터 오며, 극단적인 금욕주의(Extreme asceticism)는 지나친 사변적/아포파틱 영성으로부터 온다.[89]

결론적으로 통전적 영성(Integrative Spirituality)이란 이 모든 문제를 극복하고 다음 세 가지를 균형 있게 발전시켜 나가는 것이다.

첫째, 영적 수련의 발전이다.
즉 수도자적 경건 생활과 자신을 제어할 수 있는 영성적 삶 속에 포함되어야 한다. 고독, 청빈, 묵상, 금식, 순종, 섬김, 극기와 절제, 회개와 고백, 노동, 예배, 경축 훈련 등을 통해 수덕의 길로 나아가야 한다. 그러나 이것만 발전시킨다면 규격화되고, 의인화된 그리고 이성적인 영성인이 되기 쉽다.

둘째, 영적 능력의 발전이다.
오순절 성령의 사건이 우리의 삶 속에서 다시 재현되어야 한다. 수련만 있고 정작 성령님의 역사와 은사가 없다면 그것은 죽은 형태의 영성이 될 수밖에 없다. 성령님이 주시는 권능을 가지고 귀신을 내어 쫓고, 치유의 사역을 감당해야 한다. 그러나 이것만 발전시킨다면 이기적이고, 자기중심적이고 기복적인 은사 주의자가 되기 쉽다.

셋째, 영적 사회참여의 발전이다.
기독교 정신과 기독교적 영성을 가지고 소외되고, 가난한 이웃들을 돌보는 사역에 동참하며 교제(Koinonia)와 섬김(Diakonia)적인 삶을 추구해 나가는 것이다. 그러나 이것만 발전시킨다면 이념적이고 중용하지 못한 비판적 행동주의자가 되기 쉽다. 통전적 영성은 세 가지를 전부 균형 있게 포함하는 영성을 의미한다.

90_Ibid., 117.
홈즈의 도표에다가 필자의 생각을 덧붙여서 재구성한 것이다. 결국 무엇이나 한쪽으로 쏠리면 우리의 영적 균형이 흔들릴 수밖에 없다. 그러나 통전적이라고 해서 모든 것을 포함하는 혼합주의라는 의미는 아니다.

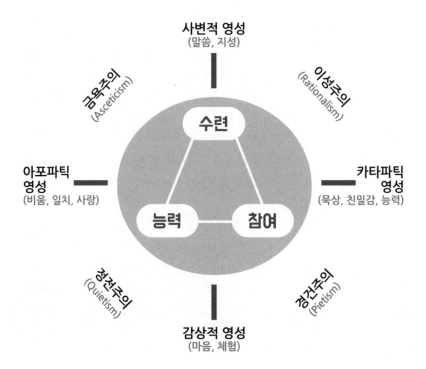

사변적 영성
(말씀, 지성)

금욕주의
(Asceticism)

이성주의
(Rationalism)

아포파틱
영성
(비움, 일치, 사랑)

수련

능력   참여

카타파틱
영성
(묵상, 친밀감, 능력)

정적주의
(Quietism)

경건주의
(Pietism)

감상적 영성
(마음, 체험)

Q&A

제3장

1. 영성의 성경적 이해를 설명해 보세요.

· 구약의 영성

· 신약의 영성

2. 기독교 영성의 정의는 무엇입니까?

3. 잘못된 영성은 무엇입니까?

4. 홈즈의 영성의 척도를 설명해 보세요

· 카타파틱 영성

· 아포파틱 영성

· 사변적 영성

· 감성적 영성

제4장

공동체

1. 어원적 고찰

공동체(Community)란 단어는 중세 영어에서 커뮤네테(Comunete)라고 쓰였던 명사인데 커뮤네테는 중세 프랑스어의 꼼뮤네테(Communete)에서 온 말이다. 꼼뮤네테는 다시 라틴어의 꼼뮤니타스(Communitas)에서 유래한 말이며, 꼼뮤니타스는 같은 라틴어의 꼼뮤니스(Communis)라는 말에 그 어원을 두고 있다.

꼼뮤니스(Communis)는 나누다, 공동의, 일반적인, 보편적인 등 상당히 포괄적인 의미가 있다. 꼼뮤니타스(Communitas)는 공동체, 친교 등의 비교적 제한된 의미가 있다.[91]

이러한 어원적 배경을 가지고 있는 '공동체'란 단어의 의미를 쉐릴(L.J. Sherill)은 그리스어의 코이노니아(Koinonia)란 단어의 의미로 이해하고 있는데, 친교, 나눔, 사귐, 참여 등의 코이노니아를 곧 '공동체'라고 보았다.[92]

코이노니아는 목적 속격으로 '나누어진 것'이란 의미이고 주격 속격으로 '나누는 사람 또는 물건'을 의미한다.[93] 코이노니아는 다음과 같은 의미에서 공동체적인 것을 뜻한다. 첫째, 소유권, 재산, 생각 등을 함께 공유한다는 의미이다. 둘째, 사업, 사역 등에 동참하고 동업한다는 의미이다. 코이노니아는 그리스도인들을 하나 되게 하는 살아있는 끈이라는 뜻으로 요한1서에서 즐겨 사용되는 용어이다. 사귐(Koinonia)은 아버지와 아들과의 사귐으로 시작한다(요일1:3, 6). 이런 사귐은 결국 성도들의 집단 교제에서 나온다(요일1:3, 7).

우리는 이러한 의미를 빌립보서 4장 15절, 갈라디아서 6장 6절의 상호 나눔에서 발견한다(고전9:11, 참조). 바울도 예루살렘 교회를 위한 모금과 관련하여 이 의미를 사용하였다. 이 모금은 그리스도교의 두 무리 사이에 서로 친교가 있는 것을 보여 주는 명확한 형태이다(갈2:9;롬15:26). 이 모금에는 섬기는 일(고후8:4)과 신실하고 준비있는 나눔(고후9:13) 가운데 있

91_Webster, Webster's seventh New Collegiate Dictionary (Springfield, Mass: G&C, Merriance co, 2018), 168.

92_Lewis J. Sherill, 만남의 기독교 교육, 김재은. 장기옥 역(서울: 대한 기독교 출판사, 2009), 69.

93_Gerhard Kittel and Gerhard Friedrich, 신약성서 신학사전, 요단출판사 번역위원회 역(서울:요단 출판사), 394~395

는 친교의 중요성을 강조한다. 히브리서 13장 16절에서도 적극적인 나눔의 의미가 나타난다.

갈라디아서 2장 9절에서 야고보, 게바, 요한, 바울, 바나바의 교제 악수는 그리스도를 주로 고백하는 같은 신앙인의 '믿음의 교제'를 잘 표현하는 것이다. 사도행전 2장 42절에서 코이노니아는 그리스도교 단체나 그리스도교 재산 공동체가 아니라, 교회 생활에서 세워지고 표현된 친교 공동체를 의미한다.

이런 코이노니아는 다음과 같은 몇 가지 유형들을 가지고 있다.

코이노노스(Koinonos) : '동무, 참여자'를 의미한다. 공동번역성서 집회서 6장 1절에서는 '신탁 친교'라는 뜻으로 사용되기도 했고, 불법적인 행동에 동참한다는 뜻으로도 쓰였다(집41:19, 공동번역 집회서). 친구, 동료와 함께하는 동업자라는 뜻으로도 쓰였다(마23:30, 눅5:10, 고전10:18).

코이노스(Koinos) : 디도서 1장 4절은 '같은' 믿음에 대해 언급하며, 유다서 3절에서는 '일반으로 얻은' 구원을 언급한다. 사도행전 2장 44절, 4장 32절에서 제자들은 예수의 모본을 따라(눅8:1) 마지막 날을 기대하면서(신15:4) '공동' 생활한다. 공동체에서의 이러한 생활은 경제적 이론이나 법률적·사회학적·철학적인 자연의 모본에 기초한 것이 아니지만, 다른 사람을 돕기 위하여(행2:45) 개인의 소유권을 부인하는 사람의 협력을 나타낸다(눅12:33, 참조). 사도행전의 "모든 물건을 서로 통용하고"는 코이노스의 결정체를 나타내는 내용이다.

코이노네오(koinoneo) : 다른 사람과 함께 나누다를 의미하며 특히 부자가 가난한 자에게 자신의 소유를 나누는 것을 의미한다. 분배하다. 또는 참여하다 라고 번역되어 있다(롬12:13, 갈6:6, 빌4:15, 딤전5:22, 히2:14, 벧전4:13).
코이노니코스(Koinonikos) : 첫째 의미는 '단체에 속하거나 정해진'이란 의미이다. 또 하나의 의미는 '다른 사람들에게 기꺼이 나누어 준다'라는 뜻이다. 디모데전서 6:18에만 나온다.

코이누(Koinoo) : '공동의 것으로 하다' 또는 '나누다'를 의미하는 이 단어는 70인 역(LXX)에서는 사용되지 않고 신약에서 세 가지 의미로 나타난다.
① 사도행전 21장 28절에서 이 단어는 성전을 '더럽히다'를 의미한다.
② 마태복음 15장 11절, 18절, 20절에서 이 단어는 제의적인 부정에 의해서가 아니라, 개인적인 죄에 의해서 '더럽히는' 것을 의미한다.
③ 사도행전 10장 15절과 11장 9절에서 이 단어는 '부정하다, 불결하다

고 선포하다'(한글개역, '속되다')를 의미한다.[94]

이밖에 복합어군으로 썽코이노네스(Sung Koinones, 엡5:11, 빌4:14, 계18:4) 썽코이노노스(Sung Koinonos, 고전9:23, 엡5:11, 빌1:7, 계1:9)등이 있다.[95] 성경에서 말하는 공동체 의미를 종합해보면 첫째, 삶을 함께 나누는 둘 혹은 그 이상의 사람들과의 관계에 사용되며(빌1:7) 둘째, 그리스도와 우리와의 함께함(연합, 교제)을 의미하는 데 사용되고(빌3:10) 셋째, 영성적인 삶을 통해 사귐이 각 지체의 현실적인 삶 속에 나타나는 것(요일1:7)을 의미한다.

2. 신앙공동체의 개념

쉐릴은 기독교 공동체의 세 가지 본성에 대해 다음과 같이 말하였다.

첫째, 기독교 공동체는 장소적인 면에서도 어느 의식에 의해 표현되든 관계없이 자기 초월(이탈)의 공동체이며 이러한 공동체로서 자신을 인지하고 있어야 한다.
물론 교회는 '지역적 교회'로서 사회 질서에 깊이 관여해야 함을 잊지 않고는 있지만, 그런데도 하나의 기독교 공동체로서 교회는 이러한 관계 속에 머무는 상황에서도 이러한 모두를 초월한다. 그 이유는 교회가 행동을 시작하자마자 교회는 더욱 미래지향적인 차원을 지향하며, 이런 차원에 뿌리를 박고 있는 근거를 교회 자신이 인지하기 때문이다. 그 차원이 바로 코이노니아인데 이 코이노니아는 그 속에 하나님이 현존하시고 하나님이 참여하시기 때문에 일반적인 인간 공동체를 초월하는 공동체이다.
코이노니아란 말속에는 하나님의 영이 그 공동체 속에 선행하시며, 그 공동체 속에 현존하시며, 그 공동체 속의 모든 관계에 함께하신다는 의미가 함축되어 있기 때문이다. 본질적으로 기독교 공동체는 살아있는 사람들의 진실한 공동체이면서 삼위공동체 하나님과 함께하는 독특한 위치를 가지고 있다.

둘째, 하나님의 코이노니아에서 자신을 초월하는 이러한 공동체의 모습은 분명히 사람들이 일상생활에서 깊은 개인적인 관심을 지니게 된다. 자기 초월적 공동체인 기독교 공동체는 동시에 관계된 사람들의 공동체이다.

그러기에 유한한 인간존재의 뿌리까지 내려간 관심들, 혹은 존재의 밑바닥에서 솟아 나오는 인간의 내적인 문제를 가지고 기독교 공동체를 찾아간다. 그곳에 희망이 있기를 기대하기 때문에 문제가 많은 인간이 모인 교회로서 인간의 문제들에 관심을 두지 않을 수 없다. 그뿐만 아니라 복음은 깊은 인간의 궁지에 대응하고 있으므로 그들에게 복된 소식으로 긍정되는 만큼 교회는 인간들의 깊은 상처를 치유하고 그들의 생활과 안녕을 위한 책임이 있다.

셋째, 기독교 공동체는 자신을 초월할 뿐 아니라 하나님과 만나는 장소로 자신의 가장 깊은 내면에 관심을 기울인다. 즉, 우리의 삶에 대한 요구가 있어, 우리를 대면해 오시는 삼위 공동체 하나님과 기독교 공동체에서 만나는 것이다.[96]

• • •
96_Lewis J. Sherill, 70~80.

본 회퍼(Dietrich Bonhoeffer)는 교회 공동체를 다음과 같이 설명하였다.

첫째, 교회는 예수 그리스도와 성령의 행위로 실존한다. 그리스도의 죽음에 의해서 새 인류가 창조되었다. 그리스도는 제2의 아담이다. 교회가 생기는 것은 이 예수 그리스도 안에서 성취된 것이 실현되기 때문이다. 그리스도는 교회의 기초이시다. 둘째, 그리스도께서는 교회와 이중적인 관계를 맺고 있다. 즉 교회의 창조자인 동시에 통치자로 관계하신다. 셋째, 교회는 그리스도의 몸이다. 즉 교회로서 작용하는 그리스도이다. 넷째, 교회는 유기체이다. 교회에서는 공동생활이 지배한다. 바울의 유기체적 교회관이 우선 모두가 모든 지체들을 통일하시는 그리스도의 몸에 속하며 나아가서 모두가 개인으로서 그 안에 살 수 있는바 하나님의 공동체에 속하는 것을 의미한다.[97]

• • •
97_Dietrich Bonhoeffer, Sanctorum Communio, (München. 1960), Trans. by William Collins, The Communio of Saints (New York: Harper&Row, 2018), 65.
위 논문은 본회퍼의 신학박사 학위 논문이다.

본 회퍼가 말하는 제자의 도는 그리스도의 부르심을 듣고 즉각적으로 따르는 순종의 삶, 그리스도와 같이 세상과 타인을 위한 고난에 참여하는 삶, 그리스도를 통한 세상과 구별된 삶을 의미한다.[98]

그리스도 공동체는 관계적 존재이며 서로 영향을 주고받는 상호의존적인 공동체이다. 몸인 공동체의 머리는 그리스도이며 몸은 머리에 의해 지도와 통제를 받아야만 조화와 균형을 이루며 공동체의 사명을 올바르게 수행할 수 있다.

그리스도 몸으로서의 공동체는 자유로움, 다양성, 모든 지체들의 필요성과 지체 간의 상호의존성, 공동운명성을 그 특징으로 하고 있다.

그러므로 우리는 조직으로서의 교회가 아니라 '공동체로서의 교회'로

• • •
98_Dietrich Bonhoeffer, 나를 따르라, 손규태, 이신건 역(서울: 대한 기독교서회, 2010), 33~83.

전환 시켜야 한다. 제도적 통합기구로서의 외면적인 공동체의 실체는 진정한 공동체가 아니다. 예수 공동체는 제도적, 지역적, 문화적, 인종적 단위의 공동체가 아니라 삶의 공동체였다. 교회가 공동체적인 정신을 가지고 나아갈 때 우리는 보다 진보적인 영성인이 될 수 있는 것이다.

3. 이스라엘 공동체

...
99_Bernhard W. Anderson, 구약 신학. 최종진 역(서울:한들출판사, 2013), 104~124.

앤더슨(B.W. Anderson)은 이스라엘 초기 공동체는 계약 공동체였다고 설명하고 있다.[99]

계약이란 단순한 의미가 아니라 신과 인간이 서로 합일을 이루는 결혼식과 같은 존재이다. 창세기 15장 7절~21절에 있는 말씀과 같이 아브라함이 가축을 잡아 둘로 쪼개고 그 쪼개놓은 가축 사이로 나아가는 의식은 하나님과의 개인적인 고대계약 체결의식을 나타내주고 있다.

이와 같은 의식을 통해 아브라함은 하나님과 관계를 맺고 또한 이삭과 야곱이 관계를 맺는다(창31:42,53;창49:24). 이스라엘 백성들이 이집트에서 압제를 받고 있을 때 모세가 "나는 네 조상들의 하나님, 아브라함의 하나님, 이삭의 하나님, 야곱의 하나님이다(출3:6,15)"라는 말씀을 들었다는 출애굽 사건은 이스라엘에 대한 하나님의 약속 계속성에 대한 인식을 담고 있다.

이러한 계약 관계는 출애굽 사건을 통해 재확인하게 된다. 즉 출애굽기 1장~24장에 나오는 두 종류의 이야기를 통해서 재확인되는데 하나는 하나님께서 이스라엘 백성을 이집트의 노예 생활에서부터 해방해 광야로 인도했다는 것이다. 다른 하나는 하나님께서 시내산에서 하나님 자신을 계시하여 율법을 주고 계약을 체결하여 이스라엘을 '하나님의 백성'으로 삼는다는 것이다.

...
100_Ibid., 97.

이 두 이야기는 서로 밀접한 관계를 맺고 있는 것으로 해방하는 하나님은 계약을 체결하시는 하나님의 서곡을 의미한다. 결국 둘째 이야기는 첫 번째 이야기에 신학적인 바탕을 두고 있다.[100] 시내산 계약에서 중심되는 문제는 이스라엘이 하나님의 백성이 되고 하나님은 이스라엘의 하나님이 되시겠다는 것이다.

그러나 이스라엘이 하나님의 백성이 되기 위해서는 하나님의 백성답게 살아갈 수 있는 길은 하나님의 가르침 곧 율법(Torah)을 따라 사는 것으로 율법은 내용면에서 이스라엘 공동체내의 사회생활에 관한 법률과 종교의식과 제의에 관한 종교적 규범으로 이루어져 있다.

따라서 하나님과 이스라엘 사이에 맺어진 계약은 단순히 종교적인 수직적 차원에만 머물러 있는 것이 아니다. 이스라엘 공동체 안의 사회관계, 사회계약법 곧 공동체 안에서 윤리적인 법으로까지 구체화하여 나타나고 있다. 그래서 하나님과 이스라엘과의 관계를 설명할 수 있는 기본적인 범주를 계약이라고 본다. 이 계약은 하나님의 행위가 역사 안에서 성취되어 이스라엘을 하나님의 백성으로 삼고 그들을 통해 하나님의 속성과 뜻을 나타내는 명확한 현실을 나타낸다. 그래서 계약이라는 개념 아래에서 그 개념의 역사를 추구하고, 세속법과 제의법을 통한 계약 개념이 무엇인가를 말하고, 나아가서 계약의 기구로서 공동체의 지도자를 다루고 있다.[101]

•••
101_장일선, 구약신학의 주제 (서울 : 대한기독교출판사, 2002), 285.

이러한 이스라엘 계약 공동체의 개념은 언어에서도 찾아볼 수 있다. 즉 '모압인'이라고 말할 때 모압 사람 개인을 가리키기보다는 모압인 전체를 지칭하고 있다. '아담'은 사람 하나를 나타내기도 하고 인류 전체를 나타내기도 하고, 히브리어 이쉬(איש)는 남자들을 동시에 지칭할 수 있다.

히브리어에서 '집단'의 개념은 구체적인 개체 사물이나 개체 현상들로부터 연역한 추상적인 개념이 아니라 개체 사물을 내포하고 있는 실제적 전체이다. 하나하나의 개체는 다만 모든 것을 포괄하는 전체의 구체화에 불과한 것이다.

이처럼 히브리어의 사용법을 보면 공동체의 개념을 쉽게 이해할 수 있다. 공동체는 개인의 집합일 뿐만 아니라 전형화된 한 사람의 개인이 된다. 아울러 개인은 공동체 일부분이 아니고 그 안에 전체가 담겨 있는 공동체의 구체화이다. 이것은 개인들의 집단에서 떨어져 나온 부분이 아니라 공동체적 신의 성품이 실체화되는 것과 같은 것이다.

그러므로 공동체 안 개인의 행동은 개인 그 자신에 국한되는 행동이 아니라 전 공동체의 행동으로 나타나게 된다.

한편 초기 이스라엘 공동체의 개념은 사회제도와 계약법 그리고 구약신앙을 통해서도 잘 나타나고 있다. 새롭게 형성된 이스라엘 공동체는 과거의 봉건주의와 제국주의를 배격했다. 이집트에서의 종살이라는 고통을 겪어온 이들은 근동지역의 봉건주의적이고 제국주의적인 사회제도와는 다른 공동체를 형성하였다.

그러므로 왕국 이전의 해방된 이스라엘의 사회구조에서 가장 기본적인 집단은 베트~아브(Bat~Ab) 즉, 2대 혹은 3대가 같이 사는 기본적인 거주 및 생산 집단으로 이 가족의 기능은 종족 번식, 생산, 분배, 소비, 저축 등이 자체에서 이루어지는 자급자족 단위이다. 군사적으로는 자체 방어를 하고 교육과 사회적 통제가 이루어지면서 유월절 행사와 같은 제사의식도 이루어진다.

결국 이스라엘의 공동체 의식은 하나님과 맺은 계약에서 출발하여 제사제도와 결혼제도를 통해 더욱 굳건한 결속력을 나타내고 있다. 그러나 때로는 이런 공동체 의식이 선민의식과 결합할 때 자신만을 위한 배타적 공동체를 만들어 낼 수 있는 것이다.

4. 예수 그리스도의 공동체

• • •
102_See, 김세윤, 예수와 바울
(서울:두란노, 2008), 107~115.

예수님은 이스라엘로부터 믿음 있는 '남은 자들'을 불러내어 그들을 하나님의 직접적인 통치 즉 하나님 나라(Basileia) 아래에 있는 새 공동체로 불러 모으려는 구체적인 목적을 천명하셨다.[102]
이 하나님 나라는 지리적 출생 또는 정치적 연관에 근거가 된 영역이 아니라 오직 하나님께 대한 인격적 헌신에만 근거한 나라이다. 이런 이유로 그는 제자들을 선택하셨고 그들을 내보내어 그의 이름으로 전파하여 병을 고치게 했다. 예수님은 계속 그를 따르는 사람들에게 그들 자신을 '새 언약의 백성(하나님의 자녀)'으로 생각하도록 가르쳤다. 하나님께서는 이제 그들을 통해 그가 언약한 목적들을 달성하기 시작하실 것이기 때문이다. 그는 의도적으로 이스라엘의 열두지파를 상징하는 열두제자를 택하여 그들과 새 언약을 맺었으며 새 계명을 주셨다(마5:17).
사실 예수님이 자기 제자들에게 특별한 명칭을 부여하며 부른 적은 없다. 그러나 그가 제자들에게 메시아의 구속을 선포하였고 또 제자들에게 다른 사람들에게도 같은 구원의 복음을 전파하도록 사명을 주었기 때문에 새로운 언약의 관계가 성립된 것이다.
따라서 예수님은 자기 제자들을 이스라엘의 신실한 남은 자들의 진정한 후계자들로 보았다. 예수님은 일반 제자들의 그룹 이외에도 특별한 그룹의 제자들을 통해 지속적인 공동체 활동을 전개하였다.
예수님의 신앙적 교훈을 보면 그의 교훈은 성격상 높은 자리를 원하는 제자들 사이의 계급의식을 배제한 내용이다. 예수님은 높은 자리를 원하는 자들을 비난하고 겸손과 섬김 그리고 순명이 더 바람직함을 가르쳤다(마18:1, 막9:33, 눅9:46).
또한 예수님은 자기 제자들이 예수님 자신을 모시기 있으므로 모두 형제들이라고 주장하고 '랍비'라는 신분상의 칭호를 사용하는 것을 비판하였다. 그를 추종하는 그룹에서 가장 큰 자는 그들의 주인의 뜻에 절대적으로 순종할 수 있는 종들(δολου)뿐이다.

제자들이 내세울 수 있는 유일한 특권은 봉사와 희생의 특권뿐이었다. 그러므로 예수님의 신앙적 교훈은 신실한 남은 자의 후계자로 보는 제자들을 중심으로 한 새로운 공동체를 건설하는 것이었다.

이러한 예수 그리스도의 공동체는 다음 몇 가지 특징을 가지고 있다.

첫째, 예수 그리스도의 공동체는 세리와 죄인들과 가난한 자들, 소외된 자들 모두와 함께 한 식탁 공동체이다(마9:10, 막2:13~17 등). 우리는 흔히 세리는 그가 부유하고 가진 자라는 의미에서 그리고 그가 가난한 자를 억누르는 착취자라는 인상에서 예수님과 함께할 필요가 없다고 생각할 수 있다. 그러나 세리에게도 예수님이 사역해야 할 부분이 있다.

그들 역시 민족 감정에서 소외되고 이방인과 동일시되며 소외되어 멸시당하는 사람들이었기 때문이다.[103]

예수님이 세리를 그의 제자로 부르시고 그와 같은 자들과 함께 식사하는 데는 깊은 의미가 내포되어 있다. 그것은 구체적으로 이들에 대한 예수님의 태도이다. 그 식사는 하나의 새로운 공동체를 형성하는 예식이다. 이것은 죄인들의 잔치로서의 성만찬의 그림을 보여 주는 의미로 생각할 수 있다.

복음서 전체에서 예수님은 죄인의 친구로 등장한다. 예수님은 병든 자, 가난한 자, 소외된 자 그리고 죄인들을 불러 모아서 그들의 죄에서 해방하고 병을 고치는 메시아적 신(Gottessohn)과 인자(Menschensohn)로 이해되었으며 그런 능력을 갖추시고 하나님의 왕권통치를 바로 죄인들의 구원 때로 선포하신 것이다.

그러므로 죄인들과 소외된 이웃들의 모임은 예수님이 구원을 선포하는 공동체였으며 왕권통치가 실현되는 현장이었다.[104] 복음서에서 말하는 죄인(μαρτωλο)들이란 단순히 바리새인의 원리를 따르지 않는 자들을 말하는 것이 아니라 그들의 삶의 방식이 바리새인뿐만 아니라 일반 평민의 그것에도 미치지 못하는 그런 사람들을 지칭하는 말이다. 이들은 당시 유대 사회의 최하층에 속하는 사람들로 당시의 종교 지도자에게서 '땅의 사람'이라는 형편없는 말로 지칭되었다. 가난하거나 병들었기 때문에 안식일에도 쉴 수 없는 사람들은 율법을 이행할 수 없는 자들로 자연히 소외될 수밖에 없었다.

따라서 유대 사회에서 종교적인 죄와 사회적으로 소외되었다는 것은 같은 뜻이었다.[105] 예수님은 이러한 자들에게 말씀과 행동으로 화해를 이루시고, 또한 그들과 함께하는 식사는 그들을 공동체 안으로 받아들이는 구원의 의미를 지니게 된다. 이 공동체를 통하여 예수님의 사역이 이루어지고 실제로 예수님은 그 공동체에서 자신의 메시아적 왕권통치를

103_안병무, "예수와 오클로스", 민중과 한국신학 (서울: 한국신학 연구소, 1982), 94.

104_성종현, "예수와 죄인들", 기독교사상, 1985년 10월호. 225.

105_Ibid., 226.

시작하였다.

둘째, 예수 그리스도의 공동체는 열두 제자와 함께 삶을 나눈 삶 공동체이다. 이것은 초대교회 형성과 발전에 지대한 영향을 주었으며, 이것은 교회의 시작이라고 할 수 있다. 열두 제자와 함께한 삶의 공동체는 예수님과 가장 밀접하게 움직인 공동체로서, 예수님의 사역을 실제로 감당하였고 성공적으로 수행하였다. 예수님은 이 삶의 공동체를 통하여 하나님의 나라를 확장해 나가셨고, 삶의 공동체 일원들 역시 하나님 나라 사역을 통하여 예수님과 함께 모든 것들을 감당하였다.

셋째, 예수 그리스도의 공동체는 예수님을 따르는 무리와도 함께 한 무리 공동체이다. 모든 무리와 함께 식사를 나눈 오병이어의 기적 속에서 우리는 예수 그리스도의 공동체의 절정을 볼 수 있다. 함께 한 '무리'를 의미하는 단어는 '라오스'와 '오클로스'이다. 라오스는 '백성'을 의미하지만, 일반 사람들을 지칭하기도 한다. 오클로스는 비조직적인 '민중'을 의미하는 것으로 복음서에서 주로 사용하고 있다. 이 오클로스는 예수님 주변에 모여 있는 모든 민중을 의미하는 공동체를 가리킨다. 예수님은 이런 많은 무리의 식사를 위해 기적을 행하셨고, 그 무리와 함께 식사 공동체를 이루셨다. 이는 종말론적인 공동체 식사이며, 그 공동체를 하나님의 나라로 초대하는 청빙의 식사라고 할 수 있다.

여기서 예수님은 무리를 백 명, 오십 명씩 떼를 지어 앉게 하여 식사 공동체를 이루게 하셨다. 제자들은 예기치 못했던 식사를 준비하게 함으로 이 공동체에 소속된 일원들이 무질서하지 않고 일정한 질서가 유지된 하나님의 백성들이라는 것을 보여 주셨다. 마지막 때의 하나님의 백성은 예수님이 그들과 함께 여러 교제를 나눔으로써 성립된다. 이러한 공동체는 마지막으로 유월절 성만찬을 통해 지금까지 존재해 오고 있다. 모든 무리가 예수님의 손님으로 예수님과 함께 갈릴리호숫가에서 서로 교제를 즐겼던 것처럼, 그렇게 교회는 지금 성만찬에서 부활한 예수님과 교제를 나누고 있다.

성만찬에서 떡으로 그의 몸을, 포도주로 그의 피를 나누어 주시는 예수님은 광야에서 이스라엘인들이 지켰던 유월절과 같은 그리스도이다. 또한 이런 고난의 십자가 사건을 통해 예수님이 바로 모든 인류 공동체의 주인임을 나타내고 있다.[106]

• • •
106_Gerhard Lohfink, 예수는 어떤 공동체를 원했나?, 전한교 역(왜관:분도출판사, 2020), 49.

5. 바울의 공동체

바울은 교회를 장차 도래하게 될 하나님의 통치를 기대하는 잠정적인 종말론적 공동체로 이해하였다. 그의 관심은 교회 공동체보다는 그 안에 살아계신 그리스도가 중요한 관심사가 되고 있다. 바울은 그리스도는 구약의 완전한 계승자이기 때문에 그리스도 안에서 이루어진 이스라엘의 완성(갈3:16)이라고 보았다.

이처럼 철저한 기독론에 초점을 둔 바울의 교회 공동체 개념은 교회의 본질인 복음의 진리와 교회의 일치에 관심을 기울인다. 복음의 진리와 그 복음 안에서 하나가 되는 교회의 일치를 떠나서는 교회의 선교란 성공할 수 없다.

그러므로 바울의 사상을 지배하고 있는 최대의 관심사는 교회의 일치와 복음의 진리이다. 바울에 따르면 교회의 일치 근거는 복음의 진리 위에서만 가능하다는 확신 때문에 일치와 진리 문제는 상호긴장 관계를 이루고 있다. 그에 의하면 교회의 일치는 그리스도 안에서 하나님의 의롭게 하시는 은혜의 행위 때문에 단번에 성취되었다(롬5:17~21). 그런데도 교회 일치는 내외적으로 상당한 위협을 당하고 있다.

그러므로 교회 일치와 교회의 건재를 보장하고 강조하기 위하여 당시 그리스~로마적 비유인 '한 몸'의 비유를 사용한다.

바울은 몸과 그 지체들에 관한 비유를 통해서 교회 공동체에서의 **'참여'** 의 사상이 지니는 여러 측면을 표현하고 다양한 지체들의 상호의존적인 성격을 강조한다. 바울에 따르면 그리스도의 종말론적인 사건은 신자들의 획일적인 집합체를 이루는 것이 아니라, 상호 의존하는 지체들을 지닌 **'한 몸'**을 이루는 것이다.[107] 그리스도인의 공동체를 '한 몸'으로 본 사상에는 단계적인 발전과정이 있었던 것 같다.

그러면 바울의 가르침이 담긴 바울이 주장하는 공동체의 특징이 어떤 것인가를 바울이 고린도 교회의 내분과 부패를 처리하려고 기록한 고린도전서 12장에 나타난 '한 몸'의 비유 속에서 살펴보고자 한다.[108]

첫째, 고유성이다. 바울은 공동체 구성원들이 각자의 고유성을 가지고 있으므로 소외의식과 소외현상을 철저히 배격하고 있다. "만일 발이 이르되 나는 손이 아니니 몸에 붙지 아니하였다고 할지라도 이에 따라 몸에 붙지 아니한 것은 아니요 또 귀가 이르되 나는 눈이 아니니 몸에 붙지 아니하였다고 할지라도 이로써 몸에 붙지 아니한 것이 아니다"라는 말씀은 소외의식을 거부하고 인간 고유성이 매우 중요함을 나타내 준다. 모든 공동체 구성원은 공동체의 성장과 발전을 위하여 자신이 담당해야 할 고유한 기능이

107_장상, "사도바울의 교회 이해", 현대사회와 목회설계(서울: 연세대학교 연합신학대학원, 1986), 73~74.

108_Ibid., 257~268. See J. Christian Beker, 사도바울, 장상 역(서울: 한국신학연구소, 2008), 479~485.

있으며, 그 기능이 지극히 작은 것이라 할지라도 그것에의 충성과 헌신이 곧 자신에게 있어서 구원의 길이 됨을 인식해야 한다.

둘째, 통일성과 다양성이다. 우리 몸의 지체는 그것이 아무리 보잘것 없어 보일지라도 각자의 전문적인 기능이 있는 것처럼 아무리 작은 직책이라도 교회 공동체의 유지와 운영을 위해서 필수 불가결한 것이다. 따라서 공동체의 구성원은 각자의 역할과 존재에 대하여 소신과 보람을 가지고 자신의 기능을 수행해야 한다. 그러나 이와 같은 다양성이 있음에도 불구하고 그리스도 안에 한 몸이라는 통일성은 교회 공동체의 정체성을 찾는데 밑거름이 된다. 이 통일성은 활발한 다양성을 묶어주고 연결시킨다.

셋째, 보완성이다. 모든 지체가 상호의존적인 보완관계에 있음을 인식하고 다른 지체의 기능을 존중해야 한다. 결코 상대방을 흡수하거나 마비시키거나 획일화시키는 일이 없어야 한다.

넷째, 일치성이다. 즉 교회를 그리스도의 몸이라고 비유하는 것은 그리스도인들 사이에 올바른 관계를 세우기 위한 것으로 볼 수 있다.[109] 특히 고린도 교회에서는 그리스도인들 사이를 구별하고 두드러진 성령의 은사들을 자랑하는 경향이 있어 긴장과 다툼을 일으키기도 하였다.
바울은 이들에게 몸의 여러 지체들의 역할을 설명하면서 그것들은 모두 몸에 속하고 있으며, 가장 작은 지체라 할지라도 매우 중요하다고 강조한다. 하나님께서 몸의 지체들을 그의 기쁘신 뜻대로 배열하시기 때문에 지체들끼리의 불일치가 있어서는 안 되며, 오히려 지체들끼리 서로 사랑과 관심을 가져야 할 것이라고 강조하고 있다(고전12:24~27).
그러므로 몸은 모든 지체가 고통과 기쁨을 함께 나누는 공동 운명체이다. 따라서 모든 지체는 자신의 권력 의식보다는 공동체에 대한 의무감을 앞세워야 할 것이다. 서로 협동하며 맡은 바 기능을 다 할 때 몸 전체의 공동이익이 증진됨을 깨달아야 한다. 이것은 공동체 성장의 정신적인 기초라 할 수 있다.

다섯째, 민주성이다. 역할들이 모여서 구조를 이루고, 구조들이 모여서 체계를 이루는 것처럼 몸이라는 이름의 공동체는 지체들이 모여서 이루어지는 것이니 어느 지체도 자신의 전체가 되고자 하거나 주인이 되고자 해서는 안 된다. 온몸이 눈이나 귀가 된다면 그 몸은 무엇으로 먹으며 무엇으로 걸을 것인가? 이것은 교회 운영의 민주적인 원리를 말해주는 것이다. 그러므로 지체 하나하나가 건전한 성장과 자율적이며 전

...
109_G. E. Ladd, A Theoloy of the New Testament(Michigan : Eerdmans Publishing Company, 2019), 545.

문적인 기능을 수행하고 그들 사이의 자유롭고 평등한 상호관계가 성립되어야 한다.

여섯째, 임재성이다. 바울의 이해에 따르면 성례전에서 받아들인 그리스도의 몸과 그리스도의 피 곧 그의 죽음에 참여하는 것과 '새 언약'(고전11:25)는 교회에서 서로 하나가 되었기 때문에 성도들에게 주의 만찬을 '합당하게' 그리고 '몸을 분별함이 없이는'(고전11:29) 먹지 말라고 당부했다. 왜냐하면 공동체적인 성만찬을 통해 주님이 실제로 임재하시기 때문이다. 우리는 여기서 그리스도인들의 공동체가 현실성이 없는 모임에서 탈피한 가장 구체적이고 이상적인 이웃 관계로 변한 모습을 볼 수가 있는 것이다.[110]

110_G. Bornkamm, Paul(New York: Harper & Row Publishers, 2001), 192.

다시 말하자면 주의 만찬에 참여하는 자는 그 의식을 행할 때마다 주의 임재성과 죽으심의 구속적 이해를 분명히 하고 결국은 주님의 다시 오심을 대망하며 그리스도와 한 몸 된 이 축복의 교제를 즐기는 동시에, 주님과 한 몸 되지 못한 자에게 순종과 사랑과 선교의 책임이 부여됨을 인식해야 한다는 것이다.

결론적으로 바울의 공동체적 이해는 주의 만찬을 통한 영적 친교로 즉 코이노니아(고전 10:16)를 통한 일치를 말하는 것이다. 따라서 이런 의미로 볼 때 만찬은 하나님의 새 백성인 교회의 통일을 위한 기초이며 표준이라고 볼 수 있는 것이다.

제4장

Q&A

1. 공동체란 무엇입니까?

2. 쉐릴의 신앙공동체 본성은 무엇입니까?

3. 본 회퍼의 교회 공동체 정의는 무엇입니까?

4. 예수 그리스도 공동체의 특징은 무엇입니까?

5. 고린도전서 12장에 나타난 '한 몸'의 개념은 무엇입니까?

82

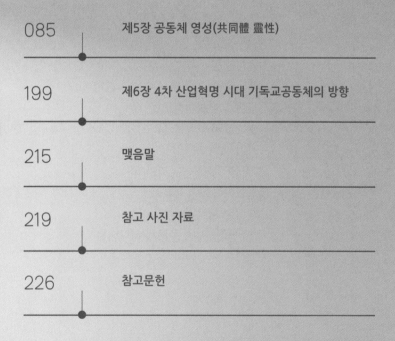

Ⅱ 공동체 영성이란 무엇인가

A Spirituality of Koinonia

II. 공동체 영성이란
무엇인가

(공동체의 실제적 접근)

보편적으로
영성은
개인적인 수련 혹은 수도를 통해
자신을 성화시킴으로
하나님의 형상을 삶 가운데 나타내는 것이라 한다면
공동체 영성은
더불어 삶을 공유하면서
희로애락을 경험하고,
체험된 서로의 삶 가운데
통전적인 삼위 공동체 하나님을
형상화시켜 나아가는 것이다.

– 본문 중에서

제5장
공동체 영성

사실 공동체는 갈등의 장소이다. 라르쉬 공동체 창시자 장 바니에(Jean Vanier)는 공동체 안에서 4종류의 갈등이 있다고 말했다.

첫 번째 갈등은 공동체 구성원들 각자의 내면에 있는 갈등으로 세상의 가치와 공동체의 가치 사이에 무엇을 선택할 것인가에 대한 갈등이다.

두 번째 갈등은 승자와 패자가 엄연한 경쟁의 세계 안에서 살도록 교육되어 온 이들이 이제는 상대방이 성장하도록 돕는 것을 배우는 데 따른 갈등이다.

세 번째 갈등은 두 번째와 유사한 것으로 사람들과 자기 자신과의 나눔과 교제에 대한 갈등이다. 타인의 성장과 자유를 위하는 일은 자기 자신의 자유를 희생하는 것을 의미한다.

네 번째 갈등은 공동체나 자신을 타인들을 향해 개방할 것이냐 폐쇄할 것이냐에 대한 갈등이다.[111]

• • •
111_Jean Vanier, From Brokenness to Community (New York, Paulist Press, 2009) 30~31

이런 갈등의 요소들은 참된 자기 개방과 성숙이 있을 때, 뛰어넘을 수 있는 것이다. 바니에는 아무리 인격적인 관계에서 출발하여 기쁨과 자유로운 분위기로 시작되는 공동체라 할지라도 언제든지 갈등적 위기에 직면할 수 있음을 지적하고 있다. 역사적으로 많은 공동체가 섬김과 나눔의 신비로 시작되었으나, 마침내는 관료주의 혹은 형식주의적 체제로 막을 내렸다. 참된 인간성이 완성되기 위해서는 공동체 내에 하나의 마음과 하나의 영혼 그리고 일치된 소속감과 풍요로운 공동 기쁨이 이루어져야 하며, 무엇보다도 특히 풍성한 인격적인 관계가 형성되어야 한다. 문제는 공동체의 시작에서 지녔던 이상이나 열정, 열성적인 분위기가 계속 지속적이고도 안전하게 유지되기 어렵다는 데 있다. 그러므로 공동체는 항상 사람들의 마음과 열기가 식을 수 있고, 오히려 그들 사이에 장벽이 높아질 수 있다는 사실을 늘 염두에 두고 끊임없는 영성 수련을 통해 서로의 삶을 공유해야 한다.

공동체 생활에서 또 하나의 위험은 함께 하는 생활 자체의 온갖 복잡함 속에서도 가지고 있게 마련인 자신의 '내적 자세'를 잃어버리는 것이다.

112_Ibid., 197.

이것을 잃게 되면 공동체 생활은 급속도로 경직되고, 성장을 회피하고 자 온갖 종류의 타협안을 모색하게 된다. 하나님을 온전히 믿으면서 순 간순간 하나님의 뜻과 기쁨을 추구하는 내적인 자세를 바니에는 "자기 가 우주의 작은 일부에 불과하다는 것을 아는 신뢰심에 찬 어린아이의 자세"라고 말했다.[112] 자기 한계와 결함을 인정하고 수용하는 내적 자세 가 없다면 공동체는 내부의 탄력성을 잃게 되고 경직된 긴장 상태에 돌 입하게 된다. 그래서 공동체를 파괴하는 요인이 될 수도 있는 것이다. 바니에가 이야기하는 어린이의 마음이란 "상대방에 대한 참된 수용성 과 신에게 전적인 의탁"의 자세를 의미한다.

공동체의 본래 사상이 상실되고 구성원들이 초심에서 멀리 벗어나게 될 때의 위험을 지적하면서 바니에는 "공동체에서 산다는 것은, 하나님 아 버지를 신뢰하는 가운데 한밤에 눈물을 흘리며 광야를 홀로 걸어가는 법을 배우는 것"[113] 이라고 말했다.

113_Jean Vanier, 공동체와 성장, 성찬성 역(서울: 성바오 로출판사, 2004), 199.

하나님에게서 힘을 얻어 각자는 자신의 수많은 상처와 고독, 괴로운 울 부짖음을 지각하게 되지만 공동체가 그것을 전부 달래줄 수는 없다. 공 동체의 삶은 인간 조건 속에 있는 것이기에 공동체는 그것을 긍정적으 로 받아들이도록 돕는다. 또한, 하나님께서 우리의 기도에 응답하시고 있다는 것과 그들이 결코 외톨이가 아니라는 사실을 일깨워줄 수 있을 뿐이다.

공동체가 계속해서 소명을 재발견하고 부름에 대한 믿음을 키워가지 않 으면 그 공동체는 급기야 침체의 구렁에 빠질 수도 있음을 볼 수 있다. 우리는 공동체 내에서 끊임없이 대두되는 문제들을 좀 더 유연한 시각 과 인내심을 가지고 해결할 수 있어야 한다.

필자는 공동체 생활을 통해 인간의 문제가 해결될 것이라고 믿는 사람 들에게 대부분 문제는 해결되지 않는다고 말한다. 반대로 공동체 생활 이 문제 있고 힘든 생활이라고 믿는 사람들에게 공동체만큼 즐겁고 행 복한 삶도 없다고 강조한다. 공동체는 양면을 다 가진 곳이다. 공동체는 생활하면 할수록 문제를 해결하기보다도 그것을 안은 채 기쁨으로 삶을 전진시켜 나가는 법을 배우는 일임을 일깨워 준다. 바니에는 공동체 체 험을 통해 다음과 같이 말했다.

> 대부분 문제는 해결되지 않지만 뚜렷한 통찰력과 충실히 귀 기울 이는 자세로 세월을 보내다 보면 우리가 전혀 기대하지 않을 때 문제가 일소된다. 그렇지만 그 자리는 언제나 또 다른 문제가 들 어차게 된다.[114]

114_Jean Vanier, From Brokenness to Community, 199.

공동체 경험은 문제를 과연 문제로만 볼 것인가? 라는 질문을 가능하게한다. 많은 경우 문제란 일상의 한 부분이며 그 속에 참 해결책이 있음에도 그것을 아는 이들은 많지 않기 때문이다.

공동체는 구성원의 상호 신뢰를 토대로 성립되지만 사실 이 신뢰는 지극히 미약하고 또 허약하다. 사람들의 마음속에는 의혹이 거처하는 장소가 항상 있게 마련이다. 불화를 일으키는 사람들은 날카로운 눈으로 그 장소를 찾아내어 의혹을 부추김으로써 공동체를 파괴하는 경향이 있다. 우리는 바로 그런 것이 공동체에 해가 되는 문제임을 지적하면서 공동체에 들어오는 올바른 자세는 그곳의 전통을 존중하면서 기꺼이 봉사하려는 자세라고 권면한다. 그런 의미에서 공동체 삶에서 드러내놓게 되는 좋은 아이디어나 계획 등은 자신의 유능과 타인의 무능을 입증하는 방편으로서가 아니라 서로의 나눔과 섬김 그리고 일치 속에서 서서히 실현되어가야 한다. 또한 공동체의 많은 위험 중 공동체를 후퇴시켜버리게 하는 것은 바로 폐쇄성이다.

공동체에는 건설할 시기와 다른 사람에게 문을 열 시기가 따로 있다. 이 둘은 서로 밀접하게 연결되어야 한다. 만일 어느 한쪽만 지속되면 공동체는 사멸하든지 아니면 퇴행기를 겪게 된다. 폐쇄된 공동체는 퇴행해 버린다. 이런 공동체는 내부의 갈등과 외부의 알력에 시달리다 끝내 생명력을 잃게 된다. 사람을 맞이하려 하지 않는 공동체는 그 이유가 어떻든 영적으로 죽어가는 공동체이다.

반면 끊임없이 사람을 맞아들이는 공동체는 얼마 안 가서 분산되고 만다. 각 공동체는 그 나름의 연약함과 한계를 지니고 있기에 그 한계를 인식하고 그들의 생활기준이 어떤 것이며 누가 그 기준에 무엇이 부합되는지를 알아야 한다. 여기서 주의해야 할 점은 개방성만을 강조하면서 형식적인 문 열기가 되어서는 안 된다는 것이다. 마음의 문은 닫아 놓은 채 공간적인 문만을 열어 놓는다면 그것은 또 다른 폐쇄성이 됨을 지적하는 말이다. 사람을 맞아들이는 일에는 항상 위험이 따르게 마련이며 언제나 혼란이 생기는 것을 감수해야 한다. 공동체적인 삶은 하나의 정신이요, 내적 자세이다. 그래서 분리와 불안이 야기될 수밖에 없다. 그러나 그런데도 타인을 자신 안으로 맞아들일 수 있어야 한다.

이런 개방성은 다른 사람에게 공동체에 관심을 두고 공동체 구성원들을 주시하며 그들이 공동체나 삶 속에서 자리를 잡도록 돕는 역할을 감당한다.

그러나 공동체에 사람들을 맞아들인 후에도 여러 문제가 야기될 수 있다. 공동체에 분열과 유해함을 가져오는 사람들이 많이 들어오기 때문이다. 만약 외부의 세력에 의해 혹은 내부 세력에 의해 더 이상 공동체 생활이 불가능하다고 판단된 구성원들이 있을 때는 진실하고 확고하되 온유함과 동정심을 잃지 않는 자세로 그들을 공동체에서 떠나보내야 하며 그들에게 적절한 장소를 찾아볼 수 있도록 돕는 배려도 잃지 않아야 한다.

우리는 공동체적인 삶 자체가 때때로 사람을 질식시킬 수 있다는 것도 염두에 두어야 한다. 공동체가 지나치게 구성원들을 감싸 주기만 하고, 개별적인 성장의 공간을 마련해 주지 않을 때 사람들은 자기 생명력을 상실하고 질식해 버릴 위험이 있다. 몸담은 공동체가 애정과 안정이 깃든 가정이 되어야 하겠지만 각자의 사적 공간이 전혀 없다면 위와 같은 위험에 노출될 염려가 있다.

무엇보다도 공동체의 위험이란 자신들이 이룩한 성과에 안주한 채 초기의 영감과 감동을 잊어버리는 데서 비롯된다고 할 수 있다. 이것은 본래의 의미를 망각하고 전문적인 능력집단이 되거나 지나치게 조직과 체제와 규칙만을 강조한 나머지 온전히 자신을 바쳐 투신해야 함을 잊어버린 데서 오게 되는 것이다. 또한 그 위험은 접대하는 방법을 잊고 함께하는 사람들을 하나님의 선물로 여기지 않는 데서도 오게 된다.
또한 공동체가 소외된 이웃들의 부르짖음에 귀를 막고 있을 때 자기만족에 빠지게 되며 안락한 생활 방법을 찾아낼 때 하나님께 부르짖는 일을 중단해 버리는 경우가 허다하다. 공동체 구성원들은 사람들의 번민과 불행을 감지하고 그들이 당하는 압박과 고통을 의식할 때라야 하나님에게 큰 소리로 울부짖게 될 것이다. 그들의 부르짖음이 곧 그 공동체의 것이 되기 위해서는 공동체가 소외된 이웃들과 항상 나눔과 섬김의 자세를 가지고 있는 것이 아주 중요하다.

또한, 공동체는 반드시 구성원들 간의 정기적인 만남을 가질 수 있도록 해야 한다. 이러한 만남에서 정당하게 나눌 수 있는 것은 공동체 안에서 있는 자신들의 위치와 역할 그리고 실천하는 일, 사람이나 사건을 대하는 대처 방법 등이다. 자신을 열어 놓음으로써 공동체가 서로에게 어떤 의미를 지니며 또한 자신의 어려움이 어디에 있는지 다른 사람이 알도록 하는 것도 중요하다. 만일 공동체 구성원 간의 접촉이 없거나 자신에 관한 나눔이 없다면 서로의 관계는 점점 멀어질 뿐 아니라 남남이 되어 버릴 것이고 더 이상 공동체는 하나일 수 없을 것이다.
이러한 만남에서 주의할 점은 자신의 성과나 재능만을 알리려 해서는 오히려 거리감이 생길 수 있다는 것이다. 서로서로 이해하고 존중하고 서로의 부족분들을 채워 주는 나눔이 있어야 한다. 사실 긴장과 적대관계를 통과하지 않고 아름다운 공동체를 만들어 나간다는 것은 거의 불가능하다.

오히려 어려움과 함께 지나올 때 비로서 서로가 서로를 다른 방식으로 재발견하게 된다. 이때야 비로서 공동체로 살아나가는 삶에 대한 보람과 기쁨을 누릴 수 있는 것이다. 어려움을 지나는 일은 삼위 공동체 하나님과 함께하는 일이며 예수님의 사역 안으로 들어가는 것이다. 예수님이 사람들에게 원하는 것은 흔들리지 않는 사랑과 믿음 안에서 공동체가 튼튼하게 자라가는 것이다. 그러므로 여러 과정을 거치면서 성숙한 공동체는 진정한 평안과 기쁨 그리고 사랑이 무엇인지 또한 하나님 나라가 어떻게 이 땅에 건설되는지를 보여 주는 표상이 된다.

공동체 사역에 대하여 목회자들, 신학생들, 일반 학생들, 성도들에게 강의하고 토론할 때마다 필자가 제일 많이 받는 질문 중의 하나가 "공동체 정신(情神), 공동체도(道), 공동체적 영성(靈性)은 무엇입니까?"라는 질문이었다.
공동체 영성이란 과연 무엇인가?
일반적인 영성과 어떤 차이가 있을까?
보편적으로 영성은 개인적인 수련 혹은 수도를 통해 자신을 성화시킴으로 하나님의 형상(Imago Dei)을 삶 가운데 나타내는 것이라 한다면, 공동체 영성은 더불어 삶을 공유하면서 희로애락을 경험하고, 이렇게 체험된 서로의 삶 가운데 통전적인 삼위공동체 하나님을 형상화시켜 나간다고 말할 수 있다. 분명히 공동체 사역은 힘든 사역이지만 그런데도 이 땅에 천국을 건설해 나가는 기쁨이 있고, 하나님 보시기에 아름다운 사역임이 틀림없다. 각 개인이 서로를 보살피고 사랑하면서 한 지체를 이루며 살아간다는 것이 얼마나 아름다운 삶인가!

필자는 현장에서 오랫동안 여러 지체와 함께 생활하면서 공동체 영성에 대해 다음 몇 가지의 결론을 얻게 되었다.

1. 공유(公有)의 영성

공동체 영성은 공유의 영성이다.

공동체라는 말 자체가 '생활이나 문명을 같이하는 조직체'[115]라는 의미

• • •
115_두산동아 편집국 편, 동아 새국어 사전(서울: 두산동아), 214.

이다. 그러므로 계속 혼자만의 수련을 추구해 나가는 독수도나 독거는 엄밀한 의미에서 공동체가 아니다.

공동체는 '함께 사는 것'을 전제로 한다. 그러나 다 함께 살 가능성을 열어 놓고 있지만 일방적인 집합주의(Collectivism)를 의미하는 것은 아니다. 또한 '함께 사는 것'은 다 함께 살 가능성을 열어 놓고 있으면서 각 개인의 개별적 인격은 존중하지만, 일방적인 개인주의(Individualism)를 허용하지 않는다.

공동체를 이룬다는 것은 단순히 따로따로이었던 개인들이 모여서 함께 한다는 의미가 아니다. 거기엔 온갖 상이성과 부조화라는 다양성이 서로를 상처 내고 보완하면서 조화를 이루어간다는 피나는 삶의 과정적 의미가 포함되어 있다. 어떤 공동체 안에서든지 이런 과정에서 드러나는 고통과 갈등이라는 요소를 빼놓을 수는 없다. 그러나 이것 역시 새로운 기쁨을 위한 과정일 뿐이다. 그런 의미에서 공동체적 삶을 산다는 것은 '새로운 도전'이라고 말할 수 있을 것이다.

한때 '교회 공동체'냐 '공동체 교회'냐를 가지고 격론을 벌인 적이 있었다. 교회 공동체는 신앙을 중심으로 삶이, 공동체 교회는 삶을 중심으로 신앙이 함께 하는 것이다. 신앙이 먼저냐 삶이 먼저냐는 닭이 먼저냐 달걀이 먼저냐의 싸움과 유사하지만, 공동체는 무엇보다도 삶이 우선이다. 함께하는 삶, 교제하는 삶, 나눔과 섬김의 삶 속에 복음이 열매를 맺는 곳이 바로 공동체이기 때문이다.

서로가 한 몸을 이루고 있다는 것과 모두가 서로에게 속해 있으면서, 서로에게 생명의 샘 구실을 하도록 삼위 공동체 하나님이 그들을 한 군데로 불러 모았다는 것을 깨닫는 그 순간에 공동체는 성장한다.

공동체에 베푼 최고의 선물은 공동체 구성원들이 느끼는 이와 같은 일체감이요, 이것을 선물로써 받아들일 수 있는 영적 자각일 것이다. 이런 선물을 통해 마음을 일깨우고 영성과 지성을 자극하며, 새로운 희망을 되살릴 수 있다. 공동체에 대한 사랑과 공동체로의 부르심을 더 깊이 절감하게 되는 것은 바로 이런 과정을 통해서 가능해진다.

에버하르트 아놀드(Eberhard Arnold)는 공동체로 살아야만 하는 이유에 대해 다음과 같이 말했다.

첫째, 하나님이 창조하신 모든 생명체는 공동체적인 질서 속에 존재하며 공동체를 향해 나아가고 있기 때문이다.

둘째, 공동체 삶의 모험 속에서만 우리는 구원받지 않은 인간이 얼마나

무력한 존재인지, 그리고 생명을 주시며 공동체를 일으키시는 하나님의 능력이 얼마나 위대한지 분명히 알게 되기 때문이다.

셋째, 자유와 일치, 평화와 사회 정의를 위해 싸우는 모든 이들 편에 서서 우리가 해야 할 일은 영적인 전쟁을 치르는 것이기 때문이다.

넷째, 하나님은 우리 시대의 막연한 갈망에 대해 우리가 믿음의 선명한 해답으로 응답하시기를 원하시기 때문이다.

다섯째, 신·구약의 예언 시대와 초대교회의 시대 이후로 계속해서 공동체로 부르시는 동일한 성령님께서 우리를 강권하시기 때문이다.

여섯째, 기쁨과 사랑의 성령님이 우리를 다른 사람들에게로 나아가 언제나 함께 연합하도록 강권하시기 때문이다.

일곱째, 창조와 일치의 성령님께서 우리를 독려하시고 그분으로 말미암아 하나님 안에서 노동과 문화의 공동체가 생기기 때문이다.

여덟째, 죽음에 대항하는 생명의 투쟁은 영혼과 몸의 일치된 전열을 구축하여 죽음이 생명을 위협하는 곳이라면 어디든지 출동해야 하기 때문이다.[116]

• • •
116_Eberhard Arnold, 공동체로 사는 이유(Why we live in community), 편집부 역 (서울: 도서출판 쉼터, 2018) 25~58.

공유의 영성은 이질적인 삶을 공유하는 영성이다.

공유의 영성은 서로의 삶을 공유한다. 그러나 서로의 삶을 공유하되 전혀 다른(이질적인) 사람들과 더불어 삶을 공유하는 영성이다.

> **형제가 연합하여 동거함이 어찌 그리 선하고 아름다운고!**(시133:1)

공유의 영성은 개인적인 독수도를 통한 경건과 성결을 추구하여 얻어지는 영성이 아니라, 나와는 다른 사람들과 함께 삶을 공유함으로 얻어지는 영성이다. 함께 사는 삶이 없는 영성이란 아무리 이론적으로나 체험적으로 심오한 진리를 깨닫고 득도했다고 할지라도 참으로 공허한 것이다. 하나님이 인간을 사회적 동물로 창조하셨다.
그래서 우리는 서로에 대한 연관성을 가지고 서로 교제하고 함께 살아야 한다. 그러면서 인간사에서 일어나는 모든 갈등도 맛보아야 하고, 아픔도 맛보아야 하고, 고난도, 궁핍도, 풍부도 맛보아야 한다.

앞에서 강조했듯이 서로 함께 산다는 것이 결코 아름답거나 고상한 것이 아니다. 그것도 이질적인 사람들과 삶을 공유한다는 것은 더더욱 어려운 일이다. 공유의 영성의 특징은 나와 영적, 지적, 물질적 수준이 비슷하거나, 서로 같은 지향점을 가지고 있거나, 수준 높은 영성인 끼리 삶을 공유하는 것을 의미하는 것이 아니다. 오히려 나와 수준이 맞지 않거나, 도저히 어울릴 수 없는 이질적인 사람들과 함께 삶을 공유하는 것을 의미한다. 그러므로 인해 우리는 공동체 안에서 인간적인 '희(喜)·노(怒)·애(哀)·락(樂)'을 다 느껴야 하고, 그러면서 자기 자신과 상대방을 다스리는 법을 배워야 한다.

> **내가 비천에 처할 줄도 알고 풍부에 처할 줄도 알아** 모든 일에 배부르며 배고픔과 풍부와 궁핍에도 **일체의 비결을 배웠노라**(빌4:12)

> 고난당한 것이 내게 유익이라 이로 인하여 내가 주의 율례를 배우게 되었나이다 (시119:71)

어떤 곳을 가보면 영적 수준이 비슷하고, 영적 지향점이 같은 사람들끼리 모여서 수준 있고 영성 있는 공동체를 이루고 있는 것을 볼 수 있다. 그러나 이것은 진정한 의미에서 영성공동체가 아니라 영성모임체일 뿐이다. 수준 높은 사람들이 수준 높은 장소에서 수준 높은 영성을 배우고 수준 높은 영성 수련했다면 그것은 온실 속에서 반쪽의 영성을 추구한 것 뿐이다. 진정한 영성의 출발은 가장 낮은 곳에서, 영적, 육적으로 이질적인 사람들과 부대끼면서 서로의 삶을 공유하는 것으로부터 시작된다.

예수님과 12제자의 사도적 공동체는 다양한 군상들이 함께 삶을 공유하였다. 성격 급한 사람, 성질 더러운 사람, 물질을 추구하는 사람, 탐심을 가진 사람, 혁명을 꿈꾸는 사람, 칼을 휘두르는 사람, 고기 잡는 사람, 세무서에 근무한 사람, 무식한 사람, 자기 스승을 부인한 사람, 자기 스승을 팔아먹은 사람 등등…도저히 함께 할 수 없는 사람들이 모여 새로운 공동체를 형성하였다.

가족 공동체를 생각해보자. 전혀 육체적인 구조와 정신적인 사고가 다른 이질적인 남자와 여자가 한 공동체를 이루며 살아가고 있다. 이런 이질적인 남자와 여자가 함께 부부로 한평생의 삶을 공유한다는 것은 공동체적 마인드가 없다면 매우 어려운 일이다.

존 그레이(John Gray)는 그의 저서 "화성에서 온 남자 금성에서 온 여자(Men are from Mars, Women are from Venus)"에서 다음과 같이 말했다.

본래 남자는 화성인이고 여자는 금성인이기 때문에 둘 사이의 언어와 사고방식은 다를 수밖에 없다.…남자는 여자가 남자와 같은 식으로 생각하고 대화하고 행동하리라는 그릇된 기대를 하고 있고, 마찬가지로 여자는 남자가 여자와 같은 식으로 느끼고 말하고 반응할 거라는 오해를 하고 있다. 우리는 남녀가 서로 다르게 마련이라는 사실을 망각하고 있고, 그 결과 우리의 관계는 불필요한 갈등과 마찰로 가득 차게 되는 것이다. 서로의 차이를 명확히 인식하고 존중함으로써 우리는 이성을 대할 때의 혼란스러움을 줄일 수 있다. 남자들은 화성에서 오고 여자들은 금성에서 왔다는 것을 염두에 두면 모든 것이 분명해진다.[117]

• • •

117_John Gray, 화성에서 온 남자 금성에서 온 여자(Men are from Mars, Women are from Venus), 김경숙 역(서울: 동녘라이프, 2021),24~25.

전혀 생각과 행동이 다른 남자와 여자가 만나서 사랑과 분노 그리고 기쁨을 공유하면서 새로운 공동체를 만들어 가지 못한다면, 그 가정은 무너질 수밖에 없다. 가족 공동체를 유지하기 위해 얼마나 많은 아픔과 갈등들을 극복해 나가야 하는지 … 이런 극복의 한계로 인해 오늘날 얼마나 많은 가정이 무너져가고 있으며 얼마나 많은 공동체가 실패를 경험하고 있는지… 그러나 이런 끝없는 삶의 투쟁 속에서 그리스도의 형상을 만들어 나가는 공유의 영성이 얼마나 또 소중하고 아름다운지…

소유하거나 강요하지 마십시오.
판단하거나 책망하지 마십시오.
다만 연약한 자를 붙들어 주십시오.
그의 고통과 분노와 절망을 붙들어 주십시오.
자신감을 잃은 마음과 꿈과 잘못된 공상뿐 아니라
그의 빛과 희망과 앞으로 더 자라고
발전해 나갈 가능성을 붙들어 주십시오.
그가 완전히 회복되어 새 보금자리를 향해 날아갈 수 있는 날까지.

– 장 바니에

공유의 영성은 탈진을 통해 하나님을 체험하는 영성이다.

필자는 정말 교만스럽게 한때 성자가 되고 싶었다. 그래서 독신 공동체에서 수도 생활했다. 사막의 성자들 이야기와 영성에 관한 책들을 탐독하였고, 경기도에 있는 한 수도원에서 수도 생활하였다. 나중에는 지리산 깊은 산중에 들어가 자연 속에서 독거하면서 오직 하나님과 나와의 합일만을 갈망했었다. 독거함 속에서 신과의 친밀성을 유지하려고 했고, 자기 모습 속에서 그리스도의 형상이 나타나기를 기도하였다. 그런 가운데 나와 하나님과의 관계, 즉 수직적 영성은 점점 깊어가고 있었지만, 내 안에서는 항상 어떤 부족함이 남아 있었다.

그러던 중 하나님의 섭리로 수도권에 있는 조그마하고 낙후된 동네에서 가장 낮은 자- 성매매 피해 여성들, 히빠리, 삐끼, 날라리, 까마, 기둥서방, 조직폭력배, 포주, 에이즈 감염자, 마약중독자, 알코올중독자, 혼혈아동, 가출청소년, 성 소수자 등- 과 함께 새로운 바닥공동체를 건설하게 되었다. 이러한 공동체적 삶 가운데서 많은 고난과 아픔 그리고 영적 탈진을 겪었다. 나중에는 인생까지도 끊으려고 시도한 적도 있었다. 그런데 바로 그때 만난… 그때 만난 예수님, 그때 역사하신 성령님은 과거 홀로 살며 독수하던 때 만났던 예수님과 성령님과는 또 다른 차원의 색다르고 깊은 만남이었다. 결국 하나님의 은혜로 바닥공동체를 통한 새로운 영성의 기쁨을 맛보게 되었고, 새로운 기름 부으심의 역사를 체험하며 새 힘을 얻게 되었다.[118]

필자는 그때 깨달았다. 공유의 영성이란 결국 인생의 가장 밑바닥, 바로 그곳~탈진되어 절망 가운데 있는~에서 하나님을 새롭게 체험하는 관계의 영성이라는 것을… 우리 자신이 아무리 훌륭한 이론과 지식을 가지고 심오한 영성 수련의 도를 닦았다고 할지라도 가장 낮은 곳에서 하나님과 인간의 관계성 속에서 새로운 기쁨과 희망을 체험하지 않았다면 참으로 공허한 영성일 뿐이란 것을…

영성에 대한 세계적인 신학자 헨리 나웬(Henri J. M. Nouwen)은 예일대학교나 하버드 대학교에서 훌륭한 강의를 통해 실력 있는 학생들에게 세상 지식을 논했을 때보다, 토론토 '라르쉬'공동체에서 지적장애자들과 함께 더불어 삶을 공유하면서 사도 바울처럼 일체의 삶의 비결을 배워갔을 때 그의 영성이 비로서 성숙하고 많은 사람에게 영향력을 끼칠 수 있게 되었다고 고백했다.[119]

공유의 영성은 나보다 낮고 천한 곳에서 그리고 상한 감정이 있는 사람들과 함께 살면서 깊은 애통과 긍휼을 가지고 공유된 아픔 속에서 많이 울어야만 하는 영성이다. 우리 주위에는 고독과 아픔에 짓눌려 외롭게 사는 사람들이 아주 많다. 너무 지나친 고독과 아픔은 인간을 체념이나 절망, 또는 알코올, 마약 중독 등으로 몰아넣기 마련이다. 가정생활이 불행한 탓으로 갈수록 많은 사람이 마음의 평정을 잃어가고 있다. 길을 잃고 마약을 복용하며 비행에 뛰어드는 사람이 아주 많으며, 가정과 삶을 포기하고 가출하거나 자살을 시도하는 사람들도 많다. 그러므로 이렇게 길 잃은 사람들과 외로운 사람들을 따뜻하게 맞이하고 그들에게

118_필자의 자서전인 『낮은 자들과 함께한 삶』(서울: 도서출판 문성, 2019)을 읽어 보기를 권한다.

119_See, Henri J. M. Nouwen, 마음의 길, 이봉우 역(왜관:분도출판사, 2009)
생활한 상기자로서의 사복자, 이봉우 역(왜관:분도출판사, 2009)
상처 입은 치유자, 최원준 역(서울:두란노, 2022)
영성에의 길, 김명희 역(서울: IVP, 2024).
Michael Ford, 헨리 나우엔, 박조앤 역(서울:두란노, 2024).
Christopher de Vinck, 헨리 나우엔, 김동완 역(서울:요단출판사, 2009).

가정을 제공하며 소속감을 부여해 주는 수많은 소규모 공동체가 필요할 것이다.

공유의 영성이 더욱 심화하기 위해서는 우리의 마음속에 상대방의 아픔이 곧 나의 아픔으로 마구 밀려 들어와야 한다. 즉 밀려들어 오는 아픔 속에서 결국 내가 이웃이 되고, 이웃이 내가 되는 것이다. 만약 우리 이웃의 아픔들이 나의 마음속으로 밀려들어 오지 않는다면 우리는 영성을 논할 자격조차 없다. 그러므로 공유의 영성을 이루기 위해 제일 먼저 그리스도의 십자가 아픔이 내 안에서 체험되어야 하며, 체험된 그리스도의 고난을 통해 결국 이웃의 아픔 속으로 동참에 들어가 '나'가 아니라 '너'가 되고 결국 '우리'가 되어야 한다.

예수 그리스도는 현실을 탈피한 수도 공동체를 건설하지 않았다(그렇다고 수도적인 영성을 무시하는 것이 아니다). 또한 급진적인 혁명주의자들을 위한 공동체도 건설하지 않았다(그렇다고 내세적인 영성만을 강조하는 것이 아니다).

예수님이 외친 하나님 나라 즉 바실레이아(Basileia)는 하나님, 인간, 자연, 우주가 모든 것을 공유하며 함께하는 하나님 통치의 나라이다. 우리는 그분의 지체로서 서로가 연합되어 있으며 서로 삶을 공유하고 있어야 한다.

수도자적 삶에서 뛰쳐나와 거칠고, 험한 기지촌과 칠리사창가[120]에서 새롭게 공동체를 건설하려고 했을 때 나에게 처음 들려온 말들은 가장 거칠고 더러운 욕지거리였다.

"아저씨! 놀다가…" "지금은 안돼" "씨발… 좆같은 새끼 잘난 척하기는…" 한 번도 들어보지 못한 이 신선한 단어들…

공동체 안으로 계속해서 성매매 피해 여성들, 기지촌 여성들, 혼혈아동들, 마약 중독자들, 알코올 중독자들, 중성체(Androgyny, 남성의 구조와 여성의 구조를 모두 가지고 태어난 사람들), 가출청소년들, 에이즈 감염자들, 정신장애자들, 보호관찰 청소년들, 상습적 도벽자들, 차치기(자동차를 훔치거나 운전자 손님들을 위협해서 금품갈취), 삑치기(술 취한 사람들의 금품을 갈취) 전문가들, 원조교제 청소년들, 오토바이 전문털이범들, 삐끼, 히빠리, 까마(성매매 업소로 유인해 오는 사람)등등…, 각종 전과자 등이 밀려들어 왔다.

이들과 삶을 공유하면서 정말 마음도 매우 아팠고, 울기도 많이 하였고, 좌절과 실패도 많이 맛보았고, 갈등과 분열도 원없이 맛보았고, 그래서 완전 탈진 속에서 다른 삶을 생각해 본적도 한두 번이 아니었고, 인생의 극과 극, 삶의 끝과 끝을 왔다 갔다 하기도 하였지만, 삶의 고비 고비를 넘기고 나니 이것은 결국 이전에 어떤 공동체 속에서도 맛보지 못했던 전혀 다른 신비로운 체험이요, 기쁨이 되었다. 그러면서 바울 사도의 빌립보서 4장 12절에서 "내가 비천에 처할 줄도 알고…일체의 비결을 배웠노라…"의 말씀이 실제적인 나의 삶 속으로 다가오는 것을 경험할 수 있었다.

다음 글은 필자의 자서전 『낮은 자들과의 삶』에 나오는 수녀와 창녀의 이야기이다. 이질적인 삶을 공유하는 영성에 대한 좋은 예가 될 것 같아서 내용을 옮겨 놓는다.

성매매 피해를 근절하기 위해 성매매 피해 현장에서 사역하고 있는 개신교와 가톨릭의 여러 기관의 단체들이 함께 모여 '한소리회'라는 연합단체를 만들었다. 그리고 매년 성매매 현장에 있는 각 기관으로 자원봉사 활동가나 관심 있는 종교인들을 보내어 실제의 사역을 현장에서 체험하게 하는 탐방 프로그램을 만들어 적용하고 있었다.

한 번은 가톨릭 수녀님 6명과 한소리회 사무국장님이 함께 공동체를 방문하여 1박 2일로 현장 체험의 시간을 가진 적이 있었다. 이 수녀님들은 모두 최고 선임자를 지칭하는 장상급들로 연세도 많으시고, 지위도 있는 분들이었다. 마침 그들이 도착한 시간이 공동체 중보기도 시간이라 함께 예배를 드리면서 이웃을 위한 기도를 나누었다. 그날은 마침 기지촌과 칠리 사창가 지역 그리고 소외된 자들을 위한 중보기도 시간이라 우리의 기도는 당연히 뜨거울 수밖에 없었다. 우리는 신·구교가 함께 한 초교파적인 기도 모임을 하면서 각자의 언어로 주님을 찬미하였다.

우리는 모두 기도 모임이 끝난 후 공동체 형제가 준비한 김치찌개와 밥을 맛있게 먹고 나서 성매매 지역을 방문할 준비를 하였다. 기도 시간과 저녁 시간까지도 그들은 수녀복을 입고 있었다. 그런 모습들이 순수하고 깨끗해 보였다. 그러나 현장으로 들어갈 시간이 되자 갑자기 수녀님들은 우리 스텝들 방으로 들어가더니 수십 년 동안 입고 있었던 수녀복을 모두 벗고, 평상복으로 갈아입고 나왔다. 수녀복은 수녀원 안에서는 물론 휴가 때 집에 가서도 쉽게 벗는 것이 아니라 했다. 본인들끼리 맨살을 보이지 않고, 반소매 옷도 입지 않는다고 말했다.

그러나 공동체를 탐방하기 전에 서로 합의를 봤다고 했다.

"도대체 이 옷을 입고 가서 우리가 뭐 하자는 거야! 옷을 평상복으로 갈아입고 현장으로 갑시다."

우리는 먼저 내국인들을 상대로 하는 성매매 지역인 칠지 지역으로 들어갔다. 수녀님들도 특별한 경험이겠지만 현장에 있는 자매들에게도 새로운 경험을 하게 되었다. 사창가 골목 앞에 동그랗게 서서 기도를 먼저 하고 자매들과의 만남을 시도하는 일은 언제나 서로가 조심하는 긴장의 연속이었다. 유리문 안에서 붉은 조명 아래 진한 화장(우리는 이것을 변장이라 부른다.)과 야한 복장으로 치장하고 손님을 기다리고 있는 자매들에게 우리는 흔한 말로 초대받지 않은, 마음대로 찾아오는 손님이다. 사실 주님의 복음을 전하는 것은 고사하고 말 한마디, 상담 한번 한다는 것이 그리 쉬운 일이 아니다.

때로는 포주들 눈치 보랴, 술 취한 사람들과 맞짱 뜨랴, 거부하는 자매들 살살 달래 주랴, 정신이 없을 때가 많이 있었다. 항상 하는 일이지만 우리는 최대한 말을 아낀다. 그리고 최대한 상대방을 많이 칭찬한다. 서로의 자존심을 건드리지 않도록 항상 조심한다.

입술엔 진한 빨간 립스틱을 바르고 가슴이 다 드러나게 깊게 패인 옷과 아주 짧은 똥꼬치마를 입고, 높은 하이힐을 신고 앉아 있는 자매들과 색상도 맞지 않은 헐렁한 기성복을 입고 화장기 하나 없는 수녀와의 만남, 그런데도 더욱 중요한 것은 이 두 부류의 만남이 지극히 자연스럽고, 불편함이 없었다고 하는 점이었다.

주님께서 주시는 평안함이 수녀님들을 통해 흘러나와 자매들의 마음을 녹여주고 있는 것 같았다.

매일 혹은 매주 이들을 대하는 우리로서는 별 새삼스러운 것도 없지만 일반인들에게는 공통으로 호기심의 대상이 되기로 하는 창녀와 수녀와의 만남이었다. 오히려 이 두 부류 사이에는 묘한 동질감마저 느껴지고 있었다.

"언니들, 오늘 특별히 멀리서 오신 수녀님들을 모시고 왔어요. 서로 인사 나누고 대화해 보세요."

"안녕하세요? 우리는 여러분들을 만나기 위해 수십 년 만에 처음으로 수녀복을 홀딱 벗어젖힌 무지하게 막 나가는 여자들이에요. 만나서 반가워요."

"머! 그러세요? 그럼 얼른 그 옷마저 홀딱 벗고 들어와서 손님 받으세요."

이런 말을 주고받으면서 서로는 모두 웃고 말았다.
계속 이어진 두 부류 사이에서의 대화는 막힘이 없었다.

"어쩜, 이렇게 이쁘게도 생겼을까? 이 피부 좀 봐 아주 뽀얗고, 싱싱하네, 비법이 뭐예요?"
"비법이요? 특별한 비법이랄 게 있나요. 그냥 타고난 것 같아요."
"그렇지 않아도 손님들이 나보고 얼굴과 몸매가 제일 끝내준다고 그러고요, 피부가 너무 아름답다고 그래요."

한쪽은 한없이 추켜 주고 있고, 한쪽은 한없이 올라가고 있었다.

"자, 우리가 준비한 선물들이 있어요. 꽃잎을 바싹 말려서 예쁘게 포장한 건데요 아주 예뻐요. 받아 보세요. 예쁜 사람은 2개도 줄 수 있어요."
"감사합니다. 찾아와주시고 선물까지 주셔서 고맙습니다."

우리가 준비한 선물들이 자매들에게 인기가 있었다. 짧은 시간 안에 50군데가 넘는 집을 돌아야 하니깐 서로 간에 깊은 대화는 할 수 없었다. 어떤 집에서는 눈인사만 나누어야 했고, 손님을 한참 받는 자매들에게는 살며시 준비한 선물만 놓고 갈 수밖에 없었다. 갑자기 한집에서 고성이 들려왔다. 아마 손님과 마찰이 좀 있었나 보다.

"야, 이 좆같은 새끼야! 돈도 없이 술 처먹고 와서는 왜 지랄이야. 지랄은."
"이 쌍년이 찢어진 게 입이라고 막 말을 하네."
"이 씨팔 새끼가 꼴에 그래도 사내자식이라고 개폼은 다 잡고 있네. 나가! 빨리 나가 이 새끼야!"
"아, 더러운 년, 오늘 재수 좆나게도 없네…."

어느 정도의 만남이 이루어진 후 우리는 자리를 옮겨 미군들을 상대하는 기지촌 지역으로 향했다. 그래도 조용하고, 적막한 내국인만을 상대하는 칠리 지역과는 완전히 다르게 외국인들로 북적대는 기지촌은 매우 시끌벅적한 또 다른 모습을 보여 주고 있었다.
'팡' '팡' 음악 소리 때문에 옆에 있는 사람들과 이야기하는 것조차 불가능하였다. 거기다 러시아, 필리핀, 미국, 한국, 제3 세계사람 등 다국적 인종이 어우러져 있으니 더욱 소란스러울 수밖에 없었다. 그래서 우리는 내국인을 상대로 하는 칠리 지역에서는 조용하게, 외국인들을 상대하는 지역에서는 아주 시끄럽게 선교

한다. 락 음악이 쾅쾅 귓전을 때리는 흑인 클럽 안에서 약간 겁먹은 표정으로 수녀님들은 침묵하고 있었다. 침묵이 길어질 조짐이 보이자 나는 은근히 걱정되었다.

"이러면 재미도 없을 뿐 아니라, 언니들과도 대화나 만남이 이루어지지 않는데… 이거 어떡하나…"

그때 갑자기 아프리카에서 선교사로 오랫동안 사역하셨다던 한 수녀님이 벌떡 일어나서는 흑인 병사들과 함께 춤을 추기 시작하였다. 보니깐 제법 스텝이 맞아가고 있었다. 잘 됐구나 싶어 나머지 분들을 모두 스테이지로 끌고 가다시피 모시고 나가서 함께 춤을 추게 하였다. 그러자 한판 춤판이 벌어졌다. 껌둥이, 흰둥이, 누렁이, 목사, 전도사, 수녀, 신자, 비신자 가릴 것 없이 음악에 맞추어 여러 가지 몸동작으로 하나가 되어 가고 있었다.
얼마나 환상적인 모습이었는지…
춤 내용도 가지각색이었다. 막춤부터 시작하여 엉거주춤, 어와둥둥춤, 얼쑤춤, 어우동 춤, 황진이 춤 등등. 한참 춤을 추고 나니깐 금방 분위기가 부드러워지고, 어색한 감정들이 사라지기 시작하였다. 현장에 있는 자매들과 대화할 수 있는 마음과 서로에 대한 친근감이 생기기 시작하였다.
그러나 시간이 없어서 깊은 대화는 못 하고 나머지 몇 명의 자매들과 간단한 대화와 인사만 나눈 채 밖으로 나왔다. 그리고 몇 군데를 더 방문한 후에 이왕 여기까지 와서 망가진 것 완전히 망가지라고 일부러 스트립쇼를 하는 클럽으로 일행들을 데리고 들어갔다. 내가 들어가니 한국인 자매들을 비롯하여 필리핀 자매들이 반가운 표정으로 몰려나와 인사를 하였다.

"어머, 오랜만에 오셨네요! 근데 이분들은 누구세요?"
"Hi! PaPa! I Love you. How are you?"
"안녕! 아빠! 사랑해요, 어떻게 지내세요?"
"잘 지내고 있지? 아, 참 소개하지. 우리 큰 누님과 친구분들인데 공동체에 잠시 놀러 왔다가 내가 바람도 쐬게 할 겸 이곳으로 모시고 왔지. 이분들을 한번 화끈하게 대접해 봐."

그러자 특별서비스를 해 주겠다고 하면서 내 의도는 전혀 그게 아니었는데 기다렸다는 듯이 두 명의 무희들이 무대 위로 올라가서는 쇼를 준비하기 시작하였다. 조금 지나 조명이 어두워지면서 은은한 블루스곡이 흘러나왔다. 아주 몸매가 예쁜 2명의 쇼걸이 나와 춤을 추기 시작하였다. 쇼걸의 손과 발이 따로 놀기 시작하면서 몸은 더욱 비틀어지고 있었고, 엉덩이는 점점 격렬한 율동을 보여 주고 있었다.

오히려 내가 더 당황이 되기 시작하였다. 이날따라 자매들이 더욱 짓궂고, 농도 짙게 스트립쇼를 보여 주었는데 아마 일부러 더 그러는 것 같았다. 2명의 쇼걸이 수녀님들이 앉아 있는 탁자 위에까지 올라와서는 입고 있는 비키니 수영복을 하나씩 벗기 시작하였다. 그리고 앞가슴을 두 손으로 추켜올리면서 점점 빠르게 춤을 추기 시작하였다. 얼마 후 손바닥만 한 팬티까지 모두 벗어버려 알몸이 되었을 때는 수녀님들의 숨소리마저 멎어 버린 것을 느낄 수 있었다. 그것뿐 아니었다. 온몸에 우유를 머리끝에서부터 발끝까지 자신들의 몸에 막 쏟아부으면서 더욱 야하게 춤을 추기 시작하였는데 그만 우유가 막 튀어서 수녀님들의 옷이며 얼굴에까지 튀고 말았다. 놀란 토끼 눈을 하면서도 손으로 얼굴을 가리지 않은 채(아니 가리는 것 자체를 모를 수도 있겠다) 모두 넋 나간 표정으로 언니들의 몸동작을 바라보고 있었다. 쇼를 하는 것을 보고 있던 몇 명의 사람들에게서 꼴깍꼴깍 침 넘어가는 소리가 들렸다.

우리야 늘 보아온 장면이라 별로 느낌도 없는데, 오랜 기간 수도원에서 혹은 피정의 집에서 수도 생활과 영성 수련받아온 수녀님들 입장에서는 오늘 세상의 종말을 보고 있다는 느낌이 들었을 것이다. 조금 전에는 유리창 안에 있는 창녀들을 만나고 지금은 벌거벗은 쇼걸들을 만나고…

쇼가 끝나자 갑자기 수녀님들이 일어서서 열심히 박수를 치기 시작하였다. 땀을 뻘뻘 흘리면서 쇼를 보여준 자매들에게 보내는 답례였던 것이다. 잠시 쇼걸들과 대화를 나눈 후에 우리는 곧바로 밖으로 나왔다. 밖은 여전히 시끄러움과 소란 속에 파묻혀 있었다. 우리 일행이 골목을 돌아 바로 옆에 있는 공동체 건물에 다가갔을 때 이들은 안도의 한숨을 쉬고 있었다.

"아이고, 공동체가 이렇게 가까운 곳에 있었네." 하면서 배시시 웃는 모습을 보여 주었다.

우리는 공동체 안에서 서로 간단히 자기소개하고 나서 밤새껏 현장 탐방한 내용을 가지고 이야기를 나누었다.

"우리가 우르르 찾아가서 그녀들을 바라보는 것조차 미안한 맘이 들었습니다."

"자매들의 순수한 모습이 인상적이었습니다."

"예수님께서 어찌하여 그들을 그리 가까이하시고 사랑하셨는지 조금은 알 수 있을 것 같습니다."

"어쩌면, 주님 앞에서 우리가 더 죄인일지 모릅니다."

"세상에는 여러 가지 모습으로 살아가는 사람들도 많은데 우리는 너무 우물 안 개구리처럼 살아왔습니다."

"그들의 삶과 아픔을 함께 나누지 못하고, 구체적으로 필요한 것들을 채워 주지 못한 것을 진심으로 회개합니다."

"처음이고, 너무 낯선 경험임에도 불구하고 충격적이라기보다는 모든 것이 자연스럽게 받아들여지는 나 자신을 보고 신기하였고 더욱 주님께 감사할 뿐입니다."

"값싼 동정심이나 정죄함 혹은 호기심 아닌 주님께서 한 영혼을 바라보시는 사랑의 마음을 가지고 다가가야 한다는 사실을 다시 한번 깨우칠 수 있었습니다."

세상의 눈으로 보면 또한 같은 여성으로서 수녀와 창녀의 만남은 어쩌면 극과 극의 만남이라고도 할 수 있지 않을까? 사실 이들의 삶은 하늘과 땅만큼 차이가 나는 것은 부인할 수 없다. 그러나 예수님께서 죄인들을 부르러 오셨고, 잃어버린 야 한 마리를 찾는 기쁨이 더욱 크다는 것을 강조하셨기에 어찌 보면 성인과 악인, 그리고 성자와 탕자의 차이는 종이 한 장 차이밖에 없다고 생각한다. 유리문 하나 사이로 서로 얼굴을 마주 대하고 있지만 그들의 삶을 이해하고 진심으로 가까워져 그들의 영혼을 신실한 마음으로 만나는 일은 말처럼 쉬운 것은 아니다. 그러기에 그곳의 언니 한 명을 구원시키는 일은 보통인의 몇 배의 노력과 기도가 필요하다.

물론 지금은 우리 공동체 식구가 된 자매들과 현장에서 일하는 언니들과도 매우 친한 사람들이 생겨났지만, 자주 우리는 차갑고 냉랭한 그들의 반응에 가슴 아플 때가 더욱 많이 있다. 그러나 주님께서 우리를 먼저 찾아오셔서 사랑하셨기 때문에 우리도 그들을 먼저 찾아가 아픔을 서로 나눌 수 있는 것이다. 언젠가는 그들이 우리의 방문을 환영하면서 행복하다고 할 날이 올지 모르고 오히려 우리를 초대하고, 찾아오게 될지도 모른다. 어쩌면 지금 이 순간, 어둡고 낮은 골목과 음산한 방안에서 그들의 마음은 우리가 찾아와주기를 알게 모르게 기다리고 있는지도 모른다. 그런 점에서 수녀와 창녀의 만남은 아름다운 만남이었다.

공유의 영성은 또한 홀로 있음의 영성이다.

공동체는 함께 또한 홀로 있는 삶을 통해 영적 균형을 맞추어야 한다. 그래서 함께 또한 홀로 있음의 조화가 이루어져야 한다. 분주함은 주님이 원하시는 사역이 결코 아니다. 모든 시대의 관상 수도자들이나 은수 도자들은 사막에서, 숲에서 그리고 깊은 산의 침묵과 고독 속에서 하나님을 찾았다. 예수님도 수많은 사람과 함께했지만, 정기적으로 물러나셔서 한적한 곳에서 고독 가운데 성부 하나님과 친밀한 관계를 유지하셨다.

> 예수의 소문이 더욱 퍼지매 허다한 무리가 말씀도 듣고 자기 병도 나음을 얻고자 하여 모여 오되 예수는 **물러가사 한적한 곳에서 기도하시니라**(눅5:15~16)

> 우리 역시 개인적으로든 공동체적으로든
> 하느님과 홀로 있기 위한
> 깊은 침묵으로 들어갈 수 있는
> 물러섬의 기간을
> 일부러라도 만들어야 합니다.
> 책에서도, 생각에서도, 기억에서도 떠나고
> 모든 것에서 온전히 벗어나
> 하느님의 사랑스러운 현존에만 머물 수 있도록
> 그래서 침묵, 비움의 정지 상태에 달할 수 있도록.
>
> – 마더 테레사

우리는 상대방을 인정하고, 상대방에게 귀를 기울이고, 상대방의 허물을 덮어 주면서 또한 개인적으로는 하나님과의 교제를 통해 하나님의 세밀한 음성을 들어야 하고, 하나님과 친밀한 관계를 유지해야 한다. 그래서 공유의 영성이 홀로 있음의 영성과 서로 조화를 이루어야 한다. 이럴 때 우리의 영적 감각이 더 깊어지고 예민해진다. 그래서 관상이나 묵상을 위한 자신만의 시간을 갖는 것이 중요하다.
이것은 보통 숨어 있거나 내적 성찰 행위로 이해되는 전통적인 의미의 명상을 말하는 것이 아니다. 여기서 말하는 묵상은 기본적으로 개인의 영혼을 성화시키고, 성장시킴으로 인해 서로에게 친밀감을 증대시키는 능력증진을 의미한다. 자기중심의 깊은 곳에서 영성적인 삶을 이끌고 자기 인식과 타인 인식을 향상하게 시켜주는 통찰이 나타날 때까지 깊은 침묵을 통해 내적 공백을 창출시켜야 한다.

공동체에서 더 많이 활동하고 더 많이 책임을 맡은 사람일수록 그만큼 더 깊이 홀로 있음에 힘을 기울여야 한다. 만일 우리가 주님 안에 숨어서 기도를 드림으로써 우리의 깊이 있는 정서적 생명력을 키워 나가지 못한다면, 그래서 우리가 조용한 시간을 전혀 갖지 못한다면, 또한 우리 형제자매들로부터 따로 조용히 보낼 시간을 갖지 못한다면 우리의 삶은 공허해지거나 갈등 속에 빠질 위험이 있다.

주님과의 독대함은 주님과 대화하는 것이며, 주님께 우리 자신을 개방시키는 것이다. 암흑 같은 역사적 어둠으로 인해 주님 앞에서 울고, 이웃들과 민족이 겪는 수많은 수수께끼 같은 사건들 때문에 우리는 끊임없이 주님께 질문해야 한다. 홀로 있음은 함께 있음을 풍성하게 만들어주는 밑거름이 된다.

"홀로 있음에서 공동체와 사역으로의 이동"이라는 시리즈에서 헨리 나우웬(Henri Nouwen)은 주님의 삶 속에 있었던 이러한 세 가지 훈련의 조합을 보여주기 위해 누가복음 6장 12~19절을 이용한다.

> 예수님은 하나님과 함께 홀로 되는데 밤 시간을 사용하셨다. 그리고 아침에는 주위의 제자들을 불러 모아 공동체를 이루셨다. 그리고 오후에는 그분의 말씀을 듣기 위해 온 사람들의 육신적, 영적인 필요를 채우심으로써 제자들을 가르치셨다. 같은 방법으로 우리도 안에서 밖으로, 즉 그리스도에 대한 헌신(홀로 있음)이 공동체에 대한 헌신, 복음에 대한 헌신(사역)으로 옮겨가는 순서를 본받아야 한다. 공동체는 고독(하나님과의 친밀성)을 신자와 불신자들을 위한 사역으로 연결시키는 다리다.[121]

• • •
121_Kenneth D. Boa, 기독교 영성, 그 열두 스펙트럼 (conformed to His Image), 송원준 역 (서울: 도서출판 디모데, 2005), 470에서 재인용.

수도사들이 사막을 찾는 이유는 고독한 장소이기 때문이다. 아무것도 없기에 하나님만 의지할 수 있는 곳이 된다. 사막에서 홀로 있음은 거룩한 고독이다. 우리가 거룩한 고독을 느낄 때 사람은 가장 성숙해진다.

모세는 홀로 미디안 광야에서 사십 년을 지내며 자신을 성숙시켰다. 궁중에서 가진 권력이 아니라 홀로 있는 속에서 터득한 성숙한 영성을 가지고 이스라엘 백성들을 출애굽 시켰다.

야곱도 홀로 있음의 삶을 경험하였다. 홀로 광야를 지나갈 때 두렵고, 외롭고, 서글펐을 것이다. 그러나 그때 하나님께서 그에게 나타나셨다. 그는 하나님의 임재를 경험하였다. 홀로 있음은 하나님 한 분만을 위한 공간이다. 이런 홀로 있음 없이 영적인 삶을 산다는 것은 불가능하다.

홀로 있음은 영성의 첫걸음이다.

홀로 있음은 사막이나 산속에서 은둔해 있는 은자가 아니다. 단순히 나 홀로 있는 시간과 공간을 의미하지 않는다. 홀로 있음은 하나님 임재 가운데 자신을 드러내는 것이다. 하나님과 나 자신과의 간격을 좁히고 내적으로 충만해지는 시간이다.

공동체란 단순히 사람들이 함께 모여 사는 곳이 아니다. 공동체를 더욱 풍성하게 만들기 위해 각 개개인이 주님과 나 홀로 독대함이 있어야 한다. 개개인의 영적 충만함이 전체 공동체를 풍성하게 만들어주기 때문이다.

공유의 영성은 평등의 영성이다.

주님과 더불어 한 공유의 영성에 또한 계급주의가 있을 수 없다. 무엇이나 종속시키는 종속주의는 이단일 수밖에 없다. 공동체에 구별된 직분은 있으나 우월된 직분은 있을 수 없다. 서로서로 지체되어 섬김과 나눔 속에서 그리스도의 형상을 가지고 하나님 나라를 확장해 나가야 한다.

레오나르도 보프(Leonardo Boff)는 가톨릭 사제직을 사임하면서 세계교회 성도들에게 마지막 서신을 띄우며 교회의 계급주의에 대해 다음과 같이 서술하였다.

> 언제나 나는 여자를 차별하고 평신도를 멸시하며 근대적 자유와 민주주의 정신을 불신하고 지나치게 중앙집권화한 신성 권력을 성직자들의 손에 쥐어 놓는 그런 모든 구조와 행동 방식을 교회 자기 삶에서 극복할 때라야 참으로 교회가 억눌린 이들의 해방과 연대할 수 있다고 생각했습니다. 내가 자주 궁리해 온 명제를 여기서 되풀이하건대, 삼위일체론에서 오류인 것이 교회론에서 진리일 수는 없다는 것입니다.
>
> **위계란 있어서는 안 된다는 것이 삼위일체의 가르침입니다.** 종속론은 무엇이나 이단입니다. 하나님의 삼위는 위엄도 품성도 능력도 똑같습니다. 삼위일체의 가장 깊은 본성은 고독이 아니라 친교입니다. 생명과 사랑의 관계로 하나님의 삼위가 그처럼 철저히 맺어져 있기에 우리는 세 신이 아니라 하나이신 하나님을 하나님 공동체를 모시고 있는 것입니다. 그러나 교회는 위계가 근본 요소이며 성직자와 평신도의 구분은 하나님의 안배라고 말합니다.
>
> 우리는 위계를 반대하지 않습니다. 어디까지나 한 정당한 문화적

• • •
122_Leonardo Boff, "세계
교우들에게 보내는 해방신학
자 보프의 편지", 들소리 신문,
1992년 8월 16일 자. 5.

속성일 수도 있는 그런 위계가 존재할진대, 그것은 신학적으로 좋은 의미에서라면 으레 섬김과 책임의 위계일 터입니다. 그렇지 않다면 어떻게 우리가 교회는 하나님 삼위의 모상이라고 주장할 수 있겠습니까? 우리에게는 아버지와 스승이 한 분뿐이라고 예수는 또렷이 말씀하셨는데도(마태 23:8~9) 아버지와 스승을 자처하는 사람들이 그다지도 많고 보면 형제자매의 공동체라는 예수의 꿈은 어디에 남아 있습니까? 현존하는 교회조직 형태는 동등한 권리를 가지고 오누이 되어 사는 예수와 사도들의 이상향을 실현하고 촉진하기보다는 도리어 차등을 조장하며 번영하는 편입니다.[122]

그리스도인들은 자유로운 존재들이며 평등한 존재들이다. 그 자유와 평등은 타고난 권리이며 하나님으로부터 받은 것이다. 그래서 어느 인간도 타인을 예속시킬 수 없는 것이다. 주님이 우리에게 불러일으키시는 사랑이 이 자유와 평등을 온전케 한다. 그러므로 그 누구도 억압하거나 억압받아서도 안 된다. 물론 자유에는 반드시 의무가 뒤따르지만 진정한 자유 없이는 온전한 순종을 실천할 수 없다.

교회 혹은 우리들의 공동체 안에서 영적 멘토가 있어서 신앙적인 길잡이가 되어야 함은 당연하다. 그러나 이것이 계급화가 되어서 목회자와 평신도를 구분하여 서로에 대한 우월성을 강조하거나 장로, 집사 등의 직분의 권위를 내세워 교회 혹은 공동체 내에서 권력을 휘두르는 것은 하나님의 뜻이 아니다. 우리가 권위를 갖는 것은 타인에게 외적인 명령에 복종하도록 만드는 데 있다기보다는 타인들이 하나님의 음성과 계획을 귀담아듣게 만들 줄 아는 영적 능력에 있다. 참된 권위는 섬김과 나눔의 삶과 신비한 영적 체험에서 나온다.

아씨시의 성자 성프란치스꼬는 생애 중에 교회에 대해 아무런 권위도, 계급도, 직분도 가져 본 적이 없었다. 그런데도 그가 누구도 부정하지 못할 권위를 갖고서 모든 사람에게 그리고 수 세기 동안 영향력을 끼쳤다. 그의 이와같은 영향력은 그가 장악한 권력이 아니고 자기가 가장 보잘것없는 사람이요, 제일 낮은 자의 종이라는 깨달음과 전적인 복종, 섬김, 청빈 그리고 신비한 영적 체험이 있었기 때문이다. 물론 공동체 내에 질서가 있어야 한다. 또한 질서에 맞는 직분도 있어야 하고 그 직분의 권위에 자발적 순종도 해야 한다. 영적 질서와 영적 권위는 필요불가결한 요소이다. 그러나 이런 질서와 권위가 권력화되어서는 안 된다. 교회 내의 계급주의와 비민주성은 공동체성을 파괴하는 독소가 될 수 있기 때문이다.

공유의 영성은 생산과 분배가 공유되는 영성이다.

> 그들이 사도의 가르침을 받아 서로 교제하며 떡을 떼며 오로지 기도하기를 힘쓰니
> 라 사람마다 두려워하는데 사도들로 멀미암아 기사와 표적이 많이 나타나니 믿는
> 사람이 다 함께 있어 모든 물건을 서로 통용하고 또 재산과 소유를 팔아 각 사람의
> 필요를 따라 나눠 주고 날마다 마음을 같이하여 성전에 모이기를 힘쓰고 집에서
> 떡을 떼며 기쁨과 순전한 마음으로 음식을 먹고 하나님을 찬미하며 또 온 백성에
> 게 칭송을 받으니 주께서 구원 받는 사람을 날마다 더하게 하시니라(행2:42~47)

초대교회 공동체의 가장 큰 특징은 재물의 공동관리권(Common Manage_
ment)이었다. 이것은 공동체 내에서 널리 행해졌던 영적 교제(Koinonia)
가 마침내 물질적 교제로까지 발전되었음을 뜻한다. 동산과 부동산으로
소유물이 많은 사람도 있었지만 초대교회 성도들은 다 같이 나누어 쓸
준비가 되어 있었다. 이런 재물의 공유를 통하여 초대교회는 빈곤을 극
복하였고, 사회적, 경제적 문제가 해결될 수 있었다.
오늘날 경제적 빈곤은 부(富)의 편중에 기인한다. 그래서 가진 자는 더
많이 갖게 되고, 없는 자는 더 없게 되는 부익부(富益富) 빈익빈(貧益貧) 현
상이 일어나고 있다.
유무상통(有無相通)하는 공동체는 개인의 수입이나 재산이 많든 적든 간
에 자신이 가진 것을 아무 조건 없이 공동체 앞에 헌납하는 개개인의 자
발성을 전제로 한다. 그렇다고 해서 공동체가 재산과 사업을 소유한다
는 의미는 아니다. 오히려 공동체는 청지기로서 모든 이들의 공동유익
을 위해 재산을 관리하는 것이다. 그러므로 공동체는 모든 사람에게 문
을 열어 놓는다. 이런 이유에서 공동체의 의사 결정은 반드시 성령님 안
에서 공정하고, 불만 없이 전원 일치가 되어야 한다.
하늘문공동체는 양말과 농산물들을 공동 생산, 판매하고 있었다. 판매
된 수익금은 들어간 비용을 제하고 공동으로 분배되어 각자의 삶을 계
획하게 하였다. 비록 많은 액수는 아니지만, 사도행전에 나오는 초대교
회의 공동체 모형을 우리 시대에 살려내려고 노력하였다.
예수 그리스도는 '평생 가난한 사람(The lifetime poorman)'이셨다. 그리스
도는 스스로 가난한 상태에서 탄생하셨으며 가난한 삶을 사셨다. 그리
스도의 가난은 역설적으로 인간의 부요함을 가져다주었다. 우리도 예수
님처럼 소유보다는 나눔의 정신을 가지고 우리 자신의 소유권은 공동체
로 위임할 수 있어야 한다. 우리의 공동체가 서로의 삶과 재물을 공유하
면서 나눔과 섬김의 자세를 잃지 않을 때 아름다운 영성의 열매가 맺혀
지게 되는 것이다.

2. 비움의 영성

공동체 영성은 비움의 영성이다

> 너희 안에 이 마음을 품으라, 곧 그리스도 예수의 마음이니 그는 근본 하나님의 본
> 체시나 하나님과 동등 됨을 취할 것으로 여기지 아니하시고 오히려 자기를 비어
> 종의 형체를 가지사 사람들과 같이 되었고 사람의 모양으로 나타나사 자기를 낮추
> 시고 죽기까지 복종하셨으니 곧 십자가에 죽으심이라(빌2:5~8)

'자기를 비어'(Heauton Ekenosen)의 그리스어 케노센은 "텅 비었다"를 뜻
하는 케노스로부터 파생된 고대 동사 케노우(비우다)의 제 1 부정과거 능
동태 직설법이다. 이 단어의 의미는 예수님은 자기 자신을 완전히 비우
셔서 성육신(Incarnation)된 인간이 되셨고 겸손과 복종 속에서 십자가를
지셨으며, 죽으심으로 말미암아 결국 인간들을 구원하셨다는 의미다.
예수 그리스도는 무엇을 비우셨을까? 예수님은 자신의 신성(神性)을 비
우신 것이 아니다. 그것은 불가능한 것이다. 예수님은 자신이 어제나 오
늘이나 영원토록 성자 하나님이시기 때문이다.
그럼 무엇을 비우셨다는 것인가?
예수님은 자신의 자리 즉 영광의 자리를 스스로 비우셨다는 것이다. 모
든 영광을 포기하시고 공간, 지식, 능력의 제약을 스스로 받으신 것이
다. 그러므로 우리는 예수님의 삶을 통해 겸손과 순종의 자세를 배울 수
있는 것이다.[123]
비움의 영성은 우리의 욕망, 우리의 생각, 우리의 행동, 우리의 사상, 우
리의 지식, 우리의 물질, 우리의 성격, 우리의 계획, 우리의 삶 등을 매
일매일, 순간마다 모두 포기해 나가는 것을 의미한다. 그래서 항상 자신
의 것을 텅 비워(케노시스, Kenosis) 놓는 영성이다. 자신의 자아가 텅 비어
있을 때 비로서 성령님이 내주하셔서, 평안함이 찾아오고, 기쁨이 찾아
오고, 우리 안에 하나님 나라가 건설된다. 비움의 영성이란 성부, 성자,
성령의 삼위 공동체 하나님께서 비움의 마음을 가지고 서로서로 섬기면
서 존재하듯이 우리도 매일매일 자신의 것으로 비움으로 인해 내 안에
충만히 채워지는 삼위공동체 하나님을 매일매일 체험하는 영성을 의미
한다.

우리에게 비록 심오한 영적인 능력과 권세 그리고 영성적인 삶이 주어
진다 할지라도 세속적인 욕망을 놓지 못하고 있다면 참 자유, 참 해방을

• • •
123_Archibald Thomas
Robertson, 신약원어 대해설,
바울서신, A. T 로버트슨 번
역위원회(서울 : 요단출판사,
1993), 696.

얻지 못하고 만다. 많은 그리스도인이 은혜와 축복은 갈망하면서도 정작 자신을 비우는 일은 등한시할 때가 많이 있다.

> 내가 그리스도와 함께 십자가에 못 박혔나니 그런즉 이제는 내가 산 것이 아니요 오직 내 안에 그리스도께서 사시는 것이라 이제 내가 육체 가운데 사는 것은 나를 사랑하사 나를 위하여 자기 자신을 버리신 하나님의 아들을 믿는 믿음 안에서 사는 것이라(갈2:20)

비움의 영성은 무소유의 영성이다.

> 넘치도록 가득 채우는 것보다
> 적당할 때 멈추는 것이 좋습니다.
> 너무 날카롭게 갈고 갈면 쉬 무디어집니다.
> 금과 옥이 집에 가득하면 이를 지킬 수가 없습니다.
> 재산과 명예로 자고 해짐은 재앙을 자초함입니다.
> 일이 이루어졌으면 물러나는 것, 그것이 하늘의 길입니다.
>
> – 도덕경

우리는 육체를 위한 재물들의 소유권을 포기해야 한다. 예수 그리스도의 죽음과 부활을 실존적으로 체험해야 한다며 예수님과 함께 죽고 예수님과 함께 다시 살아 세상을 살리자는 '별세 신학, 별세 목회'를 주장한 고(故)이중표 목사는 자신의 아호(雅號)를 거지(巨智)로 삼았다. 그가 거지 목사가 된 계기와 거지 목사로서 어떤 행동을 취했는지에 대해 그는 다음과 같이 간증하였다.

> 얼마 전 중국 선교여행 중에 잠자리에 들었다가 신비한 환상을 보았다. 신문지가 수없이 쏟아져 내려오는데, 한 장을 펴들고 보니, "巨智 牧師 이중표 탄생한다"라는 큰 제호 아래 나에 관한 기사가 실려 있었다. 기사의 내용은 "2000년 교회사에서 별세를 깨달은 큰 종이 되었으므로 거지로 살아야 한다."라는 것이었다. 나는 환상에서 깨어 두려워 떨었다. '별세'는 내가 평소 주장하던 신앙관이자 목회관으로서 "예수와 함께 죽고 예수와 함께 다시 살아 세상을 살리자"라는 것은 성경의 가장 중심적인 가르침이기 때문에 '巨智' 곧 '큰 깨달음'이라는 것은 주님의 격려로 받을

수 있었다. 그러나 '巨智'를 우리말로 읽으면 이는 '거지'로서 아무것도 가진 것 없이 가난하게 살라는 주님의 명령으로 듣지 않을 수 없었다.

목사란 수도자나 스님과 달라서 그 존재의 특성상 거지가 될 수 없는 직분이다. 더구나 나는 제법 큰 교회를 개척하고 목회하고 있는 입장이기 때문에 거지로 살라는 주님의 뜻은 수용하기 어려웠다. 그래서 '巨智'를 아호로 받아 써야 할 것인지 망설이고 있었다. 그러다가 지난해 8월 네 번째 병상에 누워 담관암 수술받았다. 간의 40%를 절제해내는 큰 수술이었고, 지금껏 항암치료 중에 있다. 그런데 병상에 누워서야 '거지로 살라'는 주의 뜻이 나에게서 실현되고 있는 것을 깨닫게 되었다. 병들고 보니 **삶은 결국 비워내는 것이었다. 건강도 비우고, 생명도 비우고 그러므로 인해 결국에는 하늘에 이르는 것이 그리스도인의 인생이었다.**

수술을 마치고 집에 돌아와 건강이 어느 정도 회복된 다음 나는 거지로 살기 위해 내가 버려야 할 것이 무엇인가 생각했다. 먼저 두 벌 옷을 갖지 말라는 주님의 말씀이 생각나 많은 의복을 정리하며 주변에 나누어 주었다.

그리고 내가 가진 것을 돌아보았다. 평소에 부흥회 사례비나 초청강사 사례비 등은 곧바로 교회에 헌금하여 가진 것이 많지 않았으나, 교인들이 준 용돈을 조금씩 모아 아들 유학길에 도움을 줄까 하고 가지고 있던 통장이 생각났다. 내 이름으로 된 처음이자 마지막 통장이었다. 그것을 찾아 그대로 하나님께 드렸다. 이로써 일생 가지고 있던 모든 소유를 하나님께 드려보게 되었다. 병이 들고서야 가장 많이 비워진 거지가 되었다.[124]

• • •
124_이중표 "거지(巨智)로 살라", Mission & World, 2005년 4월호, 9.

한국 복음주의 신학대학 협의회 정기모임에서 홍정길 목사는 '목회자가 바라는 신학 교육의 내용'이라는 강연을 통해 다음과 같이 말했다.

돈과 권력이 있는 교회에는 반드시 싸움이 있게 마련입니다. 돈과 권력이 있는 곳은 항상 가장 나쁜 사람이 가장 나쁜 일을 해서 그 자리를 차지하는 것을 봅니다. 소유 없는 교회, 섬기는 교회가 되어야 합니다. 저는 처음부터 돈이든 권력이든 모든 것에서 벗어나 소유가 없는 교회를 만들자는 생각을 했습니다. 교회에서 많은 일을 하고 투자를 많이 했지만, 실제 우리 교회 것은 없습니다. 하나도 가진 것이 없습니다. 밀알학교를 우리 교회가 세웠지만, 우리 것이 아닙니다. 주일에 학교를 빌릴 때도 꼭 사용료를 지불합니다. 아울러 소유가 없는 교회, 그저 섬기는 교회, 섬기는

125_미션앤드월드 편집부 "돈과 권력 있는 교회 반드시 싸움이 있다.", Mission & World, 2005년 4월호,59.

일만 하는 교회가 되어야 합니다. 그래서 우리 교회는 당회가 편안합니다. 제가 여러 좋은 분들을 만나서 목사가 되었듯이 좋은 분들을 만나는 축복을 교회 안에서도 누리고 있습니다.[125]

소유권에 대한 포기는 공동체 구성원들이 모든 것을 포기함으로써 육체적인 것과 세속적인 것에 대한 온갖 속박에서 벗어난 동시에 신의 현존에 참여하는데 방해되는 모든 것을 분쇄해 버리는 데 도움이 된다. 탐욕스러운 것에 대한 포기는 공동체적 삶에 대한 시야를 넓혀줄 수 있으며, 이런 세상의 손실은 영적 유익을 가져오고 겸손을 가져온다.
이 겸손은 순결한 사랑이 되어 하나님과 더욱 친밀한 관계를 유지하게 되며 우리 모두의 유익을 구할 수 있는 것이다. 모든 것을 버린 이 비움의 삶이야말로 공동체 구성원들에게 영적인 영향력을 일상생활 속에서 나타내게 하고 모든 사람에게 새로운 생명과 희망 있는 삶을 제공하며 무(無)를 통해 삼위 공동체 하나님과 일체(一體)에 도달하려는 길이 되고 있다. 갈멜 수도회의 성요한 역시 무(無)를 통해 일체에 도달하려 했다.

> 하나님은 모든 이가 완전하시기를 바랍니다. 다만 우리에게 달린 문제입니다. 성성의 소명은 모든 이에게 열려 있고 자아 포기의 계명 역시 모든 이를 위한 것입니다. **무(無)만이 전(全)으로 이끄는 것입니다. 집착됨이 있다면 스스로 용감히 그것을 버리는 것, 이것이 사람 편에서 해야 할 도리입니다.** 그다음 문제를 하나님 편에서 하실 일이니 모든 것에서 떠나 완전히 빈 영혼 안에서 하나님이 이룩하시려는 일을 누가 감히 막을 수 있겠습니까? 그와 같은 영혼에 하나님은 언제나 태양처럼 당신을 주려고 하십니다. 완전한 포기로 마음의 문을 열기만 하면 됩니다. 이 세상 집착에서 마음을 떼기만 한다면 그 남은 문제는 하나님이 맡으셔서 사랑의 왕국의 고요한 평화로 우리를 이끄시고 지극히 복된 자가 되게 하실 것입니다.[126]

126_엄두섭, 영성 생활의 요청 (서울: 은성출판사, 2009), 56에서 재인용.

세계에서 제일 부자인 마이크로소프트사의 빌 게이츠(William H. Gates) 회장이 은퇴 뒤부터는 일상적인 회사 업무에서 손을 떼고 자선사업에 주력하겠다고 발표하였다. 이는 사실상의 은퇴 선언으로 받아들여졌다. CNN 등 미 언론들은 이로써 MS의 빌 게이츠 시대는 끝나가고 있다고 전했다.
그는 특별 기자회견에서 "2008년 7월부터 지금과는 반대로 MS에서 파트타임으로 일하고 '빌&멜린다 게이츠 재단'에서 상근하겠다"라고 말했다. 게이츠 재단은 그가 2000년 아내 멜린다와 함께 에이즈, 소수민족 보호 등 보건과 교육 문제 해결을 위해 세운 자선단체다. 게이츠는 부(富)의 사회 환원을 강조하며 재단에 한해 수십억 달러씩 기부해 왔었다. 그는 "수년간의 고심 끝에 회사와 재단 업무의 우선순위를 바꾸기로 했다. 이런 나의 결정에도 MS의 앞날은 그 어느 때보다 밝을 것이라고 굳게 믿는다. 이 문제를 놓고 아내와 깊이 상의했으며 나로서도 힘든 결정이었다. 2년 뒤 일을 지금 밝힌 것은 회사 업무를 순조롭게 이양하기 위한 것이다. 앞으로도 주요 프로젝트에 대한 자문은 계속할 것"이라고 말했다.

게이츠는 1974년 고교 친구인 폴 앨런과 최초의 소형 컴퓨터용 프로그램 언어인 베이식(BASIC)을 창안했다. 81년엔 IBM이 선보인 개인용 PC 운영체제 MS~DOS를 개발, 회사 발전의 기틀을 닦았다. 95년 8월엔 그래픽 요소를 대폭 가미한 윈도95를 내놓아 발매 나흘 만에 100만 개를 파는 폭발적 인기를 누렸다. 이 덕에 MS가 고속 성장을 거듭했고, 그의 주식 가치도 치솟아 94년 이후 12년째 세계 최고의 갑부를 지키고 있다. 현재 그의 재산은 500억 달러(한화 69조 원, 2024년 7월 기준) 정도로 알려져 있으며, 한때 1,000억 달러를 넘기도 했다.

그러나 그는 "가족들 몫으로 남길 1,000만 달러를 빼곤 나머지 재산을 모두 사회에 환원할 것"이라고 말했다. 게이츠 부부는 자선활동 공로를 인정받아 지난해 타임스지의 '올해의 인물'로 선정되기도 하였다. CNN은 "그런 게이츠가 자선사업에 전념하기 위해 2년 뒤 회사 일에서 사실상 손을 뗌으로써 전 세계 부자들의 모범이 되는 동시에 이들에게 도덕적으로 부담을 주게 됐다"라고 전했다.[127] 세계에서 두 번째 부자인 투자전문가 워런 버핏(Warren Edward Buffett)이 2006년 6월 25일 440억 달러(한화 60조 원) 재산 중 85%인 370억 달러(51조 원)를 '빌 앤드 멜린다 게이츠 재단' 등 5개 자선단체에 기부하기로 했다고 발표하였다.

그의 발표로 미국 사회와 기업들 사이에서는 '부의 사회적 환원'이란 신선한 바람이 불어 닥쳤다. 그는 "내 가족에게 스스로 노력해 벌지 않은 돈을 물려주고 싶은 생각은 조금도 없다"라고 말했다. 그는 자본투자의 귀재로 세계 곳곳의 투자전문가들이 매년 그의 고향 네바다주 오마하를 찾는다. 그가 2만 명을 고향으로 초청하는 이 행사는 '자본주의의 우드스탁 페스티벌'로 불린다. 1960년대 말 수십만 명의 히피족 젊은이들을 사로잡은 우드스탁 록 페스티벌에 버금간다는 의미다.

버핏 회장의 엄청난 기부로 게이츠 재단은 자금 규모가 두 배에 이르게 돼, 명실상부한 세계 최대 자선단체가 됐다. 게이츠 재단은 이 자금으로 아프리카 등 제3 세계권 국가의 후천성면역결핍증(AIDS) 예방과 질병 연구, 소수인종 장학금 지원 등의 활동에 더욱 박차를 가할 예정이다. 게이츠는 버핏의 발표 직후 성명을 내고 "기부액 상당 부분을 게이츠 재

• • •
127_중앙일보, 2006년 6월 17일 자, 3면

128_국민일보 2006년 6월
27일 자, 21면, 재인용.

단에 기증토록 한 버핏 회장에 존경심을 표한다"라고 말했다.[128]
세계 보험업계의 거물 모리스 행크 그린버그(Maurice R. "Hank" Greenberg)
AIG(American International Group) 전 회장도 200억 달러 규모의 자선재단
을 설립하면서 전 세계 기부 열풍에 동참하였다. 그린버그 전 회장은 존
화이트헤드 골드만삭스 전 회장과 함께 스위스에 '스타 국제재단'을 설
립한다고 발표하였다.
영국 경제신문 파이낸셜타임스(FT)는 이 재단이 국제교육과 의료, 문화
에 초점을 맞출 계획이며, 그 첫걸음으로 국제인도주의 단체인 '국경 없
는 의사회'에 400만 달러, 여러 스위스 자선단체들에 100만 달러를 각
각 기부하는 계획을 승인했다고 전했다. 재단은 그린버그 전 회장이 지
난해 3월 분식회계 및 변칙 거래 등으로 AIG 회장에서 물러나면서 관심
을 기울여 온 투자회사인 스타인터내셔널컴퍼니(SICO)자산을 공동으로
소유하게 되었다. 새 재단은 자산 규모에서 빌 앤드 멜린다 게이츠 재단
의 뒤를 이어 세계에서 가장 큰 재단 중 하나가 되었다.
파이낸셜타임스는 그린버그의 새 재단이 국제 자선 환경에도 상당한 영
향을 미칠 것으로 예상했다. 재단 관계자는 "새 재단은 개발도상국들의
빈곤과 질병 퇴치를 위해 노력하는 게이츠 재단을 비롯한 거대 재단들
에 협력할 용의가 있다"라고 말했다. 그린버그는 특히 SICO 수익 1%를
새 재단에 헌납할 계획이며 매년 최소 1,000만 달러를 기부할 것이라고
재단 관계자들은 전했다.[129] 자신을 비우고 자신의 권리를 포기하면서
그리스도를 따라가는 것만큼 아름다운 삶도 없을 것이다.

129_국민일보, 2006년 12월
22일 자, 18면.

세상에서 말하는 복이라는 개념과 기독교적인 복의 개념은 차원이 전
혀 다르다. 세상에서는 재물을 모아야 복이고 건강하고 권력을 잡아야
복이지만 기독교의 복은 가난한 자가 복이 있고, 애통해하는 자, 온유한
자, 의에 주리고 목마른 자, 의를 위해 핍박받는 자가 복이 있다고 강조
한다. 이럴 때 더욱 기뻐하고 즐거워하라고 가르친다. 세상 사람들 관점
에서는 복 있는 자는 성공한 자이나, 기독교의 복(福)은 빈(貧)자요 고(苦)
자다. 세상적으로는 불행이요, 실패라고 판단되는 것이 기독교적으로
오히려 축복되는 것이다. 우리는 진정한 기독교, 참 진리, 참 예수 그리
스도를 탐구해야 한다.

비움의 영성은 자아 항복의 영성이다.

> 하늘과 땅이 영원한 까닭은 자기 스스로를 위해 살지 않기 때문입니다.
> 그러기에 참삶을 사는 것입니다.
> 성인도 마찬가지. 자기를 앞세우지 않기에 앞서게 되고, 자기를 버리기에

자기를 보존합니다.
나를 비우는 것이 진정으로 나를 완성하는 것 아니겠습니까?

– 도덕경

누구든지 나를 따라오려거든 자기를 부인(否認)하고 자기 십자가를 지고 나를 따를 것이니라(막 8:34)

자기 자신을 버리기 위해서 우리는 매일매일 그리스도와 함께 자신이 못 박히는 체험을 해야 한다. 주님의 고난과 십자가상에서의 죽음을 매일 묵상하고 나 자신이 십자가를 지고 결국 십자가에 못 박히는 체험을 할 때 비로서 우리의 자아는 무너지기 시작한다.

비움의 영성은 자신의 것이 모두 사라져 버렸을 때, 즉 매일매일 주님 앞에 자신의 자아를 항복시킬 때, 매일매일 죽는 연습을 반복할 때, 비로서 열매를 맺는 것이다. 항복한다는 의미는 인생의 막다른 골목에 다다라서, 아무것도 할 수 없어서 어쩔 수 없이 두 손을 높이 든다는 의미가 아니다. 스스로 처음부터 자신을 부인하면서 주만 바라본다는 의미다. 가장 치열한 전투 장소는 바로 내 자아(Ego) 속이다.
바울 사도도 "내 지체 속에서 한 다른 법이 내 마음의 법과 싸워 내 지체 속에 있는 죄의 법으로 나를 사로 잡는 것을 보는도다. 오호라 나는 곤고한 사람이로다. 이 사망의 몸에서 누가 나를 건져 내랴"(롬7:23~24)라고 하면서 자신과의 싸움이 절대 만만치 않음을 토로하였다.
이처럼 비움을 위해서 나 자신과의 싸움이 그 어느 전쟁보다 치열하다. 우리의 욕망, 탐심, 교만, 고집불통, 분노, 미움… 이런 싸움에서 우리는 자기 자신을 이기고 조절하고 통제할 수 있어야 한다. 우리가 어떻게 나 자신을 이기고 온전한 영성인이 될 수 있는가? 참 능력은 어디에서 오는 것인가? 바로 자기 자신을 매일매일 주님께 항복시키는 삶과 그런 삶 속에서 역사하시는 성령님의 내주함과 은혜가 이런 영성을 탄생시킬 수 있는 것이다. 인간적 탐심에 대한 포기는 삶의 연속선에서 매일 이루어져야 한다.
우리는 여러 사람과 함께 공동생활을 할 때 자신은 '매우 좋은 생각'이라고 생각한 그것까지도 함께한 지체들 대부분이 동의하지 않는다면 내려놓을 수 있어야 한다. 공동체의 화해와 일치를 위해 개인을 던져야 하는 헌신의 자세가 필요하다는 의미다. 무슨 일을 처리할 때는 항상 긍정하고, 겸손하게, 사랑으로 했는지 아니면 나 자신을 위해 했는지를 자신에게 묻는 것이 중요하다. 비록 영적인 능력과 은혜가 주어진다고 할지라도 내 자아를 포기하지 않는다면 우리는 참 자유를 얻을 수 없다.

공동체는 사람들이 매일같이 서로에게 보여 주는 온유한 관심으로 이루어진다. 공동체는 '나는 너를 사랑한다.', '너와 함께 있게 되어 기쁘다'라는 등의 사소한 언어와 몸짓 그리고 희생과 봉사로 이루어진다. 이는 곧 상대방을 앞세우는 것이요, 대화할 때 자신이 옳음을 입증하려고 애쓰지 않는 것이다. 그래서 상대방에게 사소한 부담을 주지 않는 것이다.

'긍휼'을 뜻하는 히브리어 단어 헤세드(Hesed)는 사랑과 은혜 두 가지 의미를 동시에 가지고 있다. 주님의 긍휼은 끝없는 사랑이면서 동시에 값없이 주는 은혜이다.[130] 사람들은 사랑과 긍휼과 신뢰를 받고 있다고 느끼지 못하면 그들 자신의 오류들을 인정하지 못한다.

• • •
130_고영민 편저, 성서원어 대사전, 79.

사람들은 다른 사람의 도움으로 스스로가 사랑받을만한 존재라는 사실을 깨닫지 못하면 자신의 이기심과 공포감을 극복할 수 없는 것이다. 공동체가 해야 할 일은 자신의 자아를 개방하지 못하고 긴장되어 있고, 공격적인 사람 속에 있는 아름다움과 신성을 파악하고 그들의 자아를 개방시키고 자신과의 싸움에서 이길 수 있게 격려하고, 사랑하고, 지지해 주는 것이다. 그렇게 한다면 모든 지체는 자신이 배척되지 않고 오히려 사랑받고, 받아들여지고 있다는 사실을 깨닫고 점차 타인을 위해 헌신할 수 있는 능력을 나타내 보일 것이다. 결국 자아 항복은 공동체가 각 지체와 얼마만큼 사랑을 나누는가에 따라 큰 열매를 맺게 되는 것이다.

만약 자아 항복에 대해 성령님께서 도와주시지 않는다면 우리가 현재 가진 본성만 가지고는 도저히 이룰 수 없는 것이다. 우리의 야망, 욕망, 조급함, 소유욕 등은 진정한 공동체를 이루는 데 있어서 도저히 극복할 수 없는 장애물들이다. 그러나 우리의 성령님이 계시기 때문에 그 어떤 세력들의 속임수나 도전에도 넘어가지 않는다. 성령님의 능력은 그 어떤 세력들이나 우리 자신의 본성보다 더 강하시다.

여기서 우리는 진정한 공동체를 실천하고 공동체 삶, 즉 비움의 영성을 실제로 적용하는 데 있어서 성령님의 도우심이 절대적임을 깨닫게 된다. 진정한 자아 항복을 위한 단 한 가지 능력은 오직 하나님에 대한 전적인 신뢰와 성령님의 도우심뿐이다.

비움의 영성은 제자도(弟子道, Radical Discipleship)의 영성이다.

16세기에 루터와 깔뱅, 츠빙글리에 의해서 주도적으로 종교개혁이 진행되고 있었을 때, 이와 함께 개신교 안에서는 또 한 갈래의 종교개혁 흐름이 추진되고 있었다. 더 철저한 종교개혁을 이루고자 했던 이 개혁 세력은 교회사에서 '재세례파'라고 불리었다. '참된 교회를 회복'하고자 했던 목적을 가졌던 이들은 제도화된 교회가 바로 기독교의 적이라는 사상을 하고 있었다. 4세기 때 콘스탄티누스 황제의 기독교 공언은 오히려 기독교를 제도화, 세속화되게 했던 요인이 되었는데, 그 후 천 년에 걸친 제도화된 교회의 행보는 16세기에 이르러서는 급기야 종교개혁을 불러일으키게 된 것이다.

당시 재세례파는 종교개혁의 보편적인 내용에 대해서는 동의하였으나, 개혁 주도 세력이 편의상 기성 정치권과 결탁하여 종교개혁을 효과적으로 시행하려는 의도에 대해서는 매우 비판적이었다. 이들은 맨 처음 스위스형제단(Swiss Brethren)이란 이름으로 출발하였다. 초기에 그들과 일부 뜻을 같이했던 츠빙글리가 시의회의 정치적인 힘을 빌려 종교개혁을 시도하려는 의도에 반대하였으며, 독일에서도 정치권의 힘을 개혁에 활용하려고 했던 루터의 의도에 대해서도 반대하였다.

이들은 정치적 편의를 위해서 타협하기보다는 성경 말씀을 그대로 철저히 실천함으로써 종교개혁을 이루어 나가야 한다고 생각했으며 말씀을 믿는 그대로 행동에 옮겼다. 이들은 가톨릭교회의 세례, 즉 그리스도를 믿음으로 구주를 영접하는 진정한 신앙고백 없이 단지 가톨릭교회의 형식적인 세례를 받음으로써 신자가 되고 천국의 백성으로 보장받는다고 하는 당시 교회의 관행을 반대하였다. 그래서 이러한 믿음을 고백하는 형제들이 모여 구주를 믿는 확실한 신앙 위에서 진정한 의미의 세례를 다시 받았다.

이러한 의미에서 그들은 유아 세례를 반대했으며 그래서 이들은 다시 세례받는 모임이라는 뜻으로 당시 종교개혁의 주류 세력에 의해 '재세례파(Anabaptist)'라는 경멸적인 이름으로 불리게 되었다. 다시 세례를 받는다는 것은 이들의 사역에 있어서 교리 일부에 지나지 않을 뿐인데 재세례파라는 이름은 이들의 본질을 오해하게 만드는 오명이었다. 이들의 신앙적 사상은 '참된 교회의 회복(Restoration of the true Church)'에 있었으며, 그러한 참된 교회는 '철저한 제자도(Radical discipleship)'의 구현 없이는 불가능하다고 보았다. 이 철저한 제자도의 핵심은 예수님이 제자들에게 새 이스라엘 백성으로서 지켜야 할 새 계명으로 주신 '산상수훈(山上垂訓)'에 있으며, 이 산상수훈을 구체적으로 이루는 삶의 방식이 바로 '초대교회의 공동체적인 삶'이라고 보았다.

그들은 사도행전 2장과 4장의 초대교회가 유무상통(有無相通)하는 완전한 공동체였다는 사실에 유의하여 초대교회 공동체의 생활방식으로 그리스도인의 삶을 사는 것을 전제로 하였다. 그러므로 현재까지 전 세계에 퍼져 있는 재세례파는 대부분이 공동체 생활을 하고 있다. 당시 재세례파의 철저한 공동체적인 삶, 즉 서로 물질을 나누며 그리스도의 형제애적인 사랑을 실제 그들의 삶 속에 실천하는 삶은 기성 교회에 큰 충격을 주었으며 많은 지지자를 낳았다.

이들은 동시에 기성 교회로부터 많은 질시를 받았는데 교회의 질서를 흩트린다는 이유로 박해를 받아 16세기 종교개혁 시대에는 수많은 재세례파 교인들이 순교를 당하기도 했다. 이 순교는 그동안 가톨릭으로부터 핍박받아 순교 당하던 개신교가 만들어 낸 최초의 순교였다. 그 후 이들은 박해를 피하고 신앙의 자유를 얻기 위해 청교도처럼 대다수가 미국과 캐나다 쪽으로 이주하여 초대교회 공동체의 삶을 그대로 계승하여 살고 있으며, 현재 유럽과 러시아 지역에도 일부가 남아 있다.

제세례파는 크게 메노나이트(Mennonite)와 후터라이트(Hutterite)라는 두 그룹의 공동체가 있다. 메노나이트 공동체는 16세기 당시 개신교로 개종한 가톨릭 신부였던 네덜란드의 메노 시몬즈(Menno Simons)로부터 시작된 네덜란드의 재세례파인데 메노의 이름을 따서 메노나이트라고 부르고 있다. 이들은 현재 북미 개신교 내에서 정식 메노나이트 교단을 형성하고 있으며, 선교 활동과 특히 활발한 사회봉사를 통하여 북미 사회에서 매우 영향력 있고 발전하는 교단으로 자리 잡고 있다.

후터라이트 공동체는 16세기 독일의 야콥 후터(Jakob hutter)를 지도자로 하는 재세례파인데 역시 그의 이름을 딴 것이다. 메노나이트가 대개 일반 사회 내에서 공동체 사역하는 스타일인데 비해 후터라이트는 모두 전원 지역에 있으며 초대교회 공동체처럼 유무상통하는 완벽한 공동체적 환경을 갖추면서 살고 있다. 후테리언 브레드린(Hutterian Brethren) 즉 후터형제단은 일명 브루더호프(Bruderhof, 독일어로 형제들의 집) 공동체를 탄생시켰는데 그들은 완전한 공동생활과 철저한 제자의 도인 산상수훈을 삶 속에 적응시키면서 공동생활을 하고 있다.

사실 많은 신학자는 초대교회 공동체의 연속성에 대해서 대개 회의적인 입장이다. 즉 초대교회 공동체를 오늘날 시도하려는 것은 시대착오적인 생각이라느니 그것을 성령님이 최초로 강력하게 임하므로 가능했던 일시적인 현상으로 그 후로는 교회사에서 사라졌다고 주장한다. 그러나 우리가 지금까지의 교회사를 통해서 보았듯이 초대교회 공동체는 지금도 이 땅 위에 엄연히 존재한다. 그것은 2천 년 교회사를 통해서 교회가 부패하여 제 역할을 감당하지 못할 때마다 나타나서 교회의 균형을 잡아주는 일을 해 왔다.

브루더호프 공동체의 가장 큰 신학적인 의미는 사도행전에 나오는 초대교회 공동체와 같이 유무상통하는, 완전한 공동체를 현재 우리에게 그대로 재현해서 보여 주고 있다는 것이다. 우리가 실천하려고 하기만 한다면 초대교회 공동체와 같은 생활을 지금도 그대로 이룰 수 있다는 것을 입증해 주는 모델이라는 것이다. 공동체는 우리에게 하나님 나라의 아름다움과 그리스도의 한 몸 됨을 실제로 보여 주는 가시적 실제(Visible Reality)를 보여 주고 있다.

현재 한국 교계에서도 공동체적인 삶에 관한 관심이 고조되고 있으며 이에 관한 연구가 활발히 진행되고 있다. 모든 공동체가 한국 교회에 주는 메시지는 역시 마찬가지이다. 이미 교회 자체가 공동체이지만 참된 기쁨과 감격과 생명력 있는 삶으로 세상에 하나님 나라를 보여 주려면 철저한 제자도를 실천하여 더 실제적인 '공동체로서의 교회'가 되어야 한다는 메시지를 우리에게 던져주고 있다.

기독교 초대교회 공동체성을 회복한 브루더 호프 공동체에서는 항상 다음과 같은 질문들을 매일매일 던지고 있다. 첫째, 일을 처리할 때 항상 공정하고 겸손하게 사랑으로 했는가? 둘째, 하나님과 공동체의 영광을 위해 일했는가 아니면 자신의 영광을 위해 일했는가? 브루더 호프 공동체 지도자였던 하인리히 아놀드(Heinrich Arnold)는 제자도에 대해 다음과 같이 말했다.

> 제자됨이란 우리 자기 행동 여하에 달린 문제가 아닙니다. 하나님께서 우리 안에 살아 역사하시도록 자리를 마련하는 문제입니다.… 제자도는 자신 안의 긍정적인 면을 포함해서 모든 것을 버리도록 요구합니다. 바울이 유대인의 율법을 기꺼이 내려놓은 것처럼 우리도 자신의 훌륭한 자아상, 자기의(義), 너그러움 등을 내려놓고 예수 그리스도를 위하여 모든 것을 아무것도 아닌 것으로 여겨야 합니다.[131]

신학자 불룸하르트(Christoph Blumhardt)도, 20세기의 성녀 마더 테레사 수녀도 극찬한 브루더호프 공동체의 제자도는 공동체가 추구해야 할 가장 아름다운 덕목이 아닐 수 없다.

비움의 영성은 제도(制度)의 영성이다.

비움의 영성은 언어나 마음으로 하는 것이 아니다. 구체적으로 행동적으로 하는 것이다. 그리고 이런 행동이 나중에라도 변질하지 않고 지속해서 이어갈 수 있고, 안착할 수 있도록 처음부터 제도화(制度化)시키는

• • •
131_Heinrich Arnold, 공동체 제자도(Discipleship), 이상신 역(서울: 도서출판 쉘터, 2010), 1~16.

것이다. 각 개개인이 자신을 비우기 위해서는 우리는 먼저 자신에 대한 제도적인 준비가 있어야 한다. 제도적(制度的) 장치가 없다면 인간은 언제든지 변질할 수 있기 때문이다.

필자도 작은 예수의 삶을 살기 위해 5가지 제도적 준비를 하였다.
첫째, 유서를 작성하였다. 나의 삶이 죽음의 삶이요, 순교자의 삶이기를 갈망하면서 내가 서 있는 이곳을 순교지로 생각하고 순교 전에 모든 것이 정리될 수 있도록 유서를 작성하였다.

둘째, 헌안(안구) 등록과 장기를 기증하였다. 언제든지 나 자신의 작은 부분을 타인과 나눌 수 있는 여지를 마련해 놓은 것이다.

셋째, 시신을 기증하였다. 사후에 각 장기를 필요로 하는 모든 사람에게 나누어 주기 위한 준비를 하였고 남은 시신은 의학 발전에 기증하기로 하였다.

넷째, 무소유 서약서를 작성하였다. 그 내용은 나 자신이 동산이나 부동산이나 어떤 것도 내 이름, 나 자신의 것으로 소유하지 않겠다는 것이었다. 이것을 제도적으로 확실히 하기 위해 공증받았다. 그러므로 이제 나 자신이 무엇인가를 소유한다면 법적으로 무효가 되는 것이다. 그리고 마지막으로 신앙고백서를 작성하였다.

세속적 욕망은 진정한 자유와 하나님 나라와 가장 멀어지게 하는 가장 큰 요인이다. 세속화된 탐심이 우리의 기쁨을, 자유를, 평안을 가로막는 장애물들이다. 비움의 영성을 위한 최대의 교과서 산상수훈은 우리에게 끊임없이 자신을 포기하라고 요구하고 있다. 그래야만 진정한 행복이 있다고 강조한다. 비움의 영성으로 가는 지름길은 매일 매일 자신을 포기하면서 이런 비움을 구체화하기 위한 제도를 공동체나 본인 스스로가 만들어 놓는 것이다.

비움의 영성을 지속시키기 위해서 공동체는 분명한 목적과 목표가 있어야 하고 모든 것을 버릴 수 있는 제도를 만들어서 적용해야 한다. 각 개인의 재산을 공동체 법인에 기부하거나 가난한 이웃들에게 나누어주고 자신의 수입에 대한 개인 소유권을 법적으로 포기하는 것이다. 또한 죽을 때의 신체적 권리와 죽음 이후의 권리도 법적으로 미리 포기해 놓는 것이다. 인간의 마음은 항상 변질할 수 있다.
처음에는 받은 은혜가 감사하고 성령님의 은총이 넘쳐나서 모든 것을 주님께 받칠 수 있다고, 아골 골짝 빈들에도 갈 수 있다고 말하지만 조금만 시간이 지나면 인간의 본성이 되살아나서 처음의 열정은 사라지고 인간의 욕망만 남게 된다. 그래서 처음부터 자기 삶에 대한 제도적 장치가 마련되어 있지 않으면 다시 세속화되는 우(愚)를 범하게 된다. 그래서 공동체의 진정한 일원이 되려면 이 제도화가 선행되어야 한다.

비움의 영성은 우리 자신의 이성이나 의지력만 가지고는 이룰 수 없는 것이다. 우리의 육체는 단지 이성이나 의욕만 가지고 마음대로 다스리기에는 너무 강한 존재이기 때문이다. 특히 고질화(固質化)된 습관이나 악습 등 체질화된 습성은 이성이나 의지력만으로 고치기가 너무 힘이 든다.

앞에서 언급하였듯이 공동체는 성령님의 도움을 받는 것이 절대적이다. 그리고 이런 것들은 몸 전체와 관련이 있어서 몸 전체를 정화하는데 전념하지 않으면 해결할 수가 없다. 비움의 영성은 제도적인 준비와 더불어 성령님의 인도하심과 끝없는 영성 수련과 가난의 덕행(德行)을 통해서만 해결될 수 있는 문제이다.

우리가 힘쓸 일은 우리의 육체에 대한 사랑을 줄여 나가는 것이다. 우리는 자신을 절대 포기함으로서의 비움의 생활을 해야 한다.

오늘날 우리가 통상적으로 잘 산다고 할 때는 경제적으로 부를 많이 소유한 것을 의미한다. 그러나 '평생 가난한 사람' 예수님은 모든 것을 포기하고 고난의 생활을 택하셨다. 그러므로 오늘날 그리스도를 따르는 사람들로서 지나치게 물질적인 소유 여부를 가지고 잘 사는 기준을 삼는 것은 신앙적인 관점에서 볼 때 신중히 생각해보아야 할 문제이다. 비움은 신앙생활에 있어서 본질을 이루는 것들로 여겨지게 된 덕목 중의 최상이다.

참 제자도는 그리스도가 이끄는 삶을 모방하고 그리스도를 따르며 또한 사도들과 신앙의 모범이 되었던 선조들이 이끄는 삶을 살아가기 위해 자기 자신을 끊임없이 항복시키는 삶에서 출발한다. 그래서 가난한 삶의 덕행을 따르는 것은 공동생활에 필수적인 것이 되었다.

> 심령이 가난한 자는 복이 있나니…(마5:3). 네가 온전하고자 할진대 가서 네 소유를 팔아 가난한 자들에게 주라(마19:21). 너희가 하나님과 재물을 겸하여 섬기지 못하느니라…목숨을 위하여 무엇을 먹을까 무엇을 마실까 몸을 위하여 무엇을 입을까 염려하지 말라(마6:24~25). 누구든지 나를 따라오려거든 자기를 부인하고 자기 십자가를 지고 나를 따를 것이니라(마16:24)

자신의 소유에 대한 자발적인 포기와 이탈을 통해 우리는 영성적인 근원을 발견할 수 있다. 한평생 청빈하게 살고 가난한 이들을 사랑하시고 가난한 이들에게 복음을 전하신 그리스도를 본받아 우리는 비움을 보배로 삼아야 한다. 참 제자들은 세상에 대한 내적 욕망을 하나님께 화목제로 바치고(내적 비움), 그리고 실제적인 삶도 가난하였다(외적 비움). 더 구체적으로 말해서 참 제자들은 비움의 영성을 위해 재물에 대한 소유권과 관리권 그리고 사용권을 타인에게 양도하였다.

재물욕에서 해방된 제자들은 내적으로도 자유롭고 가벼운 마음으로 기도와 선교에만 전념하여 오히려 재물을 하늘나라에 쌓아두게 된 것이다. 재물욕에 사로잡힌 자는 물질이 창조되고 존재하는 목적대로 올바로 사용하지 못하고 악용하는 사람들이다. **청빈으로 마음을 비우는 것은 그 자체가 목적이 아니라 모든 재물의 주인이시며, 원천이신 하나님으로 자기 삶을 충만하게 채우는 것을 의미한다.** 세상의 재물, 권력, 명예 등에 의지하지 않고 하나님께 의지하는 것이야말로 성경이 가르치는 마음이 가난한 자(마5:3)의 참모습이 된다. 영성인은 비움이 최대의 부(富)라는 역설적인 진리를 몸소 체험함으로써 이는 '버림으로써 충만해진다'라는 영성 생활의 최고의 엑스터시를 느끼면서 살아가는 사람이다. 이렇게 우리가 비움의 영성을 추구하면 그 빈 곳으로 삼위 공동체 하나님이 들어오실 수 있고, 하나님의 내주하심을 통해 참된 자아와 기쁨을 찾을 수 있게 되는 것이다.

오늘날 세속적인 물량주의에 빠진 현대인들에게 공동체의 비움의 삶이 특정한 인물의 이야기로만 들리거나, 심적 부담감으로 작용할 수 있겠지만 기독교의 영성에 있어서 본질은 곧 이러한 비움의 정신인 것이다. 이 비움을 통한 '가난함'에 대한 복음적 권고를 피어리스는 다음과 같이 말한다.

> 가난은 그리스도인 모두의 기초적 영성이어야 한다. 가난은 소수만 받는 카리스마적인 독신과는 다르다. 가난은 그저 복음적 권고만이 아니다. 특히 성직자들에게 독신은 의무이고 가난은 선택이라는 생각은 예수님이 의도하신 바와 정반대이다. 하나님과 반대되는 것은 성이나 가정이 아니라 맘몬이다. 따라서 나누지 않는 마음으로 하나님께 헌신토록 보장하는 것은 독신보다도 가난이다.[132]

• • •
132_송천석, 아시아의 이야기 신학(왜관:분도출판사, 1990), 47에서 재인용.

그러므로 신앙인들이 복음적 가난을 추구하게 될 때 우리는 하나님의 삶을 따르는 길이며 그리스도의 삶을 따르는 제자가 비로서 되는 것이다. 베네딕도 수도회에서는 가난의 목적을 '이를 통해 이웃과 사랑을 나

133_See, 베네딕도 수도규칙, 이형우 역(왜관:분도출판사, 2020).

누고 하나님을 전적으로 사랑하고 오로지 그분만을 찬미하기 위한 따름의 인간 봉헌'이라고 말했다.[133]

물질적인 것들에서 초연해지고 그런 것들로부터 이탈될 때 우리의 영혼은 닫힌 마음의 문을 열게 하고 하나님 나라의 건설에 희망을 품게 한다. 그러므로 비움은 신앙의 문제이며 따라서 비움의 가치를 신앙 안에서 바르게 인식하는 것이 오늘날 우리가 찾아야 할 영성이라고 볼 수 있다. 이런 비움은 세속적인 것으로부터 포기뿐만 아니라 자기 자아로부터의 이탈이기도 하다.

이렇게 세속적인 것에서의 이탈일 뿐 아니라 이기적이고 자기중심적인 자아에서의 이탈까지 포괄하는 이 영적 비움은 앞에서도 언급하였듯이 2가지의 비움으로 나눌 수 있다. 즉 내적 비움과 외적 비움으로 나눌 수 있다. 내적 비움은 이기적이고 자기중심적이며 욕망적인 아집(我執)에서의 이탈을 말한다. 외적 비움은 물건이나 특정 인간에 대한 애착에서 마음이 자유로워짐을 뜻한다. 그러나 외적인 비움이든 내적인 비움이든 애착과 욕망에서의 이탈이라는 점에서 결국 의식의 문제이기도 하다. 애착과 욕망이라는 면에서 볼 때 비움은 오히려 마음의 충만이며 기쁨이다. 이러한 충만성은 모든 사물에 대한 사랑과 긍휼로 나타나는 것이다.

3. 죽복의 영성

공동체 영성은 죽복(죽음을 통해 얻는 행복의 준말)**의 영성이다.**

시인 정호승의 5번째 시집 『사랑하다 죽어버려라』에는 다음과 같은 시가 실려 있다.

우리가 어느 별에서 만났기에
이토록 그리워하는지 알 수가 없습니다.
우리가 어느 별에서 그리워하였기에
이토록 밤마다 별빛으로 빛나는지 알 수가 없습니다.
당신은 지금 어느 별의 오솔길을 걷고 있습니다.
나는 그 뒤를 소년처럼 묵묵히 따라갑니다.
내가 별 없는 밤하늘이라면,
당신은 그 밤하늘에 빛나는 별입니다.

나는 평생을 통해 당신을 사랑하고 싶습니다.

내 인생은 당신을 사랑하기에는 너무나 짧습니다.
오늘 밤, 당신은 별들의 망초꽃으로 피어나십시오.
우리는 서로 포기하지 않으면 사랑할 수 없습니다.
나는 왜 사랑에도 실패가 있는지 잘 압니다.
오늘 밤에도 당신을 사랑해서 미안합니다.
나는 당신을 사랑하는 일보다 사랑하지 않는 일이 더 어렵습니다.
당신을 사랑하다가 죽어버리고 싶습니다.
당신의 별에 맞아 죽어버리고 싶습니다.
당신을 사랑하기 때문에
내가 이렇게 아파지게 된 건…
처음부터 당신을 사랑했기 때문입니다.
당신이 내 안에 내주시는 순간부터
온통 내 마음은 당신으로 채워졌기 때문입니다.
내 쓸쓸한 생이 끝나는 날까지
오직 사랑할 단 한 사람 그대여.[134]

134_정호승, 사랑하다 죽어버
려라(서울: 창비, 1997).

"당신을 사랑하다가 죽어버리고 싶습니다…" 우리는 이처럼 사랑의 열병을 앓아야 한다. 아가서 5장 8절에는 "예루살렘 딸들아 너희에게 내가 부탁한다 너희가 내 사랑하는 자를 만나거든 내가 사랑하므로 병이 났다고 하려무나"라고 기록하고 있다.

결국 사랑하다, 사랑의 열병에 휩싸여 죽어버린 사건이 바로 십자가 죽음의 사건이었다. 십자가는 사랑하다 죽어버린, 그래서 인간을 구속하신 그리스도의 사랑이 표현된 결정체이다. 이기적이고, 기복적인 '축복' 보다 더 좋은 것이 '죽복'이다. 우리는 **없어서 행복하고 죽어서 행복할 수 있어야 한다.**

죽복의 영성이란 죽음을 통해 얻을 수 있는 행복을 의미한다. 비움의 영성이 자신의 것을 포기하는 개인적 차원이 강하다면 죽복의 영성은 이웃의 삶 속에 개입하여 자신이 대신 죽고 이웃을 살려내는 대속물(代贖物)의 영성을 의미한다. 이웃의 행복을 위해 우리 자신을 희생시키는 삶… 그러므로 인해 얻어지는 행복과 축복을 우리는 맛보아야 한다. 우리 자신이 죽음으로 인해 주님의 성품이 살아나고, 주님의 사상이 살아나고, 주님의 행동이 살아나고, 주님의 미래가 살아날 수 있다.

모든 죄악, 저주, 고통, 억압에서 벗어남을 얻는 유일한 길이 예수 그리스도의 십자가 보혈(寶血)이다. 죽복의 영성은 이런 십자가의 죽음을 통한 능력을 매일 매일 체험하는 영성이다. 그리스도의 공동체 내에는 매일매일 십자가를 지고 죽복을 체험하는 사람들이 있어야 한다. 십자가 상에서의 죽음이 우리의 죄악들을 덮어 주었고, 세상과의 싸움에서 승리할 수 있게 만들어 주었다. 그래서 우리도 죽음의 피를 흘려야 한다. 코카콜라 사장은 얼마나 자신의 사업에 미쳐 있는지 "나의 몸속에는 피 대신 콜라가 흐른다"라고 말했다.

그럼 예수 그리스도를 따라가는 우리 몸속에는 무엇이 흘러야 할까? 바로 예수 그리스도의 보혈이 흘러야 한다. 그러나 이 보혈은 내 속에 있는 피가 밖으로 흘러나올 때, 나온 만큼 그리스도의 보혈이 나에게 수혈되는 것이다. 이런 피 흘림이 새로운 삶을 창조하고, 새로운 해방을 가져다주는 능력으로 나타난다.

> 십자가의 도가 멸망하는 자들에게는 미련한 것이요 구원을 받는 우리에게는 하나님의 능력이라(고전1:18)

이제 우리가 그리스도처럼 이웃의 삶을 위해 못이 박혀 죽어야 할 차례이다. 고난받았던 그리스도처럼 우리가 이 세상에 살면서 이웃을 위해 그리스도의 고난을 체험해야 한다. 이웃을 위해 죽는 죽음은 겉 사람의 죽음이요, 자아의 죽음이요, 속정의 죽음이요, 전적인 신에게로의 위탁을 의미한다.

죽복의 영성은 예수님께 미친 영성이다.

우리가 예수님께 완전히 미쳐 있어야 죽복을 체험한다.
이용도 목사는 항상 다음과 같이 외쳤다.

> 아주 미칩시다. 예수에게 아주 콱 미쳐 물불을 헤아리지 않는 성광(聖狂)을 이룹시다. 하여간 미치자! 크게 미치자! 그 후에 쓰게 되면 쓰고 부르짖게 되면 부르짖고 침묵하게 되면 돌같이 고요할 것이요! 어쨌든 진리에 미치는 것만이 우리의 급무였나니 무엇을 나타내려고 함은 이 허영이었느니라.[135]

• • •
135_변종호, 이용도 목사 전집 제1권·서간집(서울: 장안문화사, 1993). 89.

미국의 심리학자이며 통계 조사 방법의 창시자인 조지 갤럽(George Gal_lup)이 '어떤 사람이 가장 행복한 사람인가'에 대한 조사를 하였다. 그는 다음과 같은 결론을 내렸다.

"가장 행복한 사람은 하나님에 대한 믿음과 신적인 생생한 체험을 소유한 사람이고, 가장 불행한 사람은 가진 것은 많으나 삶의 의미를 찾지 못하고 방탕하게 사는 사람이다."

인간이 느끼는 행복감은 확실히 정신적이며, 영적인 문제와 직결된다. 금전, 명예, 건강 등은 행복을 위한 조건 중의 하나임은 틀림없지만, 그것이 진정한 행복을 가져다주지는 않는다.[136]

예수님께서는 우리에게 서로 사랑하고 서로를 위한 공동체를 이룩하라고 명령하셨다. 그리고 공동체를 통해 예수님 자신과 사랑을 보여 주셨다. 우리는 이런 사랑을 성령님의 권능과 부르심으로서만 체험하게 된다. 사랑에 대한 우리의 미침이 서로 만나면서 우리는 점점 강해진다. 그리하여 우리는 전 인류를 위해 약속된 혼인 잔치를 향하여 확신에 찬 겸손의 발걸음을 떼어 놓을 수 있게 되는 것이다.

예수님은 치유자이시다. 우리에게 생명을 주시고 우리 자신으로부터 해방하러 오신 유일한 분이시다. 예수님은 우리의 아픔, 또는 우리의 고뇌를 치유하러 오셨다. 그래서 우리를 영원한 생명으로 이끌어 주셨다.

> 예수께서 가라사대 내가 곧 길이요 진리요 생명이니 나로 말미암지 않고는 아버지께로 올 자가 없느니라(요14:6)

예수 그리스도가 길이라 함은 하늘 아래 우리가 구원받을 수 있는 다른 이름이 우리에게 주어지지 않았으므로 그 누구도 그리스도를 통하지 않고서는 성부 하나님에게로 갈 수 없다는 뜻이다.

성부 하나님의 계획에 따르면 하나님께서 은총과 택함을 통해 우리를 부르시고, 부르심의 표징인 구원은 그리스도께서 인류에게 베푸신 하나님의 생명에 참여하는 데 있다. 사도바울은 이것을 아주 강력하게 언급하고 있다.

> 다른 복음은 없나니 다만 어떤 사람들이 너희를 교란하여 그리스도의 복음을 변하게 함이라 그러나 우리나 혹은 하늘로부터 온 천사라도 우리가 너희에게 전한 복음 외에 다른 복음을 전하면 저주를 받을지어다(갈1:7~8)

> 하나님이 세상을 이처럼 사랑하사 독생자를 주셨으니 이는 저를 믿는 자마다 멸망치 않고 영생을 얻게 하려 하심이니라(요3:16)

그러므로 모든 기독교인의 최대 관심은 주님께서 우리에게 가져다주는 생명으로 사는 것, 주님과 일치하여 마침내 주님과 같은 모습을 지니게 되는 것이어야 한다.

그리스도인이 주님과 일치하는 이 심오한 진리를 표현하기 위하여 사도

• • •
136_김동훈, 당신의 성격을 진단하라(서울: 도서출판 물푸레, 2005), 186에서 재인용.

바울은 이전에 사용된 적이 없는 개념들을 사용하였다. 즉 "우리가 만일 그리스도와 함께 죽었다면"(Conmortui, 딤후 2:11), "우리는 그분과 함께 장사 되었다"(Consepulti, 롬6:4). 그러나 하나님께서는 우리를 "그리스도와 함께 일으키셨고", "우리를 그리스도와 함께 살려 주셨다"(엡2:5). 그리하여 우리는 "그분과 함께 살게 되었다"(딤후2:11)… 이렇게 예수님은 성부께로 가는 유일한 길이 되신다. 우리는 예수님만을 통해서 인간의 창조, 구속 및 성화에 있어서 하나님께서 원하시는 이상에 도달할 수 있다.

우리가 예수 그리스도에게 모든 초점을 맞추고 있다면 십자가를 경험하게 되고, 그 십자가를 통한 행복의 도, 진정한 축복의 도를 체험하게 되며, 이런 체험은 결국 예수님처럼 대속물이 되므로 인해 죽복의 도를 완성하게 된다. 공동체 영상수련에 예수님께 미치게 만드는 수련이 반드시 있어야 한다.

죽복의 영성은 속정(俗情)을 끊는 영성이다.

우리가 속정을 끊어야 죽복을 체험한다. 주님을 따라 살려면,
첫째, 자신의 속정이 죽어야 한다. 곧 내 안에 있는 육신의 생각과 정욕과 사욕과 물욕이 죽어야 한다. 예전 생각, 예전 혈기, 예전 생활, 예전 풍속, 예전 습관, 예전 말씨, 예전 행동 모두가 죽어야 한다. 그리고 세상과 육신에 대하여서는 죽은 자 같이, 바보같이, 소외된 자같이 되고 주님과 진리를 향하여만 나의 영(속사람)이 새로이 살아나서 새 생각, 새 정신, 새 관점, 새 풍속, 새 습관, 새 말씨, 새 행동이 나타나야 한다.

우리는 주님을 향하여 거듭난 성도가 되어 천국을 바라보고 진리로만 살아가야 한다. 누가 욕을 하든지, 비난하든지, 가난이 오든지, 질병이 오든지, 교리, 교파, 교단이 나에게 무엇이라 하든지, 땅 위에서 어떠한 사건이 있든지 우리는 주님만을 바라보면서 묵묵히 전진해 나가야 한다. 우리 자신의 속정을 끊기 위해 자기 자신에 대한 피 흘림이 있어야 한다. 죽복의 도가 바로 십자가에서 피 흘림이다. 십자가의 보혈과 같이 자기희생을 통해 우리는 성숙한 인격이 생겨나고 그리스도의 성품이 완성되는 것이다.[137]

둘째, 세상의 속정이 죽어야 한다. 세상의 모든 인연을 다 끊은 사람만이 참 제자가 되고 하나님의 나라를 선포하는 협력자가 될 수 있다. 우리는 주님의 부르심을 받는 순간부터 가족에 대한 속정, 즉 아버지와 어머니 그리고 아내와 자녀들로부터 떠나야만 하고, 심지어는 부모를 장사 지내러 돌아가서도 안 된다(눅14:26;9:59~62). 이 말씀은 세상 속에서 하나님보다 더 사랑하는 것이 있어서는 안 된다는 의미이다.

• • •
137_Ibid., 111~112.

참 제자는 세상과 타협이나 수용이 용납되지 않는다. 예수님의 제자가 되려는 사람은 복음을 위하여 기꺼이 자기 목숨을 바쳐야 하고 주변 세계에서 반대의 표적이 되는 십자가를 지고 살아야 하며 비참한 죽음도 감수해야 한다. 항상 자기 목을 내놓을 준비를 하고 있어야 한다.

자기 목숨을 살리려다가는 잃을 것이고, 예수님을 위해 자기 목숨을 내어놓는 자는 오히려 생명을 얻게 될 것이다. 예수님의 제자가 되어 하나님 나라를 선포하는 사명에 가담한 사람들은 자기가 원래 소속했던 사회집단이나 직업 등에서 제공할 수 있었던 안전한 삶을 포기해야만 한다. 그리고 예수님께서 머리 두실 곳이 없으셨던 것처럼 불안정과 빈곤에 자신을 내맡기지 않으면 안 되는 몸이 된다.

죽복의 영성을 따르려는 사람은 누구든지 자기를 버리고 자신의 십자가를 지고 주님만 따라가야 한다. 주님을 따르는 이들은 자기 목숨을 바치는 순교자이다. 세상을 버린 목회자, 세상과 타협하지 않는 사역자, 세상과 구별된 평신도는 그리스도의 겸손과 가난과 순종을 모범으로 삼는 신실한 종들이다.

성프란치스꼬 영성의 절정은 십자가에 달리신 예수 그리스도의 사랑과 고난을 생각하면서 자신을 완전히 죽이는 것이었다. 예수 그리스도처럼 살기를 갈망했던 그는 세상 떠나기 2년 전 깊은 라베르나산의 동굴에 들어가 40일 동안 금식을 하면서 두 가지 세목으로 기도하였다.

> 주여 내가 세상을 떠나기 전 두 가지 은혜를 주옵소서. 하나는 주님이 저를 위해 겪으신 고난을 저의 영혼에도 육체에도 체험하게 하여 주옵시고, 또 하나는 주님의 가슴에 저를 사랑하시던 그 불붙는 사랑을 저도 가질 수 있게 하소서[138]

이 기도를 끝맺은 후 성프란치스코는 천사들을 만났으며 드디어 예수님의 5가지 성흔(聖痕)을 양손, 양다리, 옆구리에 받게 되었다. 그것은 손바닥과 발등을 꿰뚫는 모양으로 살이 못이 밖으로 박혀 나온 것처럼 돋아나와 구부려져 있었고 그곳에서 주기적으로 많은 피가 흘러나왔고, 매우 고통스러웠다. 그러나 아주 싱그럽고 상쾌한 향기가 나왔다.

성녀테레사도 늘 그리스도의 향기, 성령의 향기가 뿜어져 나왔다. 그녀도 축복의 영성을 통한 고난과 승리를 체험하였는데 그가 죽은 후에 시신을 씻은 물에서도 향기가 풍겼다. 그녀가 죽은 지 9개월이 지난 때까지 그녀의 무덤 주변에서 어떤 향수보다도 아름다운 향기가 풍겨 나왔다. 나중에 시체를 조사하려고 무덤을 파고 관을 열었을 때 시신에서 매우 좋은 향기를 풍기는 기름이 흘러나왔다고 한다.

사라센 제국의 압둘라만 3세(Abd al-Raman Ⅲ)는 숨을 거두면서 "내 평생

· · ·
138_엄두섭, 영성생활의 요청(서울: 은성출판사, 2009), 37.에서 재인용
성프란치스꼬 전기 (서울: 은성출판사, 1997),

에 진정 행복했던 날들은 겨우 14일에 불과했다."라고 말했다. 그는 세계에서 가장 큰 왕국을 49년간이나 통치했던 왕이었다. 어마어마한 재물은 물론이고 3,321명의 후궁과 616명의 자녀를 두었다. 그러나 그의 행복은 모두 인간의 탐심에서 나왔기에 진정한 행복을 느낄 수 없었다. 우리는 진정한 행복이 죽음을 통해 나온다는 것을 체험해야 한다.

이용도는 철저하게 죽복을 통한 자기 헌신을 강조하였다.

> 형아! 나는 나의 일에 대하여 아무 수단도 방법도 없는 것을 알아다오. 무슨 깊은 철학적 원리를 나에게 묻지 말아다오.
> 죽음! 이것만이 나의 수단이요 방법이요 원리라고 할까!
> 그리하여 날마다 죽음을 무릅쓰고 그냥 무식스럽게 돌진하려는 것뿐이다. 어느 날이든지 나의 빛없는 죽음! 그것이 나의 완성일 것이다.
> 형아! 나는, 이(理) 없이 광(光) 없이 죽으려 한다. 뒤에 이(理) 있어 광(光) 있어 싸울 사자가 나오기를 바라면서, 나는 무리하게 죽을게 형은 유리하게 살아주지 않으려나! 나는 법 없이 조리 없는 운동에 제물이 되거든 형은 법적으로 조리 있게 일하여다오! 이를 위하여 나는 먼저 떨어져 죽은 작은 밀알 한 알갱이가 되려 하노라.
> 오호! 그러나 내 죽기를 무릅쓰고 나가려 하나 그러나 왜 이리 나의 헌신이 불철저하냐?….[139]

죽복의 영성은 스스로 가난해짐의 영성이다.

우리는 가난해짐의 삶과 가난한 이웃들을 통해 죽복을 체험한다.

> 여러분은 우리 주 예수 그리스도께서 얼마나 은혜로우신지를 잘 알고 있습니다. 그분은 부요하셨지만 여러분을 위하여 가난하게 되셨습니다. 그분이 가난해지심으로써 여러분은 오히려 부요하게 되었습니다(공동번역, 고후 8:9)

라르쉬(L' Arche)[140] 공동체의 창설자인 장 바니에(Jean Vanier)는 '버림받은 사람들을 위한 피난처가 될 수 있는 공동체, 버림받은 이들과 사회를 연결시키는 다리가 될 수 있는 공동체'라는 슬로건을 가지고 죽복의 길을 걸어갔다. 그는 이 죽복의 영성이 가난으로부터 출발하기 때문에 가난을 무엇보다도 우선해서 스스로가 받아들일 것을 권면했다. 가난에는 두 종류가 있는데 첫째, 물질적, 정신적 결핍으로 인해 어쩔 수 없이 받아들이게 되는 가난과 둘째, 소명감과 부르심(Calling)으로 인해 받아들이는 가난이 있다. 이 둘 사이에는 엄청난 차이가 있다. 바니에는 후자

•••
139_변종호, 이용도 목사전집 제1권, 111.

•••
140_성경에서 따온 이름으로 방주(方舟)를 가리키는 프랑스어이다. 바니에는 라르쉬라는 이름 속에서 하나님의 명에 따라 지어진 구원의 배인 노아의 방주(창6:1~9, 17)와 하나님이 그의 백성과 맺은 첫 번째 계약을 염두에 두고 있었다. 그는 정당한 자신들의 보금자리를 갖지 못한 정신과 장애자들의 참된 쉼터가 되기를 바라는 마음으로 이 이름을 신중하게 선택했다.
그는 1928년 캐나다의 19대 총독이었던 죠지 바니에(Geor~ges P.Vanier)의 아들로 태어났으며 사관학교를 졸업하고 장교로 복무하던 중 성령님의 인도를 받아 군을 제대하여 철학과 신학을 공부하였다. 그 후 토론토의 성 마이클 대학에서 윤리 철학을 가르치다가 버림받은 자들에 대한 소명을 깨닫고 결국 소외된 이웃들을 위한 공동체를 만들었다. 현재 라르쉬 소공동체는 전 세계에 100여 개에 이르고 있다.

141_Jean Vanier, An Ark for the Poor: the story of L'Ar_che(Toronto: Novalis, 2015), 20~21.

를 '필요한 어리석음'이라고 표현하였다.[141]

세상의 눈으로 볼 때 제자들의 발을 씻어 주거나 십자가에 못 박히는 예수님의 모습은 많은 사람의 눈에는 어리석게만 보였지만 때로는 가로막힌 장벽을 무너뜨리려면 어리석은 행동도 필요한 것이다. 적어도 종교적, 사회적 지도자들, 사역자들, 교회 직분 자들, 교사들, 영성을 추구하는 사람들은 스스로 가난해질 필요가 있다. 본인들이 스스로 가난해져야 비로서 예수님처럼 타인을 위한 축복의 통로가 열리게 된다. 자신은 가난하지만, 자신이 축복의 통로가 되어서 타인을 부요하게 만들 수 있는 것이다. 예수님이 사마리아의 여인을 만났을 때, 예수님은 여인의 행동에 대해 아무런 지적도 하지 않았다. 오히려 그녀에게 본인이 필요한 것을 말했다.

"나에게 마실 물을 달라"(요4:7). 이 행동은 소외되고, 가난하고, 상처 입은 사람들에게 어떻게 공동체가 접근해야 하는지를 보여 주는 좋은 예이다. 이 예는 스스로 가난하게 된 사람은 가난한 자에게 도움을 요청할 수 있음을 보여 주는 것이다. 이렇게 공동체는 상대방을 정죄하기보다는 오히려 도움을 요청해야 한다.

장 바니에는 '나눔과 받음'의 신비를 '일치와 농등성'의 관점에서 바라보았다. 그는 "가난한 사람에게 일방적으로 주는 것만이 아니라 어쩌면 그들로부터 받는 것도 필요합니다. 그의 존재, 그의 생명을 받아들이고 그가 우리에게 줄 수 있는 것들을 받아들여야 합니다."라고 말했다. 나눈다는 것은 받음의 의미를 포함한다. 우리는 가난한 이들이 줄 수 있는 것이 아주 보잘것없고 초라하다고 해도 그 속에는 그들의 인격 자체가 들어있다. 그 선물의 참된 가치를 발견하기 위해서는 편견에서 해방된 자유로운 눈을 가져야 한다. 이렇게 볼 때 참된 나눔은 동시에 주고받으면서 함께 친교와 융화를 이루는 것이다. 참으로 서로 나누기 시작할 때라야 우리는 자신까지 온전히 내어주게 되며, 이는 곧 예수님의 부활에 참여함이며 죽음으로써 얻는 행복을 의미한다.

구띠레에즈(Gustavo Gutierrez)는 가난을 예언적 사명이라고 표현하였다.

> 가난을 거부하고 가난에 대항하기 위해서 스스로 가난해질 때 비로서 교회는 '정신적 가난'이라는 것을 설교할 수 있다. 정신적 가난이란 인간과 역사가 하느님이 언약하신 미래의 자기를 개방함이다. 그렇게 함으로써만 교회는 인간에게 있는 모든 불의를 고발하는 예언자적 사명을 다하고, 그 외침에 귀 기울이게 만들

142_Gustavo Gutierrez, 해방신학(Theologia de la liberacian), 성염 역(왜관: 분도출판사, 2000), 380.

것이다. 또 그렇게 함으로써만 교회는 해방의 말씀, 참다운 박애의 말씀을 설교할 수 있을 것이다. …특히 라틴 아메리카 교회로서는 가난의 증언이야말로 교회 사명의 정당성을 입증하는 데 절대 필요한 표정이다.[142]

사실 가난은 저주이다. 성경을 보면 가난은 인간 타락을 통해 우리에게 들어온 죽음의 실체이다. 이러한 가난은 하나님의 역사 계획과 반대된다. 토마스 아퀴나스도 "가난은 그 자체로 좋은 것이 못 된다"라고 말했다. 하나님 나라에는 가난이 없다. 그러므로 가난은 당연히 소멸시켜야 할 대상이다. 그러나 가난이 저주라고 해서 그 반대되는 부자가 축복이라는 말은 더더욱 아니다. 성경은 부자들에 대한 단죄가 더 가혹하다.

> 그러나 화 있을진저 너희 부요한 자여 너희는 너희의 위로를 이미 받았도다 화 있을진저 너희 지금 배부른 자여 너희는 주리리로다 화있을진저 너희 지금 웃는 자여 너희가 애통하며 울리로다(눅 6:24~25)

많은 재산을 쌓아두었으니 이젠 걱정이 없다고 하면서 실컷 쉬고 먹고 마시며 즐기자고 말하던 부자는 예수님께 이러한 책망을 받는다.

> 하나님이 이르시되 어리석은 자여 오늘 밤에 네 영혼을 도로 찾으리니 그러면 네 준비한 것이 누구의 것이 되겠느냐 하셨으니 자기를 위하여 재물을 쌓아 두고 하나님께 대하여 부요하지 못한 자가 이와 같으니라(눅12:20~21)

우리는 가난의 저주와 부자의 교만을 모두 극복하고 물리치기 위해서 스스로 가난해질 필요가 있다. 우리 자신이 가난함으로 인해 우리를 통해 우리 이웃들이 부자가 되어야 한다. 예수님이 죽으심으로 죽음의 권세를 이기신 것처럼 우리 자신이 가난함으로 가난을 이길 수 있다. 우리가 스스로 가난하게 될 때 비로서 우리는 축복의 통로가 되고 이런 축복의 통로를 통해 우리 이웃 모두가 부요해지는 것이다.

> 우리는 거기에서 복음서에 감추인
> 예수님의 큰 비밀에 손을 댑니다
> 가난한 자, 작은 자는
> 단순한 동정의 대상이 아닙니다.
> 그들은 생명의 근원,
> 평화와 진리를 만드는 장인들입니다!

많은 이들은 가난한 자를
죽음과 절망의 원인으로 여깁니다
피하거나 심지어 없애 버려야 하는,
아니면 적어도 변화시켜야 하는
문젯거리요 짐으로 여깁니다

그러나 예수님은 알려주십니다
만일 우리가 가난한 이에게 다가가
마음과 마음으로 그를 만나며
더불어 일치되어 살아간다면
바로 그 가난한 이가 우리에게 빛과 긍휼을 일깨워
우리를 변화시키리라는 것을

– 장 바니에

어느 성공한 부자(CEO)가 '부자학'에 대해 책을 저술하고 부자가 되는 법에 대해 특강을 했다면 그 강의를 듣고 그대로 실천하는 사람들은 절대로 부자가 될 수 없다. 이미 성공한 통로에는 더 이상 부(富)가 생길 힘이 없기 때문이다. 그러나 스스로 가난해진 사람이 아무런 사욕(私慾) 없이 부요함에 대해 설명했다면 그때 축복의 통로가 생겨 듣고 실천한 모든 사람이 풍요함을 얻게 되는 것이다. 예수님은 아무것도 없는 평생 가난한 사람이었지만 그의 복음이 얼마나 많은 사람을 영·육적으로 풍성하게 해주었는가! 진리는 역설적(逆說的)이다. 죽어야 살고 가난해야 부요해진다.

이 지상의 평화는 부자나 권력자나 위대한 인물로서 이루어지는 것이 아니고, 겸손한 종의 신분으로써 함께 사는 형제자매들에게 진정으로 봉사하기를 원하는 사람에 의해 이루어진다. 이와 같은 겸손을 통해 가난한 자들을 섬기고, 나누고, 함께하는 생활의 친교는 바로 예수님의 십자가와 죽음처럼 쓸데없고 부질없이 보일 수 있으나 참된 일치의 길이요 행복과 부요의 길이다.[143]

축복의 영성은 연탄재 영성이다.

1- 너에게 묻는다.
 연탄재 함부로 발로 차지 마라.
 너는,

• • •
143_Jean Vanier, 두 세계 사이의 하느님 나라, 오영민 역(서울: 성바오로출판사, 1992), 141.

누구에게 한 번이라도 뜨거운 사람이었느냐?

2- 연탄 한 장
또 다른 말도 많고 많지만
삶이란 나 아닌 누구에게 기꺼이 연탄 한 장 되는 것

방구들 선들선들해지는 날부터 이듬 봄까지
조선팔도 거리에서 제일 아름다운 것은 연탄 차가 부릉부릉
힘쓰며 언덕길을 오르는 거라네
해야 할 일이 무엇인가를 알고 있다는 듯이
연탄은, 일단 제 몸에 불이 옮겨붙었다 하면 하염없이 뜨거워지는 것
매일 따스한 밥과 국물 퍼먹으면서도 몰랐네
온몸으로 사랑하고 한 덩이 재로 쓸쓸하게 남는 게 두려워
여태껏 나는 그 누구에게 연탄 하나 장도 되지 못하였네

생각하면 삶이란 나를 산산이 으깨는 일
눈 내려 세상이 미끄러운 어느 이른 아침에
나 아닌 그 누가 마음 놓고 걸어갈
그 길을 만들 줄도 몰랐었네, 나는

– 안도현

하늘문공동체는 고유가 시대를 맞이하여 겨울철 난방을 석유 보일러에서 절반을 연탄보일러로 전환하였다. 연탄을 많이 때다 보니 매일매일 연탄재가 쌓여 있는 것을 볼 수 있었다. 어느 날 물끄러미 연탄재를 바라보다 연탄에 담겨 있는 진리를 발견하게 되었다. 연탄은 밤새껏 자신의 온몸을 불꽃같이 태워 방을 따뜻하게 하고 인간들에게 따스함과 편안함 그리고 배부름을 선물해준다. 그런 후 자신은 하얗게 죽어간다. 인간들은 편안한 잠을 자고 있을 때 그리고 따스한 밥과 국물을 먹고 있을 때 그는 온몸으로 사랑만 하다 한 덩이 재로 쓸쓸하게 생(生)을 마감한다.
이렇게 하얀 재로 남은 연탄은 그의 마지막 사명, 즉 온몸이 산산이 으깨지는 고통을 겪으면서 차가운 겨울날 얼어버린 길바닥에 뿌려져 인간들이 마음 놓고 걸어 다닐 수 있도록 안전한 길을 만들어 놓는다. 이런 연탄재의 희생적 삶에 대해 우리는 경외(敬畏)감을 느끼고 있어야 한다. 연탄재를 바라보면서 우리는 이렇게 끊임없이 질문해야 한다.

나는 과연 연탄재처럼 누군가에게 한 번이라도 뜨거운 사람이었는가?
나의 삶이 이웃을 위해 얼마만큼 희생적이었는가?
하나님을 향한 나의 사랑이 얼마만큼 열정적이었는가?

연탄이야말로 죽어서 행복한 죽복의 영성을 완성한 신앙적 모델이다. 죽복은 우리 모두의 삶을 행복하게 해주며, 풍성하게 만들어 준다. 서로가 서로에 대해 연탄재의 역할을 감당한다고 한다면 이 땅은 얼마나 아름다운 세상이 되겠는가!

4. 합일(合一)의 영성

공동체 영성은 합일의 영성이다.

> 그날에는 내가 아버지 안에 내가 너희 안에 너희 안에 있을 것을 너희가 알리라(요 14:20)

> 너희가 내 안에 거하고 내 말이 너희 안에 거하면 무엇이든지 원하는 대로 구하라 그리하면 이루리라(요15:7)

공동체 영성은 삼위 공동체 하나님과 인간이 그리고 자연과 우주가 하나가 되는 영성이다.

합일의 영성은 지체(肢體) 사랑의 영성이다.

우리는 하나님을 사랑하고, 이웃을 사랑하고, 자연을 사랑해야 한다. 이런 사랑으로 인해 서로가 서로에게 합일될 수 있다. 신명기 6장 5절에 기록된 쉐마(Shema)는 마음을 다하고, 목숨을 다하고 뜻을 다하여 하나님을 사랑하라고 기록하고 있다.
사랑의 첫 번째 대상은 창조주 하나님이시다. 왜냐하면 모든 사람의 출발점은 하나님 안에 있고 하나님은 사랑이시기 때문이다.

> 사랑하는 자들과 우리가 서로 사랑하자 사랑은 하나님께 속한 것이니 사랑하는 자마다 하나님으로부터 나서 하나님을 알고 사랑하지 아니하는 자는 하나님을 알지

> 못하나니 이는 하나님은 사랑이심이라 하나님의 사랑이 우리에게 이렇게 나타난
> 바 되었으니 하나님이 자기의 독생자를 세상에 보내심은 그로 말미암아 우리를 살
> 리려 하심이라 사랑은 여기 있으니 우리가 하나님을 사랑한 것이 아니요 하나님이
> 우리를 사랑하사 우리 죄를 속하기 위하여 화목 제물로 그 아들을 보내셨음이라
> (요일4:7~10)

하나님은 분명히 무한한 사랑이시다(요일4:7~8). 하나님은 사랑을 가지시
고 선한 목적을 이루시는데 완전하신 분이시다. 이 사랑을 친히 육화(肉
化)되셔서 나타내주신 분은 예수 그리스도이시다. 예수 그리스도는 구
약에서 나타난 사랑의 개념을 친히 완성하였으며 어떤 희생 제물보다
긍휼(矜恤) 즉 사랑(Agape)을 원하신다는 것을 입증하셨다.
이렇게 예수 그리스도께서 사랑을 완성하신 것을 삶 속에서 더욱 구체
화한 것이 바로 성부 하나님을 아바(Abba)라 부르게 하는 것이었다(갈4:6).
예수님은 사랑 때문에 용서와 희생을 요구하셨다.

> 그때에 베드로가 나아와 이르되 주여 형제가 내게 죄를 범하면 몇 번이나 용서하
> 여 주리이까. 일곱 번까지 하오리이까. 예수께서 이르시되 네게 이르노니 일곱 번
> 뿐 아니라 일곱 번을 일흔 번까지 할지니라(마18:21~23)

무엇보다도 중요한 것은 예수님이 친히 자기 몸과 삶으로 사랑을 나타
내셨다는 것이다. 즉 그는 자기 스스로가 십자가에 못 박고 죽으심으로
하나님의 사랑을 완성하셨다. 그러므로 사랑 안에 거하는 자는 하나님
안에 거한다. 사랑 안에 거한다는 것은 하나님의 계명을 따라 행한다는
것이다. 이런 사랑은 가장 가까운 것에서부터 시작하는 것이다. 이것이
바로 지체 사랑이다. 우리는 이런 지체 사랑 안에서 하나님의 의를 완성
한다.

> 누구든지 하나님을 사랑하노라 하고 그 형제를 미워하면 이는 거짓말하는 자니 보
> 는 바 그 형제를 사랑하지 아니하는 자는 보지 못하는 바 하나님을 사랑할 수 없느
> 니라. 우리가 이 계명을 주께 받았나니 하나님을 사랑하는 자는 또한 그 형제를 사
> 랑할지니라(요일 4:20~21)

여기서 우리가 발견한 두 가지 중요한 사실이 있다. 하나는 사랑하는 것
과 사랑을 아는 것(지식)을 동일한 하나로 본다는 점이고, 다른 하나는
사랑이 인격적이라는 점이다. 아우구스티누스는 사랑 자체도 삼위일
체 하나님에게서 얻은 논리를 적용한다. 즉 사랑 자체, 사랑하는 자, 사
랑받는 것은 셋이지만 같다는 논리를 적용한다. 사랑하는 자와 사랑받

는 것은 어떤 사람이 자신을 사랑할 때 같은 것이다. 즉 어떤 사람이 자신을 사랑한다고 말할 때 그는 자신에 의하여 사랑받는다. 이 경우에 사랑하는 자와 사랑을 받는 자는 같다. 그러므로 사랑을 하는 것과 사랑을 받는 것은 같은 것이 된다.

성부 하나님과 성자 하나님은 성령 하나님 안에서 사랑으로 연합되신다. 이 연합되신 삼위 공동체 하나님은 그의 사랑을 피조물에 쏟으시며, 결국 피조물을 구원하시기 위하여 육신을 입은 인간(Incarnation)까지 되셨다. 그러므로 우리는 하나님과 이웃을 모두 사랑해야 한다.[144]
하나님과 인간이 그리고 인간과 인간이 서로 사랑 안에서 아름다운 공동체를 만들어 나갈 대 그곳에 하나님 나라(Basileia)가 임하게 되는 것이다. 하나님과 인간이 함께 사랑의 관계가 형성되어 있지 않은 공동체는 죽은 공동체요, 결국 인본주의적 모임에 지나치 않는다.

144_맹용길, 제4의 윤리(서울:
성광문화사, 2008), 128~130
에서 재인용.

성부, 성자, 성령 삼위공동체 하나님은 교제와 나눔 속에서 하나가 되어 있으며 우리 또한 그런 사랑 안에서 하나님과 인간의 합일 공동체를 만들어 나가야 하는 것이다. 이러한 신과의 사상적 합일은 "네 이웃을 네 몸과 같이 사랑하라"라는 말씀 속에서 인간과 인간 사이에서 더욱 증폭되어야 한다.

예수님은 하나님 사랑과 이웃사랑 사이에 뗄 수 없는 내적 결속을 강조하셨다. 이것은 단순한 연결이 아니고 하나님을 사랑하는 자는 이웃을 사랑해야 하고 이웃을 사랑하는 자는 하나님을 사랑하는 것을 뜻한다. 하나님에 대한 사랑은 똑같이 중요한 이웃사랑에서 그것을 표현해주고 실제로 증명해 주어야 하는 것이다. 그러기 때문에 하나님 사랑의 증거를 우리는 이웃사랑을 통해 알 수 있게 되는 것이다.
우리는 모두 그리스도의 한 지체들이다. 이러한 지체들은 다양성을 가지고 있다. 성경에는 "몸은 하나인데 많은 지체가 있고 몸의 지체가 많으나 한 몸임과 같이 그리스도도 그러하니라"(고전12:12)라고 기록하고 있다. 우리 몸을 구성하기 위해 다양한 지체들이 있듯이 그리스도의 몸인 공동체에는 다양한 지체들이 있다.
가난한 자와 부자, 많이 배운 자와 못 배운 자, 권력을 가진 자와 못 가진 자, 보수적인 자와 진보적인 자, 믿음이 있는 자와 믿음이 없는 자, 인격자와 비인격자, 맘에 드는 자와 맘에 안 드는 자, 성격 급한 자와 느린 자, 어린이와 노인 등… 그런데 이렇게 다양한 사람들이 사랑 가운데 서로를 위해 존재한다면 참으로 아름답고 기쁨이 넘치고, 생명력 있는 공동체가 될 수 있다. 이러한 다양성을 조화있게 만드는 것이 바로 지체 사랑이다. 이러한 다양한 지체들은 또한 고유성을 가지고 있다.

> 그뿐 아니라 더 약하게 보이는 몸의 지체가 도리어 요긴하고 우리가 몸의 덜 귀히
> 여기는 그것들을 더욱 귀한 것들로 입혀 주며 우리의 아름답지 못한 지체는 더욱
> 아름다운 것을 얻느니라 (고전12:22~23)

귀하게 보이지 않는 우리 몸의 지체가 실제로는 더욱 귀한 지체라는 것은 우리 몸의 모든 지체가 각각 고유한 자리와 역할들이 있다는 것을 의미한다. 하나님께서는 우리 몸에 불필요한 지체를 창조하지 않으셨다. 불필요하다고 생각하는 것을 없애버린다면 우리는 더욱 큰 혼란을 겪게 될 것이다. 그리스도인들은 하나님으로부터 고유한 삶과 사명을 받고 태어났다. 따라서 하나님께서는 불필요한 사람을 교회 혹은 공동체에 지체로 보내지 않으셨다.

모든 사람은 다른 사람들이 대신할 수 없는 고유한 자리와 역할을 가지고 있다. 공동체는 이러한 지체의 고유성을 인정할 뿐 아니라 더 나아가서 고유한 달란트를 계발하여 그 달란트를 하나님을 위해 효과적으로 사용할 수 있도록 훈련해야 한다. 이러한 고유성은 관계성 속에서 더욱 꽃을 피우게 된다.

> 만일 한 지체가 고통을 받으면 모든 지체가 함께 고통을 받고 한 지체가 영광을 얻
> 으면 모든 지체가 함께 즐거워하느니라 (고전12:26)

하늘문공동체 시절에는 에이즈 감염자들이 공동체의 구성원으로 살고 있었다. 공동체에서는 그들에게 주방을 맡겼다. 그래서 공동체 식구들은 매일매일 에이즈 감염자가 해주는 밥과 국, 찌개, 반찬들을 먹고 있다. 이것은 공동체의 한 지체로 그들을 인정해주면서 지체 사랑을 나누는 아주 중요한 행위이다. 어떤 사람은 굉장히 위험한 발상이라고 하면서 그들과 삶을 나누는 것을 꺼리는 사람도 있었다. 그러나 에이즈 감염자들도 우리와 똑같은 공동체의 지체이며 차별의 대상이 되어서는 안 된다.

또한 공동체에는 트랜스젠더(Transgender)들이 있었다. 이들은 타고난 성(Sex)을 거부하고 다른 성을 자신의 성이라고 생각한다. 남자로 태어났으면서도 본인 스스로가 여자처럼 행동하고, 여자라고 의식하고 있다. 이상하게도 자신의 타고난 성을 거부하는 사람 중에 남성이 압도적으로 많다. 이들은 모든 말시, 사고하는 것, 몸동작, 음식 만들기 등 모두가 여성화되어 있다. 처음에는 공동체 식구들도 조금 헷갈리기도 했지만, 이들과 같이 살면서 이들의 의식과 삶 그리고 아픔을 이해하게 되었다. 이렇게 공동체는 각 개인의 고유한 삶을 그냥 인정해주는 것이다.

합일의 영성은 일치(一致)의 영성이다.

합일의 영성은 철저하게 교권 혹은 교리에 의한 분파주의, 분리주의, 교권주의, 인종차별주의, 민족주의 그리고 전통적인 신본주의 사상을 붕괴시키려고 하는 포스트모더니즘(Postmodernism)[145] 등을 거부한다.
가톨릭 신학자 한스 큉은 교파주의, 교권주의에 대해 다음과 같이 비판했다.

> 고린도전서 1장 11~17절을 이 시대에 옮겨 놓아도 좋다면, 베드로의 수위권과 열쇠의 권한과 사목권을 내세워 뭐니 뭐니 해도 자기네들이 제일이라고 주장하는 가톨릭 신자들은 영락없이 베드로파에 해당한다. 희랍 사상의 위대한 전통을 이어받아 계시를 다른 누구보다도 자기네들이 더 영적으로, 더 풍부한 사상으로, 더 심오하게 '더 바르게' 해석한다는 정교도들은 필경 아볼로파에 해당한다. 자기네 공동체의 시조는 그야말로 사도라고, 남달리 그리스도의 십자가를 설교한 분이라고 다른 어떤 사도들보다도 많은 일을 한 분이라고 말하는 프로테스탄트는 확실히 바울파에 해당한다. 그리고 다른 교회들의 온갖 교권과 교조의 강제에서 벗어난 자기네들이야말로 자유로의 그리스도만을 유일한 주님과 스승으로 받들며 바로 거기서 자기네 공동체의 영성적 생활이 나온다는 자유교회 파들은 결국 그리스도파에 해당하는 셈이다.
>
> 그러면 바울은 누구 편을 드는가? 베드로가 교회의 반석이므로 베드로 편을 드는가? 바울은 베드로의 이름을 침묵으로 넘긴다. 아볼로에 대해서도 같은 요령이다. 그뿐인가. 놀랍게도 자기 이름의 당원들도 인정하지 않는다. 바울은 여러 사람이 떼를 지어 어떤 한 사람을… 그 사람이 자기들을 위하여 십자가에서 죽은 것도 아니요. 그 사람의 이름으로 자기들이 세례를 받은 것도 아닌데도… 떠받들고 당수로 삼고 하는 것을 원치 않는다. 바울이 고린도 인들에게 세례를 준 것은 사실이다.
>
> 그러나 그의 이름이 아니라 **십자가에 못 박히신 그리스도의 이름으로 그들은 세례를 받았다. 그분 이름으로 세례를 받았으니 그분에게 속한다.** 따라서 공동체의 설립자인 바울의 이름 자체도 당명이 될 수는 없다. 어느 교회도 자기 자신을 최종적으로 판단할 수는 없다. 어느 교회나 주님의 불의 심판을 받게 되어 있다. 그때는 각 교회의 독특한 형태, 독특한 전통, 독특한 교리 중에서 얼마만큼이 나무요 건초요 짚이며 얼마만큼이 금이요 은이요 보석인지,

•••
145_신국원, 포스트모더니즘 (서울: IVP, 2019), 13~15. 포스트모더니즘이 본격적으로 가시화된 것은 1960년대 예술, 건축, 사상의 영역에서 나타난 반(反)·근대작업에서였다. 포스트모던은 글자 그대로 모던(Modern) 즉 근대와 관련된 말이다. 근대란 대략 16세기 이후의 과학기술과 계몽사상에 근거한 인본적이고, 이성적인 삶의 양식이 지배하는 시대를 말한다. 그렇다면 포스트모던이란 이제 과학과 이성으로 특정 지어진 근대를 떠나 새로운 시대로 접어들고 있다는 이야기이다. 즉 근대를 지배하고 있던 기존의 이념, 정치, 경제, 문화뿐 아니라 종교의 영역까지를 붕괴시키고 새로운 사고와 혁명을 주장하는 보다 진보된 인본주의적 사상을 의미한다.

146_Hans Küng, 교회란 무엇
인가?, 193~194.

무엇이 가치 없이 사라질 것이며 무엇이 소중하게 보존될 것인지
드러나게 될 것이다.[146]

에베소서 2장 11~22절에서 사도바울은 그리스인과 유대인에 대해 말
하고 있다. 그는 이제 더 이상 두 부류 사이에서 분리가 없다고 말한다.
이 말씀은 사도바울이 언제나 강조하는 것으로 율법은 분리를 낳았지
만 새 언약은 그 율법이 빚어낸 분열을 극복하였으며 더 이상 유대인이
나 이방인의 구별이 없다고 하는 것이다. 그러므로 공동체 건설은 우리
가 유대인지 회당을 다니는지 하는 인종적인 배경을 기초로 하는 것
이 아니라 그리스도 안에서 서로에 대한 사랑과 인격적인 관계에 기초
를 두는 것이다. 국적이나 사회계층을 기초로 하지 않는다는 것이 바로
복음의 핵심이다.

만약 어떤 정치가가 실제로는 인종차별주의를 옹호하면서 하나님을 믿
는다고 말을 한다면 인종차별주의가 기독교와 동일시되고 마는 것이다.
이것은 우상숭배이고 앞뒤가 완전히 뒤바뀐 신앙적 모순이다.

민족주의도 마찬가지이다. 민족주의적인 사상을 기독교와 동등하게 여
겨야 한다고 주장하는 사람들도 있다. 그러나 그 순간 기독교와 아무런
상관도 없는 것들이 갑자기 기독교와 동일시되고 마는 것이다. 이것은
보통 심각한 문제가 아니다. 왜냐하면 이것은 오늘날 신앙 문제로 갈등
하는 사람들에게 엄청난 걸림돌이 되기 때문이다. 이들은 이렇게 말할
것이다.

"저런 사람이 정말 그리스도인이라면 나는 그리스도인이 될 필요가 없어"

그러나 예수님은 이처럼 분열로 말미암아 생겨난 적대감을 그리스도께
서 친히 자기 몸으로 십자가상에서 깨뜨리셨다는 사실이다. 십자가의
보혈로 모든 분열을 부수는 것, 이것이 또한 공동체에 맡겨진 크나큰 사
명이다. 다시 강조하는데 우리는 분리를 넘어설 수 있어야 한다. 그래도
인종 간, 종교 간 갈등은 존재하겠지만 우리는 그리스도의 사랑을 하나
됨을 끝없이 추구해 나아가야 한다.

공동체 안에서 지체들은 상호연결성과 관계성을 가지고 있다. 따라서
각 지체와 서로 연합하는 팀워크(Team~Work)가 매우 중요하다. 혼자 하
는 것보다 여럿이 함께하면 더욱 쉽게 문제를 해결할 수 있다. 그러므로
독선, 독주, 독단, 독재가 아닌 협력과 섬김이 공동체 사역에 핵심 역할
을 감당한다. 이러한 관계성은 결국 일치의 관계적 영성으로 확립될 수
있다.

우리가 속해 있는 교회가 한 지체가 되기 위해서는 성령 안에 있어야 한다. 우리가 믿는 성령님은 자신 속에 교회를 품으신다. 이러한 성령님은 장차 이루어질 인류의 하나 됨에 생명력을 불어넣어 주신다. 또한 성령님은 참으로 살아 있는 모든 공동체에 생명을 주고 계신다. 모든 공동체가 세워지는 기초와 기본적인 요소는 구성원의 단결이 아니라 오직 성령님이 주시는 하나 됨의 은총일 뿐이다.

참된 공동체는 성령님의 일치 안에서 존재하기 때문이다. 하나의 유기체(有機體)는 그 안에 생기를 불어넣는 영으로 말미암아 의식의 일치를 이루고 하나의 통일체가 된다. 이것은 믿는 자의 공동체에서 매우 중요한 일이다. 장차 인류가 하나 되어 오직 하나님만이 다스리시는 그 날을 성령님이 미리 보증하신 것이다.

우리가 지금 여기에서 유일하게 의지할 수 있는 것, 장차 도래(到來)할 위대한 사랑과 일치를 지금 미리 맛볼 수 있는 유일한 것은 성령님과 함께 한 공동체를 만드는 것뿐이다. 성령님을 믿는 것은 사랑과 일치로 통치될 하나님 나라를 믿는 것이다. 예수님의 기도는 삼위공동체 하나님의 삼위가 하나 되신 것처럼 예수를 믿는 각 개인도 하나가 되게 하여 달라는 간곡한 기도이다.

> 내가 그들을 위하여 비옵나니 내가 비옵는 것은 세상을 위함이 아니요 내게 주신 자들을 위함이니이다 그들은 아버지의 것이로소이다 내 것은 다 아버지의 것이요 아버지의 것은 내 것이온데 내가 그들로 말미암아 영광을 받았나이다 나는 세상에 더 있지 아니하오나 그들 세상에 있사옵고 나는 아버지께로 가옵나니 거룩하신 아버지여 내게 주신 아버지의 이름으로 그들을 보전하사 우리와 같이 그들 하나가 되게 하옵소서 내가 그들과 함께 있을 때에 내게 주신 아버지의 이름으로 그들을 보전하고 지키었나이다 그 중의 하나도 멸망하지 않고 다만 멸망의 자식뿐이오니 이는 성경을 응하게 함이니이다(요17:9~12)

그리스도 성도들이 모범으로 삼아야 할 것은 바로 하나님의 완벽한 공동체적 하나 됨이다. 세 분의 인격이시나 한 몸의 지체를 이루신 하나님처럼 공동체 지체들이 하나로 일치됨도 그와 같이 되어야 한다.

예수 그리스도의 몸과 살과 피에 참여하여 그리스도와 일치하는 성도들이라면 모든 사람이 모든 종파를 초월하여 서로 한 피(血), 한 몸(肉)을 이루어야 한다. 예수님께서 모든 그리스도인을 위해 드리신 기도는 하나님 안에서의 한 몸이다. 그것은 어떤 정치적 이념이나 사상의 조직적 관계가 아니다. 예수님의 기도는 사랑 안에서, 성령님 안에서의 한 몸, 그리고 유기체의 생명 같은 신앙적 안에서 한 몸이다.

그리스도 안에서 형제애와 한 몸은 예수님뿐만 아니라 사도들의 간곡한 기도의 주제였다. 고린도 교회 안에 계파 간 분열이 있었을 때, 즉 바울파, 아볼로파, 게바파, 그리스도파가 분열하고 서로 적대하고 있었을 때 사도바울은 예수 그리스도 안에서 한 몸이 되라고 강조하였다. 말과 행동의 하나 됨, 믿음과 삶의 하나 됨, 그리스도와 여러 지체와 하나 됨, 지역과 지역 간의 하나 됨, 민족과 민족 간의 하나 됨…… 우리는 그리스도를 중심으로 자신의 것을 버림으로 함께 살게 하는 영성을 추구해야 한다.

기독교인 세계에서 가장 두려운 시험은 사단의 역사인 분열이다. 그리스도의 염원과 기도, 그 정신에 대한 가장 큰 거역은 특히 기독교인끼리의 분열이다. 분열은 무슨 명목으로 된 것이든지 성령의 역사가 아니다. 분열에는 대의명분(大義名分)이 설 여지가 없다. 분열은 인간의 속물적인 내면의 분노이며 사탄의 역사이다.

가장 고질적인 죄악은 교파 지상주의와 이념 제일주의(보수, 진보 혹은 우익, 좌익)이다. 그래서 자신들만 정통(正統)이요, 복음이요, 보수신앙이라고 하며, 자신들만 구원 얻고, 자신들만 장자(長子) 교단이라고 주장한다. 자신들만 혼자 잘 믿는다고 독선배타(獨善排他)하여 자기들 표준으로 남을 재판하고, 정죄하고, 함부로 이단으로 단죄하는 무서운 마귀 적 죄악이다. 기독교 역사를 보면 자신과 신앙이 다르다고 해서 무고한 사람들을 많이 살해했음을 볼 수 있다. 함부로 상대방을 정죄하는 죄악들이 자행되었고, 종교재판을 통해 유혈 살인의 비극이 기독교 역사에서 저질러져 내려왔다.

예수님은 교파를 만들지 않았다. 예수님은 보수나 진보도 우익도 좌익도 만들지 않았다. 예수님을 주로 고백하는 기독교인은 하나가 되어야 한다. 모든 것을 초월해야 한다. 하나님도 한 분, 주님도 한 분, 성령님도 한 분, 성경도 하나인데 왜 우리는 하나가 되지 못하고 있을까. 자신의 종교를 사랑하는 것이 예수님을 사랑하는 일이 아니다. 자기 교파만의 확장을 위해 열심을 내는 예수님을 위한 열심히 아니다. 예수님과 교파는 아무런 관계도 없다.

가톨릭도 프로테스탄트도 그리고 그리스 정교도 교파에 구애받거나 그 자체를 믿어서는 안 된다. 그 속에 하나님은 계시지 않는다. 사람들이 자기 교파만을 옹호하기 위해 만들어 놓은 교리, 예전, 의식, 조직, 풍속, 율법 그 밖의 어느 것 속에도 하나님은 계시지 않는다.

요한복음 17장에 그리스도인들이 하나가 되게, 한 몸이 되게 해달라는 예수님의 기도는 아직 이루어지지 못했다. 하늘 위에 계신 예수 그리스도의 최대의 슬픔과 눈물은 그 몸 된 교회와 지체끼리의 분열과 상쟁(相爭)일 것이다.

기성 교회들의 세속화와 분열과 분리 속에 실망하여 많은 교인이 이단(異端)과 사교(邪敎)로 휩쓸려 가고 있다. 이단, 사교를 정죄하고 공격하기 전에 먼저 기성 교회들끼리 화합하고 하나 됨의 영성을 회복해야 한다. 기독교의 근본정신은 화해(和解)의 복음이다. 하나님과 인간 사이의 하나가 됨, 인간과 인간끼리의 하나 됨을 이루려는 것이 바로 기독교 복음이다.

오늘 기독교인들은 예수님께서 하신 마지막 기도의 정신을 되살려 하나가 되어야 하며 산상보훈의 정신을 살려 기독교인들의 세계에 예수님의 정신이 살아서 역사하게 해야 한다.

합일의 영성은 만유일치(萬有一致) 영성이다.

하나님을 사랑하고 이웃을 사랑한다면 또한 자연과 우주도 사랑해야 한다. 왜냐하면 자연과 우주가 인간보다 먼저 창조되어서 인간 창조를 기다리면서 인간에게 최대의 서비스를 제공할 준비를 하였기 때문이다.

아담은 자연의 일부인 흙으로 창조되었다. 그래서 인간이 죽으면 영혼은 하늘로 가지만 육은 본래의 상태인 자연으로 돌아가는 것이다. 하나님께서는 창조된 인간을 데려다가 에덴동산이라는 자연 속에서 살게 하셨다. 삶의 터전으로 자연을 선물로 주신 것이다. 자연은 본래 사람을 위해 지음 받았으므로 자연 속에서 인간들은 수많은 혜택을 받게 되었다.

이러한 자연을 인간이 함부로 파괴하는 행위를 해서는 안 된다. 자연 속에 하나님의 모습을 발견할 수 있다. 자연 속에서 인간의 참모습을 발견할 수 있다. 모든 공동체는 자연과 함께 공존하는 법을 배워야 한다. 공동체 건물은 자연과 조화를 이루어야 한다. 자연의 모습을 건물이 가린다든지, 자연을 무시하는 건축 등은 삼가야 한다.

공동체 건물 자체도 최대한 자연이 숨 쉴 수 있게 만들어야 한다. 공동체 건물이 자연을 훼손시키지 말아야 한다. 예전에 어느 공동체를 가 보았더니 모든 교회 내부와 개인기도 실의 벽, 천장, 바닥 등을 모두 참나무로 만들었으며 모든 개인 기도실은 온돌화하여서 그곳에서 잠만 자도 머리가 맑아지고 건강해질 수 있게 건축된 것을 본 적이 있다. 공동체는 자연과 더불어 사랑의 관계적 영성을 추구해야 한다. 자연으로부터 너무 많은 혜택을 받고 있으면서도 여전히 자연을 무시하는 태도를 보인다면 그것은 바로 영성인의 태도가 아닐 것이다.

그러나 현실은 암울하기만 하다. 인간이 자연을 마구 파괴함으로 생태 위기가 다가와 있고, 인간과 인간, 인간과 신(神)은 화해의 조짐을 보이지 않고 있다. 우리는 이 합일의 도를 회복시키기 위해 복음 안에서 주님을 갈망해야 하고 두드려야 하고, 찾아야 하고, 만나야 한다. 보프 (Boff)는 삼위 공동체 하나님의 일치성을 '관계의 놀이'라고 표현하면서 하나님과 모든 만물의 일치성을 강조하였다.

> 기독교는 초창기부터 하느님이 성부이고 성자이고 성령임을 고백한다. 이 삼위는 영구히 공존하고 서로 구별되면서 결국 하나이며 또한 영원하고 무한하다. 삼위를 동시적이고 따라서 삼위 사이에 어떤 선재성, 종속성, 후재성도 존재하지 않는다. 이것은 얼핏 보면 삼신론이나 완화된 형태의 다신론같이 보인다. 그러나 사실은 그게 아니고 재미난 신적 표현이다. 즉 세 명의 서로 다른 신이 있으나 이 셋 사이에는 생명의 연계, 사랑의 교차, 셋을 하나로 통일하는 **영원한 관계의 놀이**가 있다.
> 이 셋은 일치의 신, 관계의 신, 사랑의 신으로서 단 하나의 신이다. 우주는 이러한 신성을 펼쳐낸 것이다. 세상은 삼위일체의 반영으로서 복잡하고 다양하고 하나이고 서로 얽혀 있고 서로 연결되어있다. 하느님은 모든 존재에 현존하고 모든 관계에서 손짓하며 모든 생태계에서 모습을 드러낸다. 그리고 하나님은 무엇보다도 각 인간의 삶 안에서 성사된다.
> 왜냐하면 각 인간의 삶 안에서, 하나뿐인 인류의 서로 다른 구체화로서 지성과 의지와 감성을 발견할 수 있기 때문이다. 우리는 서로 다르게 실현되는 단 하나의 생명이고 친교이다. 즉 셋이면서 동시에 하나인 하느님 신비처럼 하나이면서 동시에 여럿이다. …이런 **관계의 놀이**는 모든 생태계 속에서 적용되어야 한다.[147]

147_Leonardo Boff, 생태 신학(Ecologia, mundializaci n, espiritualidad), 김항섭 역 (서울: 가톨릭 출판사, 2013), 55~56.

창세기의 첫 장은 모든 우주와 만물들이 삼위 공동체 하나님의 명령하시는 대로 창조되었다고 기록하고 있다. 그리고 하나님 보시기에 좋았다고 기록하고 있다. 이 말은 천지창조는 하나님께서 스스로 즐거움을 느끼고 창조하신 것이라는 의미이다.

이런 창조자가 한 걸음 더 나아가 스스로 피조세계에 거하심으로 사랑의 극대화가 이루어졌고 이것이 결국 생명의 존재 이유가 되었다. 즉 창조자가 스스로 자기 즐거움을 느끼고 만물 속에서 사랑을 가지고 거하고 계신다는 뜻이다. 만약 하나님이 영원 속에서 자신만을 주장하신다면 하나님의 인간 속에 존재할 수 없다. 그러나 삼위 공동체 하나님은 영원하신 사랑 때문에 시간과 공간으로 뛰어 들어오셔서 자신의 위치를 인간 눈높이로 낮추셨다. 그러므로 생명의 기원은 이 하나님의 즐거움에 있는 것이다. 이러한 사랑의 즐거움은 하나님, 인간, 자연이 합일되어 있을 때 더욱 극대화되는 것이다.

5. 관상(觀想)의 영성

공동체 영성은 관상(觀想)의 영성이다.

공동체 안에서 뿐 아니라 우리의 일상생활이 분주하고 힘들 때, 우리는 고요하고 평온한 가운데 홀로 주님께 기도하면서 그분을 만날 뵐 시간을 갖는 일이 절대 필요하다. 우리는 삼위 공동체 하나님과 함께 홀로 지낼 시간을 가져야 한다. 기도는 삼위공동체 하나님에 대한 신뢰심을 갖고 그분의 뜻을 구하며 형제자매를 사랑하는 존재가 되고자 함을 의미한다. 우리는 저마다 침묵과 관상 속에서 휴식을 취하고 긴장을 해소하며 하나님과 마음으로 대화하는 시간을 가져야 한다.

> 예수의 소문이 더욱 퍼지매 수많은 무리가 말씀도 듣고 자기 병도 고침을 받고자
> 하여 모여 오되 예수는 물러가사 한적한 곳에서 기도하시니라(눅5:15~16)

> 그대가 잠시 뒤로 물러난다고 해서
> 공동체가 해를 입지 않을까 걱정하지 말라.
> 하나님의 뜻을 향한 그대의 개별적 사랑이 그
> 대 이웃에 대한 사랑을
> 조금이라도 저해할까 염려하지 말라.
> 그와는 정반대로 오히려 풍성하게 해줄 것이다.
>
> – 장 바니에

공동체 사역을 통해 체험하게 되는 것 중의 하나는 삼위 공동체 하나님은 우리의 기도에 응답하는 것이 아니라 우리는 삶 속에 응답한다는 것이다. 많은 사람이 열심히 기도해도 응답이 없다고 하면서 하소연한다.

"왜 나에게는 기도의 응답이 없습니까?"
"왜 나에게는 주님께서 응답하지 않으십니까?"
항변과 좌절에 가까운 질문을 받을 때마다 필자는 이렇게 답변한다.

"하나님은 우리의 기도에 응답하지 않습니다. 우리의 삶에 응답합니다."

많은 사람이 24시간 중 2시간 정도 기도하고 응답을 바라고 있다. 나머지 22시간 동안에는 주님을 전혀 생각지 않고, 기도하지 않으면서 말이다. 기도는 우리의 삶 속에서 끊임없이 이어져야 한다. 기도의 사람 죠지 뮬러는 일평생 오만 번이나 기도의 응답을 받았다. 왜 그의 기도는 그렇게 많이 응답하였고, 그것도 즉각적으로 응답이 되었을까? 그의 삶 자체가 기도와 연결이 되어 있었기 때문이다. 기도는 24시간 365일 매일매일 삶 속에서 늘 이어져야 한다. 앉을 때나 서 있을 때나, 일할 때나 쉴 때나, 어디를 가고 있을 때나 끊임없이 나의 자아는 주님을 갈망하고 있어야 한다.

"주님! 사랑합니다. 성령님, 임하소서!"
이 짧은 기도 내용을 가지고 수천 번 수만 번이라도 마음속으로 혹은 조그맣게 혹은 관상으로 주님을 갈망해 나가는 것이 중요하다. 저녁에 잠자리에 들기 전에도, "주님! 지금부터 나의 육신은 잠을 자지만 내 영혼은 계속 깨어 주님을 갈망할 수 있게 하소서!"하고 기도해야 한다. 그래서 꿈속에서라도 계속 기도가 이어지게 해야 한다. 이것이 우리의 삶 속에서 체질화(體質化)된다면 잠깐 앉아서 묵상(想)만 해도 짜릿짜릿한 성령님의 임재와 함께 주님의 음성을 들을 수가 있다.

모압과 암몬의 큰 군대가 연합하여 여호사밧이 왕으로 있는 유다인들과 싸움하려고 쳐들어왔었다(대하 20장). 그대 여호사밧이 군대를 소집하고 맞서 싸우러 나간 것이 아니었다. 그는 제일 먼저 온 유다 백성들에게 금식을 공포하고 기도하게 하였다. 지금 적들이 코앞까지 와 있는데 그는 금식을 시작한 것이다. 이것이 가능한 일인가! 그는 이렇게 기도했다. "이 큰 무리를 우리가 대적할 능력이 없고 어떻게 할 줄도 알지 못하옵고 오직 주만 바라보나이다"(12절). 그러자 잠시 후 하나님께서 응답하셨다. "이 큰 무리로 말미암아 두려워하거나 놀라지 말라 이 전쟁은 너희에게 속한 것이 아니요 하나님께 속한 것이니라"(15절). 결국 유대인들은 승리하였으며 적군의 물건(재물, 의복, 보물)을 취하는 데만 사흘이 걸렸으며 하나님께서 사방의 적들로부터 보호하셔서 평안히 있었다. 이렇게 기도는 만사를 형통케 한다.
만일 기도하지 않는다면, 만일 자기 활동을 평가하고 우리의 내면 깊숙한 곳에서 휴식을 취하지 못한다면 우리는 공동체 안에서 생활하는 데 많은 어려움을 느낄 것이다. 우리는 다른 사람에게 마음의 문을 열지 못할 것이며 평화를 만들어내는 피스메이커가 되지 못할 것이다. 또한 오로지 지금, 이 순간의 욕망으로만 살게 될 것이며, 우리의 우선적인 일이나 본질적인 일을 잊어버리고 말 것이다. 우리는 특정한 정화력이 오로지 성령님에게서만 흘러나온다는 사실을 명심해야 한다. 우리의 감정과 무의식의 특정한 분야는 오직 하나님만이 밝혀 주실 수 있다.

우리가 하나님의 일을 똑바로 하려고 나선다면 하나님께서 우리에게 특별할 은총을 내려주실 것이다. 오직 주님만을 바라보면서 하나님의 일을 하려고 나서면 성령님께서 역사하신다. 넉넉히 이길 힘을 주시고 모든 문제도 해결해 주시고 기적적으로 우리의 삶에 개입하신다. 우리의 지병도 고쳐주시고, 가정 문제도 하나님께서 해결해 주신다. 진정으로 주님만을 바라보며 하나님의 사역을 이루려 한다면 필요한 금전도 하나님이 채워 주신다.

중국 내지(內地) 선교단의 허드슨 테일러는 중국의 오지(奧地)에서 전도하면서 본국의 선교비를 거절하고 다만 기도와 믿음으로 선교하였다. 오히려 이런 신앙 속에서 많은 열매가 나타났다. 죠지물러 기도를 통해 많은 고아를 먹이고 큰 고아원을 경영했다.

그의 기도실 바닥에는 무릎 자리가 우묵히 들어가 있었다. 기도의 사람은 금전이나 물건을 초월한다. 일본의 성자 니시다 덴코(西田天香)는 다음과 같이 말했다.

> 하나님만 의지하고 산다는 태도는 어떠한 문제에 부딪혀도 모든 문제를 주저 없이 해결해 나갈 수 있는 기본 신념이다. 돈이 없으면 전도할 수 없다든가 종교의 선전에는 기본 자금이 필요하다는 등의 소리를 우리는 어디에서나, 심지어는 종교계에서까지 듣고 있다.
>
> 그러나 나는 진정한 종교운동을 하려면 오히려 돈이 있으면 절대로 안 된다고 생각한다. 돈으로 하는 것, 즉 돈의 힘을 빌려 이루어진 것에서는 야릇한 돈 냄새가 풍겨 나오는 것이다.
>
> 인간의 수완, 힘, 또는 지위를 이용해서 하는 전도는 그 근본에 있어서 역겨운 인간 냄새가 나고 지위의 거드름 내가 나는 법이다. 이렇게 이루어진 단체는 우리의 능력으로 삶을 종교가 되지 못한다. 돈의 힘도 미칠 수 없는 곳, 사람의 힘, 지위, 권력 등이 소용없는 절대절명(絶對絶命)의 경지를 맨 주먹, 알몸으로 멋있게 성취해내는 것이 진정한 종교이다. 돈, 물질, 권력 등을 발길로 차버리고 나설 때 거기에 나타나는 감격에 넘치는 결과야말로 그 결단에 상응하는 지극히 값지고 맑고 깨끗한 성취인 것이다.[148]

● ● ●
148_西田天香, 참회 생활, 엄두섭 역(서울: 도서출판 은성, 1987), 17~18.

힘이 부족할 때는 다른 방법을 쓰지 말고 다른 데 찾아가지 말고 주님 전 앞에 나아가 꿇어 엎드려야 한다. 권능은 주께 속한 것이며(시62:11), 거기서만 힘의 공급을 받고, 문제의 해결을 찾는다. 나답과 아비후 같이 다른 향로를 사용하면 안 된다(레10:1~7)

아무리 어려운 일이 있어도 다른 방법, 인간적 수단과 방법을 쓰지 말아야 한다. 사람을 찾아가지 말고, 돈의 힘을 믿지 말고, 언론의 힘을 믿지 말고, 권력의 힘을 믿지 말아야 한다. 또한 경영학이나 교회 성장학이나 다른 여러 방법으로 목회 철학을 세우지 말아야 한다. 오직 주님께만 침몰(沈沒)해 들어가야 한다.

기도에는 여러 종류가 있지만 특히 공동체 안에서의 기도는 관상기도(觀想祈禱)가 가장 깊고 영성적 삶을 지탱해 준다고 생각된다.

관상기도에는 능동적(能動的) 관상과 수동적(受動的) 관상이 있다. 능동적 관상은 하나님의 통상적인 은총과 개인의 노력으로 얻을 수 있기 때문에 획득적 관상 또는 수득적 관상이라고 부르기도 한다. 수동적 관상은 인간의 노력에 의해서가 아니라 특수한 은총으로 주어지는 것이어서 신비적 관상, 또는 주부적(注賦的, Infused contemplation)관상이라고 불린다. 이 관상기도는 하나님께 우리가 완전히 사로잡혀 육신의 모든 감각이나 능력이 신비하게 지배(支配)되는 것을 말한다.[149]

149_Jordan Aumann, 영성신학, 384~387.

주부적 관상기도의 특징은 두 가지가 있다.

첫째, 우리가 기도하는 것이 아니라 기도를 받는 것이다. 기도의 주체가 내가 아니고 성령님이시다. 즉 성령님에게서 우리의 연약함을 도우셔서 말할 수 없는 탄식으로 우리를 대신하여 기도하시고(롬8:26) 우리가 그 기도를 받는 것을 의미한다.

둘째, 간청, 간구, 청원 등이 없다. 예수님께서 무엇을 먹을까, 무엇을 마실까, 무엇을 입을까 염려하지 말라고 하시면서 너희 천부께서 이 모든 것이 너희에게 있어야 할 줄을 아신다(마6:32)고 하셨기 때문에 개인적인 기도 제목들은 믿음으로 하나님께 맡기는 것이다. 그리고 십자가에 달리신 예수님만 바라보는 것이다.

관상기도의 구체적인 방법은 기도하는 동안 우리 마음의 초점(焦點)을 오직 복음의 주님, 고난의 주님, 십자가의 주님, 부활의 주님께 맞추고 머리로서는 어떤 이성적 추리 작용도 하지 않는 것이다. 그러나 이것이 불교에서 말하는 무념무상(無念無想)을 의미하는 것이 아니라, 우리의 마음을 고난의 주님께 집중함으로써 다른 어떤 생각이나 상상도 하지 않는 것을 의미한다.

불교에서는 모든 피조물의 존재를 순전한 환상(幻想 ; 실체가 없는 무상한 현상)에 지나지 않는다고 보고 현재 보이는 피조물 세계에서 해탈(解脫)해야 하며, 인간이 느낄 수 있는 유일한 실체는 모든 것의 공(空) 안에서 공(空)으로서만 나타난다고 주장한다. 그래서 색즉시공 공즉시색(色卽是空 空卽是色 : 이 세상에 존재하는 모든 형체는 없다. 곧 형상은 일시적인 모습일 뿐 실체가 없다)이라고 가르친다. 그러므로 모든 것이 제행무상(諸行無常)하며, 모든 것에 나인 것이 없다(제법무아, 諸法無我)고 주장한다.

그러나 기독교적 해탈인 하나님의 현존(現存)은 실재이며 피조물도 실재(實在)이다. 하나님의 신적현존(神的現存)은 피조물을 '무(無)'로 돌리지 않고 피조물 자체가 창조자의 형상이 된다. 절대자이신 하나님에 대한 관념은 불교에서 궁극적인 것을 공(空)으로 보는 것과는 다르다.

불교에서는 모든 것이 공즉시색(空卽是色)이고 모든 것이 무상(無常)한 것이므로 피안의 세계로 건너가기를 바라는 것이다. 피안(彼岸)은 그들의 구원의 피난처이며 깨달음의 경지이다. 그래서 그들은 끝없이 염불한다. '아제아제 바라아제 바라승아제 모지사바하(揭諦揭諦 波羅揭諦 波羅僧揭諦 菩提 娑婆訶 : 건너리라 건너리라 저편에 도달하리라 범부중생이 도달하리라 깨달음을 성취하리라…) 150

이런 불교와는 다르게 기독교 관상기도에 있어서 가장 중요한 것은 하나님의 현존과 임재를 지금~여기에서(Here and Now) 느끼려고 하는 것이다. 즉 하나님께서 여기에 계신다고 느끼면서 하나님을 보고, 손으로 만지려고 하는 것이다. 주부적 관상의 유익은 주님에 대한 우리의 사랑이 불길처럼 타오르는 것이다. 결국 주부적 관상기도란 주님의 현존과 임재 가운데 있으면서 그분의 손에 우리의 모든 문제를 위탁시키면서 오직 주님만을 체험해가는 것이다.

길이 막히고 일이 안 풀리고 시험이 몰려올 때면 다른 곳을 보지 말고 다른 이론과 사상에 접하지 말고, 오직 주님 앞에 엎드려야 한다. 엎드려도 아주 철저하게 엎드려야 한다. 그래도 문제 해결이 안 될 때는 더욱 깊이 금식하며 주님께 침몰(沈沒)해 가야 한다.

우리는 하나님이 공동체 안에서 성장하라고 우리를 부르고 계시며, 메마른 세상에 샘이 되라고 우리 공동체를 세우고 계신다는 사실을 믿음으로, 그리고 내면에 임재하시는 성령님 체험 가운데 알아야 한다.

관상기도는 우리 마음에 자양분을 주는 만남이다. 관상기도는 현존이요, 친교이다. 우리 존재의 비결은 우리가 사랑받고 죄를 용서받았음을 알려주는 이 하나님의 입맞춤 안에 있다. 우리의 가장 내밀한 자아 속에는 사랑하고 있지만 그래도 사랑하기를 두려워하는 어린아이 같은 나약한 마음이 존재한다. 조용한 기도는 바로 이 내밀한 곳에 영적 자양분을

150_김요나, 불교의 모든 것 (서울 : 그리인파스츄어, 2014), 229.
반야심경(般若心經)에 나오는 내용으로, 이 염불은 소리 높여 부르도록 요구하는데 그렇게 함으로써 잡념을 물리치고 용맹스러운 정진심을 얻고 생각의 통일을 얻게 된다고 말한다.

공급한다. 공동체에서 사는 사람에게는 이러한 자양분이 다른 어떤 것보다 중요하다. 왜냐하면 그것이야말로 가장 은밀하고 개별적이면서도 새로운 힘을 소유할 수 있게 만들기 때문이다.

깊은 기도, 삶 자체가 기도되기 위해 우리는 몇 가지를 실천해야 한다. 기도에는 입으로 소리(통성기도)를 내어서 하는 구도(口禱)가 있고, 말을 하지 않고 마음으로 하는 염도(念禱)가 있으며, 짧게 주님을 갈망하면서 부르는 사도(射禱)가 있다.

염도에도 여러 종류가 있지만 공동체에서 가장 활용하기 좋은 기도는 앞에서 언급했듯이 바로 관상(Contemplation)이다. 관상(觀想)은 하나님과 인간 사이의 중보적 수단으로 사용되는 기도요, 언어, 상상, 표상 등을 최소한으로 줄이거나 전혀 사용하지 않고 하나님과 친밀히 사귀는 마음의 기도를 말한다. 인간의 지성, 의지, 감정, 감각, 상상력 등의 기관을 거의 혹은 전혀 사용하지 않고 하나님과 교제하는 기도 형태이다. 한마디로 주님을 어떤 막힘도 없이 직관적으로 바라보고, 알고, 사랑하는 것을 우리는 공동체적 관상이라고 말한다.[151]

151_최일도, 김연수, 영성수련의 실제 제1집(서울: 나눔사, 1992), 103~109.
유해룡, 하나님 체험과 영성수련, 264~270.

차단기도

중요한 기도 중에 차단 기도가 있다. 차단 기도는 내 안에 혹은 우리 가정과 가계에 흐르는 잘못된 부정적인 영적 흐름을 예수 이름으로 선포함으로 차단하는 것을 말한다. 이것은 관상기도 전에 이루어져야 한다. 우리는 영적으로 잘못된 흐름을 미리 차단해야 한다. 그래야 막혔던 모든 흐름이 풀리기 시작한다. 악한 영들은 자신이 폭로되어야 비로서 우리 내면에서 떠나간다. 우리 집안에, 나에게 어떤 잘못된 흐름이 있는가를 자신이 기도함으로, 혹은 영적 능력이 있는 분들을 통해서 분별해 내야 한다. 그리고 그것들을 될 수 있는 대로 종이에 기록하는데 그동안 살면서 일어난 좋지 못할 사건들(질병, 교통사고, 금전, 진급 등)도 전부 기록하여서 잘 보이는 곳에 붙여놓거나 메모에 놓고서는 매일매일 그것을 보면서 예수 그리스도의 이름으로 선포하고, 명령함으로 잘못된 흐름을 차단해야 한다.

우리는 이렇게 선포해야 한다. "예수 이름으로 명하노니 우리 집안에(혹은 내 안에) 흐르는 분리의 영, 무속의 영은 떠날지어다. 우리 가정에서, 내 안에서 차단될지어다. 나에게서 일어났던 이러이러한 문제들은 떠날지어다."[152] 차단 기도는 영을 분별하고 분석하고, 폭로시키며, 예수 이름으로 선포하고 명령하는 것이다. 우리는 이렇게 먼저 나쁜 흐름을 묶어놓아야 한다.

152_전요셉, 정신장애와 귀신 쫓음(서울: 문성, 2019), 238~246.

아브라함은 하나님을 만난 사람이고 '복의 근원이 될지라'라는 축복을 받은 사람이었다(창12:1~3). 그런데도 그가 땅의 가뭄으로 인해 이집트로 내려갔을 때 하나님을 의지하지 않고 비신앙적이고, 비인간적인 모습을 보여 주었다. 그는 하나님을 전적으로 의지하지 아니하고 인간적인 처세방법을 택했는데 바로 자신의 생명을 보존하고자 자기 부인을 누이라고 속이는 것이었다(창12:10~20). 이것은 대단한 이기심의 출발이요, 거짓의 영에 사로잡힌 속물적 모습이었다.

아브라함이 이집트에 이르자마자 이집트 사람들 사이에 그의 아내의 아름다움에 대한 소문이 퍼졌고 결국 그의 아내는 바로 왕국으로 들어가게 되었다. 만약 하나님이 개입하지 않으셨다면 아브라함은 자신의 이기심과 거짓말로 인해 그의 아내 사라를 빼앗고 가정은 무너지고 말았을 것이다. 그런데 아브라함이 죽고 나서 그의 아들 이삭 때에 똑같은 사건이 토씨 하나 틀리지 않고 반복되었다(창26:1~11). 이삭은 가뭄이 들자 그랄로 가서 블레셋 왕 아비멜렉에게 거했을 때 이삭 역시 자신의 이기심과 거짓 영에 의해 자기 아내인 리브가를 누이라고 속이면서 자신의 생명을 보존하고자 하였다.

우리는 여기서 아무리 깊은 영적 세계로 들어갔다 할지라도 인간은 나약한 것이고 나약함을 타고 들어온 거짓의 영은 후손에게 계속 흘러 들어감을 볼 수 있다. 다시 말해 좋은 영적 흐름이든, 나쁜 영적 흐름이든 모든 영적 흐름은 계속 후손에게까지 영향력을 미친다는 것이다.

만약 나쁜 영적 흐름이 조상으로부터 흘러 들어왔다면 우리가 아무리 열심히 기도한다고 해도(관상을 한다고 해도) 문제 해결은 쉽지 않을 수밖에 없다. 그러므로 기도하기 전에 나쁜 흐름을 먼저 예수 그리스도의 이름으로 끊고 차단하는 작업을 해야 한다. 만약 나에게 좋은 영적 흐름이 흐르고 있다면 조금만 기도해도 응답이 될 것이며, 모든 문제가 어렵지 않게 풀려나가게 될 것이다.

그러나 악한 영적 흐름이 나에게 있다면 아무리 나 자신이 열심을 내어 기도한다고 해도 응답은 그리 쉽게 다가오지 않을 것이다.

악한 영들은 자신의 정체가 폭로되는 것을 가장 두려워한다. 그래서 우리는 자주 악한 영들의 정체를 폭로하는 작업을 해야 하며 예수님의 이름으로 선포하며, 명령함으로 악한 영들을 쫓아내야 한다.

침몰 기도(주부적 관상)

침몰 기도란 주부적 관상기도를 의미하는데 주님의 고난과 죽음 그리고 부활을 십자가를 통해 깊이 묵상하면서 결국 나 자신이 그 십자가에 못 박히는 기도이다.

개신교의 특징은 통성기도이다. 통성기도란 100년 전 영국 웨일즈 부흥운동 때 운집한 성도들이 합심하여 기도한 것에 영향을 받은 기도 형태이다. 즉 그때 은혜를 받은 사람 중에서 선교사가 된 사람들이 많이 있었는데 그때 은혜를 받은 사람 중에서 선교사가 된 사람들이 많이 있었는데 그들이 한국에서 이러한 기도 형태를 접목시켰다.

이 부르짖음의 기도는 이사야 1장 18절에서 "오라 우리가 서로 변론 (Yakach)하자 너희의 죄가 주홍 같을지라도 눈과 같이 희어질 것이요 진홍같이 붉을지라도 양털 같이 희게 되리라"와 예레미야 29장 12절의 "너희가 내게 와서 부르짖으며(Qara) 와서 내게 기도하면 내가 너희의 기도를 들을 것이요"에서 성경적 기원을 찾는다.

히브리어로 변론하다는 야카흐(Yakach)라고 하는데 "서로 논증하다", "판단하다"라는 뜻이다. 하나님께 나와서 하나님과 인간이 서로 말을 함으로 시비를 따져 보자는 의미이다. 부르짖으라는 카라(Qara)라고 하는데 "외치다", "선포하다", "호소하다"라는 뜻이다. 그러나 이러한 형태의 기도는 시간적인 지속성에 제한점을 가지고 있다.

여러 사람이 합심하여 단기간 내에는 효과는 있어도 지속적이고 깊은 내면의 기도에는 한계가 있다. 소리 내어 힘 있게 하는 기도는 30분을 넘기기 힘들다. 육적인 한계에 부딪히게 된다. 우리는 24시간 이어질 수 있는 끝없는 기도가 필요하다. 그래서 깊은 내면의 기도가 필요하다.

십자가상에서 고난받는 그리스도의 묵상을 통해 그리스도를 추적해 나가는 기도가 필요하다. 무엇을 요구하는 기도는 매우 단편적이고, 유아기적인 기도이다. 우리는 주님의 영광을 위해 "내가 무엇을 해야 합니까?"라고 끝없이 질문해야 한다.

십자가 묵상기도는 주님의 탄생, 공생애, 고난, 죽음, 부활을 깊이 묵상하면서 십자가 속으로 침몰해 들어가는 기도다. 6시간 동안 십자가에 달리신 그리스도에 초점에 맞추면서 그리스도의 아픔 속으로 나 자신을 내던져야 한다. 관상기도는 간구보다는 나 자신을 하나님께 철저하게 위탁시키는 것이다. 머리로 생각하는 것이 아니라 마음으로 그리스도를 사랑하는 기도이다. 의지와 정신을 통일하고 갈망 속에서 영혼의 창을 열고 그리스도의 십자가 보혈로 쳐다보며 뜨거운 보혈을 가슴에 담아내는 것이다.

독일의 신비주의자요 수도자였던 에크하르트(Eckhart)는 "인간의 내면의 깊이를 파고 들어간 그 깊이가 하나님의 깊이와 만나는 장소"라고 말했다. 성어거스틴은 "내 영혼 밖에서 어디서도 하나님을 찾을 수 없으므로 영혼 안으로 돌아올 때 거기서 이미 당신 영혼을 사랑하고 계시는 하나님을 발견한다."라고 말했다.

우리 마음이 바로 지성소이다. 성령님은 우리 안에 지성소를 삼으시고 임재 하신다. 마태복음 6장 6절에서 "너는 기도할 때에 네 골방에 들어가 문을 닫고 은밀한 중에 계신 네 아버지께 기도하라"라고 말씀하고 있다. 누가복음 17장 21절에는 "하나님의 나라는 너희 안에 있느니라"라고 기록하고 있다.

우리 안에 하나님이 계신다. 은밀한 중에 역사하시는 성령님은 우리 내면 깊은 곳에 임재 하신다. 우리의 몸은 하나님께로 받은 '성령의 전'이다. 이러한 내면을 열기 위해서 묵상기도, 관상기도, 화살기도는 계속 이어져야 하고 이런 침몰 기도 속에서 하나님의 음성을 들어야 한다. 기도는 쌍방적이어야 한다. 일방적으로 나 혼자 드리는 기도가 아니라 내가 기도한 것 이상으로 하나님의 음성을 들을 수 있어야 한다.[153]

케니스 리치(Kenneth Leech)는 "기도란 무엇인가? 그것은 신성을 함께 나누는 것이며, 인간을 하나님께 끌어 올리는 것이다."라고[154] 말했다. 그러므로 우리는 동방교회의 교사였던 시나이의 그레고리(St.Gregory of Sinai)의 말처럼 "기도는 하나님이다"라고 말할 수 있다. 이러한 기도는 묵상과 관상을 통해 하나님의 실존을 느끼며 안식을 취할 수 있게 되고 결국 생각에만 잠기기보다는 한 걸음 더 나아가 하나님을 사랑할 수 있게 만든다.

사두 썬다싱은 히말라야산맥 중 카일라쉬에 사는 미하리시를 두 번 만난 적이 있었다. 그때 마하리시는 자신의 나이가 삼백 살이 넘었다고 말하였다. 깊고 높은 산중에 있는 동굴 속에서 썬다싱이 그를 처음 만났을 때 그는 머리털과 수염이 땅에 닿게 길어 몸을 감싸고 있었으며, 눈은 너무 빛나고 날카로워서 남의 마음을 꿰뚫어 보는 듯했다. 그는 양피지에 쓴 성경을 통독하여 영안이 열리고 영계에 있는 사람들과 교통하였다. 그는 동굴에 있었지만, 영으로 세계를 방문하였으며 예수님과 천사들을 수시로 만나고 있었으며 세계를 위한 중보의 기도 사명을 부여받았다고 한다. 그는 관상기도를 통해 세계를 바라보고, 방문하고, 상황을 직시(直視)하면서 중보하고 있었다.

우리가 주님께 깊이 침몰해 있다면 일부러 밖에 나가지 않아도 천하(天下)의 일들을 알 수 있으며 그리스도의 사역을 감당할 수 있는 것이다. 기도하는 것은 우리의 전 존재를 하나님께 넘겨 드리고 그분이 우리 존재의 방향타를 잡으시도록 허용하는 것이다. 기도하는 것은 하나님을 의지하여 그분과 교제하면서 그분의 말씀을 듣는 것이다. 홀로 있다 보면 내심(內心)에 영적인 빛이 떠오른다. 그 빛은 마치 예수님이 거처하고 계신 평안의 보좌(寶座)와도 같다. 우리는 이 평안의 빛을 통해서 막힘없이 다른 사람에게 접근할 수가 있다. 이때는 우리가 흔히 느끼는 두려움이나 좌절감, 대화할 때 전달되는 언어적 상처 그리고 이기적인 마음 같

153_See, Dave and Linda olson, 듣는 기도(My Sheep Hear My Voice Listening Prayer), 이성대 역(서울: 서로사랑, 2008).
Max Lucado, 하나님의 음성 우리의 선택(A Gentle Thunder~Hearing God Through the Storm), 이승욱 역(서울: 요단출판사, 2003).
Gorden MacDonald, 내면세계의 질서와 영적 성장(Ordering Your Private World), 홍화옥 역(서울: VIP, 2018).
Dallas Willard, 마음의 혁신(Renovation of the Heart), 윤종석 역(서울: 복있는사람, 2022).
지종엽, 하나님의 음성 듣기(서울: 예루살렘, 2004).

154_Kenneth Leech, 마음으로 드리는 기도(True Prayer), 노진준 역(서울: 은성출판사, 1992), 17~86.

은 것이 개입되지 않는다.

관상을 통해 우리는 예수님의 현존(現存) 안에 그리고 눈에 보이지 않는 나의 형제자매의 현존 안에 머물러 있을 수가 있다. 우리가 다른 사람을 더 진실하게 재발견하고 우리 자신의 나약과 무지와 이기심과 두려움을 하나님의 빛으로 받아들일 수 있는 이 은둔 시간을 가지면 가질수록 더욱 절실한 관상이 필요하게 된다. 이 은둔은 우리 자신을 다른 사람으로부터 결코 분리하지 않는다. 오히려 우리가 상대방을 더 온유하고 구체적이며 섬세하게 사랑하도록 도와준다. 우리는 이기심이나 슬픔 또는 멍든 감정 때문에, 홀로 있기 위해 다른 사람으로부터 도망치는 그릇된 고독(孤獨)이 아닌, 하나님 및 다른 사람과 친교를 이루는 참된 고독을 체험할 수 있어야 한다.

사막 기도

나와 함께 광야로 가자

광야의 혼에 대해 말할 때,
광야가 당신 생활에 현존해야 한다고 할 때,
당신은 오직 사하라나 유다의 광야
또는 닐로의 알타 발레(Alta Valle Nilo)광야에
갈 가능성만을 생각할 필요는 없습니다.

분명, 모든 사람이 다 이 같은
사치스러운 여행을 하거나 실질적으로
공동생활을 떠날 수는 없습니다.
주님께서는 내게 강인한 육신을
허락하시기 위해 나를
진짜 광야로 인도하셨습니다.

나로서도 그렇게 할 필요가 있었습니다.
그리고 그 수많은 모래도 내 영혼의
더러움을 긁어내기에는 부족했으니까요.
그러나 모든 사람의 길이
다 똑같지는 않습니다.
당신이 광야에 갈 수 없다면 당신은
당신의 생활 속의 광야를 만들어야 합니다.
작은 광야를 만들고 때때로

사람들을 떠나 당신의 영혼 조직을
오랜 침묵과 기도를 통해
재건하기 위한 고독을 추구하십시오.
이런 노력은 반드시 필요합니다.
또 이런 노력이 당신의 영성 생활에서
'광야'가 가지는 의미입니다.

하루 한 시간, 한 달에 하루, 일 년에 팔일,
필요하다면 더 긴 시간 동안 모든 일과
모든 사람을 떠나 하느님과 함께 지내십시오.
만일 당신이 이런 시간을
좋아하지 않는다면 착각하지 마십시오
당신은 결코 관상기도에 이르지 못할 것입니다.

왜냐하면 하느님과의 친밀감을
맛보기 위해 혼자 있기를
원치 않는 잘못은
그렇게 할 수 있으면서도
그분과의 관계에서 가장 중요한 요소,
즉 사랑이 부족하다는 증거이기 때문입니다.

그리고 사랑이 없으면
계시의 가능성도 없기 때문입니다

가자, 나와 함께 광야로 가자.
너에게 사랑을 속삭여 주리라(호2:16 참조).

– 까를로 까레또의 매일 묵상 중에서

사막 기도란 기도의 방해가 되는 문명의 혜택들을 사전에 제거해서, 내 주위를 사막과 같이 만들어 오직 주님께만 집중하는 기도이다. 기독교 전통에서 사막은 특별한 의미를 갖는 장소이다. 모세를 불러내어 이스라엘 백성이 바로의 지배를 받는 노예 생활에서 끌어내는 임무를 맡겼던 '불타는 떨기나무'도 사막에 있었다. 모세는 이스라엘 백성을 사막으로 인도했고, 그들은 유목 방랑 생활을 하며 한 세대가 지날 때까지, 즉 시험과 준비의 기간이 끝나고 약속의 땅에 들어갈 마음의 각오를 새롭게 다질 때까지 40년간 사막에 머물렀다.

메시아의 도래(到來)를 선포한 예언자(預言者) 세례 요한도 사막에서 살았다. 예수님도 사막에서 시험을 받았다. 바울은 회심한 후 아라비아 사막으로 물러나서 세계 선교를 위해 준비했다. 4세기쯤 교회가 처음의 생명력을 잃고 로마 사회의 한 부분으로 흡수되기 시작하자 많은 기독교인이 사막으로 들어갔다. 처음에는 이집트의 사막으로, 나중에는 팔레스타인 남쪽에 있는 사막과 시리아 너머에 있는 나무가 없는 광활한 사막으로, 더 순수하고 엄격하며, 세상과 덜 타협적인 기독교 신앙을 찾아 떠나갔다.

성경의 계시(啓示)가 내려진 위대한 산들은 모두 사막에 있었다. 모세는 사막에 있는 호렙산에서 십계명을 받았다. 하나님은 갈멜산에서 선지자 엘리야의 믿음이 옳다는 것을 증명해 보이셨고, 예수님은 변화산에서 자신의 변형된 모습을 세 제자에게 보여 주셨다. 사막으로의 여행, 사막에 있는 산으로 올라가는 것은 하나님이 자기를 찾는 사람들에게 요구하시는 경험을 상징한다.[155]

사막은 메마른 광야였지만 12세기 시토 수도원들은 문명사회에서 떨어진 사막에 세워졌다. 샤를로 드 푸꼬오는 북아프리카의 사하라 사막에서 살았다. 사막은 고독의 장소일 뿐 아니라 고요의 장소이다. 사막의 고요와 고독은 세상의 혼란과 근심에서 벗어나 하나님을 묵상하는 일에 전념할 수 있게 만들어 준다.

이러한 사막에서 우리는 때로는 고독 가운데 하나님을 만나기도 하고 때로는 마귀의 유혹과 도전을 물리치기도 하면서 조금씩 주님의 모습을 닮아 가는 것이다.

가톨릭 안에서 활발하게 카리스마적 수도사로 활동하고 있는 카를로 카레토(Carlo Carretto)는 사막에 있는 수도원으로 들어가게 된 계기를 다음과 같이 말했다.

어느 날 주님께서 나에게 찾아오시면서 말씀하셨다.
까를로 까레또야! 너는 나와 함께 사막으로 가자.
나는 너의 활동을 원치 않는다.
활동보다는 기도를 원하고, 나의 사랑을 원한다.[156]

그 음성을 듣고 카를로 카레토는 모든 것을 벗어 던지고, 샤를르 드 푸꼬의 '예수의 작은형제회'에 입회하여 아프리카 사하라 사막으로 들어갔다. 그가 사하라 사막에 도착했을 때 수도원의 수련장이 "모든 것을 버리시오"라고 말했다. 그는 가방을 열고 친구들의 주소를 꺼내서 태워 버리면서 일체의 세속적 정을 끊어버렸다.

155_ Andrew Luth, 하나님의 광야(The wilderness of God), 안미란 역(서울: 은성출판사, 1993), 5~6.

156_엄두섭, 영맥(서울: 은성출판사, 2022), 76에서 재인용.

그는 10여 년의 수도 생활을 마치고 다시 주님의 명령을 받고 세상으로 나왔는데 이탈리아 움브리아 지방 수바시오 산속에서 새로운 공동체를 세워 기도와 노동과 성령님의 신비적 체험 나누기 삶을 통해 많은 사람에게 영향력을 끼쳤다. 그는 항상 이렇게 강조하였다.

> **사막으로 가십시오. 사막에 그리스도가 계십니다.** 우리의 영성은 공동체적 삶으로 완성되는데 그곳이 바로 사막입니다. 문명의 혜택 (TV, 신문, 컴퓨터 등)들은 우리의 영성들을 파괴합니다. 우리는 아무것도 없는 사막 한가운데서 고독과 홀로 있음 속에서 그리고 함께 더불어 있음 속에서 하나님을 만날 수 있습니다. **만약 사막으로 갈 수 없다면 우리 주위를 사막화해야 합니다.**[157]

• • •
157_See, Carlo Carretto, 나는 찾았고 그래서 발견했습니다.(Ho cercato e ho trovato), 오영민 역(광주: 생활성서사, 2018).
Carlo Carretto, 나와 함께 광야로 가자(ogni Giorno un Pensiero), 오영민 역(서울: 성바오로출판사, 2000).

문명의 혜택이 크면 클수록 우리의 영성은 축소되어 버린다. 과거에는 동굴 속에서 바위 위에서 하나님께 부르짖었으며 그곳에서 성령님을 만났었다. 그러나 지금은 에어컨이 있고, 난방시설이 잘되어있고, 좋은 의자에 앉아 대형 스크린을 통해 컴퓨터와 휴대전화의 홍수 속에서, 문명의 혜택에 정신이 팔려서 더 이상 하나님을 찾거나 하나님의 임재를 느낄 수 없게 되었다.

대학교 채플 실교를 인도하기 위해 가보면 많은 학생이 휴대전화기를 소유하고 있어서 휴대전화로 걸려 오는 진동음에 온 정신이 팔렸음을 볼 수 있다. 그래서 전화를 받고 걸기에 바빠서 예배는 뒷전이 되는 모습들을 종종 볼 수 있다. 또한 여러 인터넷 게임이 청소년들과 성인들의 정신을 온통 빼놓고 있다. 이렇게 넘쳐나는 문명의 혜택과 전문적인 지식을 과감하게 버리고 우리는 우리 주위를 사막으로 만들어야 한다.

우리 주위에 있는 편리함을 끊어버리고, 우리 주위를 아무것도 없는 사막처럼 만들어 나가야 한다. 이런 불편함 속에서 주님에게만 침몰해 들어갈 때, 우리는 놀라운 기쁨과 평안을 체험할 수 있는 것이다.

갈망 기도

갈망 기도는 나의 삶 전부 즉 생활 속에서, 사역 속에서, 일터 속에서 주님을 찾는 기도이다. 기도는 꼭 교회에서, 기도실에서, 수도원에서만 하는 것이 아니다.

사역할 때나, 일할 때 우리의 육신은 자기 일하지만 우리의 영혼은 끝없이 주님을 갈망하면서 관계를 맺고 있어야 한다. 그래서 삶 자체가 기도가 되어야 한다.

걸어가면서도, 차를 타고 가면서도, 직장 일하면서도 우리의 영혼은 하나님을 바라보아야 하며 이렇게 계속 기도해야 한다.

"주님! 사랑합니다. 성령님! 나에게 임하소서!"

프랑스 격언에 '노블레스 오블리주(Noblesse Oblige)'라는 말이 있다. 즉 '정당하게 대접받기 위해서는 명예(Noblesse)만큼 의무(Oblige)를 다해야 한다'는 뜻이다. 이 의미는 사회적으로 상류층을 형성하는 리더들에게 일반인들보다 더 높은 도덕성을 요구한다는 의무와 책임을 강조한 말이다. 이러한 기대치가 충족되어야만 사람들은 상류계층이나 리더들에게 존경의 시선과 마음을 보내게 된다는 것이다.

우리가 진정한 하나님의 제자도를 실천한다면, 그리고 하나님으로부터 참 제자라고 칭함을 받기를 원한다면, 우리도 끊임없이 우리 자신의 의무와 책임인 삶 속의 기도에 전념해야 한다.

갈망기도는 하나님에 대한 의무를 이행하는 줄기찬 노력의 결실이다. 우리의 삶 속에서 주님이 계속 갈망 될 때 우리는 놀라운 기적을 체험할 수 있다.

어느 곳, 어느 때이든지, 활동하든, 잠을 잘 때이든지 우리는 끊임없이 주님을 갈망해야 하고, 주님과 교제할 때 우리의 영성은 더욱 풍성한 열매를 맺을 수 있을 것이다.

어느 사람이 사막의 수도사에게 물었다.
"수도원에서는 도대체 무슨 일을 하고 있습니까?"
그러자 수도사가 대답했다.
"우리는 매일매일 넘어졌다가 일어나고, 넘어졌다가 일어나고, 또 넘어졌다가 일어나는 일을 하고 있습니다."

우리는 살아가면서 넘어지지 않는 순간이 드물다는 것을 인식해야 한다. 그러므로 하나님께 우리 모두를 불쌍히 여겨달라고 항상 기도해야 한다. 우리는 끊임없이 우리 자신과의 싸움해야 하고 이 싸움을 승리로 이끌기 위해서 끊임없이 주님을 갈망해야 한다. 사형선고를 받은 죄인처럼 용서와 은혜, 그리고 자비를 구하는 기도를 하면서 전적인 은혜로만 구원받는다는 것을 기억해야 한다. 우리는 자유와 은혜를 구할 자격이 없는 사람이다. 그러므로 주인 앞에 엎드려 용서를 구하는 종의 심정으로 주님께 다가가야 한다.

화살기도

화살기도는 집중된 짤막한 기도문을 가지고 하나님의 심장을 향해 발사하는 기도문이다. 이 방법은 그리스정교회(Orthodox Church) 수도사들이 많이 사용하였는데 다음과 같은 짧은 기도문을 사용하였다.

"자비하신 하나님의 아들 예수 그리스도여! 죄인인 나를 불쌍히 여기소서!"

그들은 화살기도를 수십 번, 수천 번 천천히 반복하면서 그리스도에게 집중해갔다. 화살기도는 자기 죄인 됨을 고백하면서, 계속해서 주님을 사랑한다고 외치는 기도이다. 때로는 영으로, 마음으로, 때로는 조그맣게 소리를 내면서 주님께 자비를 베풀어 달라고 사랑의 고백을 해야 한다. 그래서 우리의 삶은 눈을 뜨면 차단기도 하고, 눈을 감으면 관상기도하고 활동할 때는 갈망기도와 화살기도를 함으로 끊임없이 24시간 기도하는 습관을 지녀야 한다.

화살기도 역시 무엇을 요구하는 기도가 아니라 나 자신을 주님께 집중시키는 기도요, 주님께 죄를 고백하는 기도요, 자신을 항상 씻어내는 회개기도이면서 자비하신 주님과 깊이 사귐(Koinonia)을 갖는 기도이다. 교회에 부지런히 출석하고 예배를 열심히 드린다고, 기독교인이 변화되는 것이 아니다. 본인 스스로가 전심전력(全心全力)을 다해 애쓰면서, 주님께 집중해가야 인간 변화나 인격 형성이 이루어지는 것이다. 성인(聖人)은 모태에서부터 태어나는 것이 아니라 지속해서 만들어져가는 것이다. 하나님이 태어나기 전에 이미 주신 달란트가 아니다. 자신의 죄를 깨닫고 회개하고, 그래서 칭의(稱義)를 얻고, 성화(聖花)의 단계를 거치면서 하나님의 형상을 이루어가는 사람이 바로 성인이다. 누구나 믿음으로 중생을 얻지만, 우리의 속사람은 지속적인 성화를 통해 완성된다.

> 우리가 다 하나님의 아들을 믿는 것과 아는 일에 하나가 되어 온전한 사람을 이루어 그리스도의 장성한 분량이 충만한 데까지 이르리니(엡 4:13)
>
> 경건에 이르도록 네 자신을 연단하라 ··· 이 모든 일에 전심 전력하여 너의 성숙함을 모든 사람에게 나타나게 하라(딤전 4:7~15)

삼위공동체 하나님께 집중하는 자는 세상의 인기, 명예, 성공, 금전, 권력 등에 현혹되지 않는다.

> 중국의 요(堯) 임금 시대에 허유(許由)와 소부(巢夫)라는 청렴결백하고 유능한 인재가 살았다. 그러나 그 둘은 세상의 관직이나 세상

의 물질에 관심이 없었다. 그들은 세속을 떠나 은둔해 살면서 가난하고 소외된 민중들을 돕는 데 열심을 내었다. 요 임금이 허유의 재능이 아까워서 구주(九州)의 장(長)으로 세우려고 사신을 보냈다. 그러나 그는 한마디로 거절하였다. 그리고는 더러운 소리를 들었다고 냇가에서 귀를 씻고 있었다. 마침 소부가 소를 타고 냇가를 지나가다가 귀를 씻고 있는 허유의 모습을 보고 물었다.

"왜 귀를 냇가에서 씻고 계십니까?"
"아 글쎄, 요 임금님이 나보고 고위 관직을 맡으라고 하지 않습니까? 그 소리가 하도 더러워서 지금 귀를 씻는 중입니다."
그러자 소부는 냇가에서 물을 마시고 있는 소의 궁둥이를 때리면서 "소야! 더러운 소리를 들은 귀 씻은 물을 마시지 말라" 하면서 소를 냇가 상류 쪽으로 몰고 가서 물을 마시게 하였다.

그리스도의 사역자들이 이렇게 되어야 한다. 우리는 일생을 두고 오직 그리스도에게만 모든 것을 집중시키는 믿음의 용사(勇士)라는 것을 잊어서는 안 된다.

영(靈)의 기도

영(靈)의 기도란 기도의 주체(主體)가 내가 아니라 성령님이 되시는 기도이다. 성령님께서 우리를 대신하여 기도하는 성령중보(聖靈仲保) 기도를 의미한다. 즉 우리의 노력, 우리의 힘, 우리의 수련을 통해 우리 자신의 문제를 가지고 기도하는 것이 아니라 모든 문제를 위탁할 때 우리를 대신하여 성령 하나님이 성부 하나님께 기도하는 기도이다.

> 이와 같이 성령도 우리의 연약함을 도우시나니 우리는 마땅히 기도할 바를 알지 못하나 오직 성령이 말할 수 없는 탄식으로 우리를 위하여 친히 간구하시느니라 마음을 살피시는 이가 성령의 생각을 아시나니 이는 성령이 하나님의 뜻대로 성도를 위하여 간구하심이니라(롬 8:26~27)

기도는 영으로 하는 것이다. 성부 하나님은 우리 기도에 귀를 기울이시는 것이 아니라 성령 하나님의 기도 소리에 귀를 기울이신다. 즉 성령 하나님이 성부 하나님께 기도할 때 응답이 있는 것이다. 성령 하나님은 정확하게 성부 하나님의 뜻이 무엇인지를 알고 계신다. 또한 인간들의 기도 핵심이 무엇인가도 알고 계신다.
영적 기도를 위해서 우리는 성령님의 도움을 받아야 한다. 그러므로 영적인 기도는 우리가 우리의 힘을 가지고 기도하는 것이 아니라 성령님이 우리를 위해 기도할 수 있게끔 그분을 먼저 사랑해야 한다. 그럴 때 자기를 사랑하는 그 사람을 위해 성령 하나님은 성부 하나님께 간구하시게 되고 그 간구 소리를 들으신 성부 하나님께서 우리에게 응답의 메시지를 들려주신다. 성령 하나님께서 우리를 대신해서 기도할 수 있게 하기 위해서 우리는 몇 가지의 방법을 적용해야 한다.

첫째, "성령님 사랑합니다. 성령님 오소서! 성령님 환영합니다. 성령님 갈망합니다."라고 끊임없이 성령님과 사랑의 교제를 나누어야 한다.

둘째, 우리 자신의 기도 제목 혹은 우리의 문제들은 기도의 대상에게 제외해 버려야 한다. 우리 자신의 문제를 가지고 기도하다 보면 그 문제가 우리의 기도를 잡아먹게 된다. 그래서 결국 예수 그리스도에게 초점이 맞추어지는 것이 아니라 우리의 문제에만 초점이 맞히어지게 되고 결국 그 문제만 의식하게 되어서 도저히 영적인 기도를 드릴 수가 없게 되고 만다. 우리의 기도 제목, 우리의 문제는 옆으로 비켜 놓고 주님께, 성령님께만 집중하는 것이다.

셋째, 우리의 무능, 우리의 부족, 우리의 연약힘을 고백하면서 성령님의 임재와 은총을 갈망해야 한다.

이렇게 하면 성령 하나님께서는 우리의 문제들, 부족한 것들, 필요한 것들을 친히 성부 하나님께 중보 해주셔서 해결할 수 있게 하실 뿐 아니라 성부와 성자 하나님의 뜻을 우리에게 전달시켜 주신다.

거룩한 독서

주님과 더욱 친밀해지기 위한 영의 기도를 위해 우리는 거룩한 읽기를 시작해야 한다. 관상기도는 처음부터 거룩한 읽기 혹은 거룩한 독서와 관련이 있었다. 기도와 읽기는 별개가 아니라 하나의 지체를 이룬다. 그래서 수도 공동체의 수도사들은 항상 거룩한 읽기에 전념한다. 이러한 말씀 읽기가 병든 영혼을 소생하게 만들기 때문이다. 관상기도는 성경 안에서 하나님을 만나는 방법이다. 그래서 항상 거룩한 읽기가 필요하다. 우리의 삶은 성경 말씀과 영적인 책에 집중되어 있어야 한다. 그래서 말씀이 삶이 되게 만들어야 한다.

성경 묵상은 네 단계를 거친다. 읽기(Lectio), 묵상(Meditatio), 기도(Oratio),

관상(Contemplation)이다. 읽기는 독서의 가장 아래 단계이다. 그러나 가장 기초적인 단계이면서 거룩한 독서로 가는 관문이다. 그다음 묵상은 읽은 다음에 그 말씀을 상황에 비추어 연상하는 것이다. 거룩한 독서가 되기 위해 묵상 단계에서는 다양한 참고 자료나 서적이 필요하다. 여호와께서 참으로 나의 목자가 되어 주시기를 간구하는 단계이다. 마지막 관상의 단계는 그 말씀과 내가 영적으로 일치가 되는 단계이다.

즉 관상이란 하나님이 계신 그 거룩한 곳에 함께 있는 것을 말한다. 거룩한 읽기는 하나님의 성소에 함께 거하게 만든다. 그래서 이들은 영으로 자신을 성소에 있게 할 뿐 아니라 하루에 일곱 번 성전에 들어와 기도한다. 성소에 있는 훈련을 몸으로도 하는 것이다.

거룩한 읽기를 하는 사람은 나태해지지 않는다. 왜냐하면 늘 성경을 읽기 때문이다. 거룩한 읽기를 하는 사람은 경건하다. 왜냐하면 묵상의 삶을 살기 때문이다. 거룩한 읽기를 하는 사람은 죄에 빠지지 않는다. 왜냐하면 기도를 통한 신과 일치의 삶을 살기 때문이다. 거룩한 읽기를 하는 사람은 좌절하지 않는다. 왜냐하면 삼위공동체 하나님과 늘 함께 있기 때문이다. 거룩한 읽기는 그 자체가 힘이다. 성경은 어떤 시련이나 고난도 이길 수 있는 위대한 힘을 준다.

성경은 하나님의 감동으로 기록된 말씀이다. 이 말씀에는 감동이 있다. 우리는 이 말씀을 통해 하나님과 교제한다. 성경은 하나님의 숨결로 기록되었으므로 하나님의 숨결로 읽어야 한다. 성경은 성령의 감동으로 기록되어 있기에 영으로 읽어야 한다. 성경은 눈물로 쓰였으므로 눈물로 읽어야 한다. 그렇게 읽을 때 성경은 최고의 보화를 안겨준다.

6. 영권(靈權)의 영성

공동체 영성은 영권(靈權)의 영성이다.

> 오순절 날이 이미 이르매 그들이 다같이 한 곳에 모였더니 홀연히 하늘로부터 급하고 강한 바람 같은 소리가 있어 그들이 앉은 온 집에 가득하며 마치 불의 혀처럼 갈라지는 것들이 그들에게 보여 각 사람 위에 하나씩 임하여 있더니 그들이 다 성령의 충만함을 받고 성령이 말하게 하심을 따라 다른 언어들로 말하기를 시작하니라(행 2:1~4)

> 그 후에 내가 내 영을 만민에게 부어 주리니 너희 자녀들이 장래 일을 말할 것이며

너희 늙은이는 꿈을 꾸며 너희 젊은이는 이상을 볼 것이며 그 때에 내가 또 내 영을 남종과 여종에게 부어 줄 것이며 (요엘2:28~29)

영권의 영성이란 2가지 의미가 있다. 하나는 영적인 능력이 있다는 것이고, 또 하나는 영적인 삶이 있다는 뜻이다.

공동체에서는 종종 영적인 싸움이 벌어질 때가 있다. 기지촌 주위에 소위 말하는 무당(박수무당), 보살, 점쟁이, 신기(神技)있는 사람, 귀신에 들린 사람들이 너무나 많이 있고, 지역 사람들이 그런 무속인들과 접촉이 빈번하기 때문이다. 또한 무속인들이나 신들린 사람들이 가끔 공동체를 찾아와 시비를 거는 통에 공동체에서는 본의 아니게 영적 싸움이 일어나곤 했다.

한번은 우리나라에서 아주 유명한 박수무당이 찾아온 적이 있었다. 보통 능력 있는 무당들은 시퍼렇게 날이 선 작두를 타는데 이 무당은 그보다 한 단계 더 능력 있다는 항아리를 타는 무당이었다. 큰 항아리에 물을 가득 담아 놓고 기름종이를 물 위에 띄워놓고 그 위에서 굿을 하는 무당이었다. 물 위에 떠 있는 기름종이 위에서 굿을 해도 절대로 종이가 쭈그려 들거나 자신이 물속에 빠지지 않는 영력의 소유자였다. 또한 이 박수무당은 자동차 번호판만 보여 주면 그 차주의 과거, 현재, 미래를 아주 정확하게 알아맞히는 능력을 소유하고 있었다. 그런네 이 박수무당의 영적 제자들 사이에서 공동체에 능력이 있다는 소문이 퍼졌기 때문에 그 능력을 직접 확인해 보기 위해 찾아온 것이다.

갑자기 찾아온 박수무당은 공동체 사무실 문을 벌컥 열어젖히면서 다짜고짜 저주스러운 말로 시비를 걸어왔다. 그래서 필자와 박수무당 사이에 영적 싸움이 벌어졌다. 거의 한 시간 동안 진행된 영적 싸움 끝에 결국 박수무당이 '쿵'하고 쓰러지면서 무당 몸속에 있던 악한 영들이 온몸을 비틀고 거품을 내뿜으며 괴성을 지르면서 떠나가기 시작했다.

악한 영이 떠난 이후에 그 사람 안에 새로운 평화가 찾아왔다. 그 후로 그는 새사람이 되어서 열심히 성경 공부하기 시작하였다. 원래 타고난 영적 감각이 있어서 그런지 성경을 읽고, 이해하고, 적용하는 속도가 남들보다 몇 배나 빨랐다. 얼마 안 가서 그는 성경을 해석하고, 복음을 증거하고 말씀을 가르치게끔 되었다. 지금 그분은 선교사가 되어서 중국에서 열심히 선교 활동을 하고 있다.

공동체 사역하겠다고 나선 많은 사람이 결국 어려움을 겪는 것을 보게 된다. 개인이든, 교회 공동체이든, 공동체 교회이든 결국 하나님의 영 즉 그리스도의 영이신 성령님이 살아 움직이지 않으면 무너지게 되어 있다. 공동체는 가난하고 소외된 이웃들과 함께하지만, 복지를 추구하는 복지단체가 아니다. 나눔과 섬김도 결국 그들의 영혼 구원에 초점이 맞추어져야 한다. 또한 공동체는 도(道)를 닦는 수도자를 키워내는 곳이 아니다. 아무리 고차원적인 영성 수련을 평생 받았다 할지라도 그곳에 성령님이 역사하지 않는다면 화석화(化石化)된, 박제(剝製)된, 규격화(規格化)된 수도승만 모여 있게 되는 것이다.

영적 감동, 영적 기쁨, 영적 감사, 영적 메시지, 영적 찬양, 영적 경배, 영적 기도가 없는 공동체는 이미 소멸한 공동체에 불과하다. 우리가 부단히 영으로서 육신의 행실을 죽이는 영적 공동체가 되기 위해서는 성령님의 강력한 능력이 필수적이다. 성령님의 기름 부으심, 성령님의 은사, 성령님의 역동적 활동과 사역이 없는 공동체는 마치 모래 위에 지은 집과 같은 것이다. 어느 곳을 가보면 성경 공부, 찬양, 영성 수련 등은 잘되어 있는데 하나님의 영이 살아 움직이지 않는 모습들을 볼 때가 있다.

영권의 영성은 능력 행함의 영성이다.

누가 뭐라고 해도 초대교회 공동체는 성령님의 권능을 받아 시작되었고, 성령님의 능력을 행사하였으며, 성령님의 인도함을 받은 공동체였다.

> 오직 성령이 너희에게 임하시면 너희가 권능을 받고 예루살렘과 온 유대와 사마리
> 아와 땅 끝까지 이르러 내 증인이 되리라 하시니라(행1:8)

성령의 권능을 나타내는 그리스어 '뒤나미스(Dunamis)'는 '할 수 있다', '가능하다', '힘이 있다'라는 동사에서 유래되었는데 이 단어는 3가지 영어 단어를 파생시켰다. 하나는 다이내믹(Dynamic : 역동적, 활동적)이고, 또 하나는 다이너마이트(Dynamite)이며, 마지막으로 다이너모우(Dynamo : 발전기)이다. 그만큼 성령님의 권능은 우리에게 힘을 주고, 세상과의 싸움에서 승리할 수 있게 만드는 원동력이 되어 주신다는 의미이다.

영적 파워(Power)가 없는 공동체는 죽었거나 죽어가고 있는 공동체이다. 이상하게도 수도자적인 영성 수련을 강조하는 사람들과 전통적인 신앙관을 고수하려는 사람 중에서 성령님의 역사를 때로는 무시하거나 성령님의 은사에 대해 침묵하거나 강한 거부감을 나타내는 경향을 보이는 것을 볼 수 있다. 영성은 인간의 노력만 가지고 이루어지는 것이 아니다. 더군다나 이질적인 공동체 구성원들을 하나로 묶는 연결고리는 성령님의 강력한 임재가 필수적이다.

기독교는 형이상학적(形而上學的)인 종교가 아니라 형이하학적(形而下學的)인 종교요, 이론적(理論的) 종교가 아니라 체험적(體驗的)인 종교요, 자력(自力)의 종교가 아닌 타력(他力)의 종교이다. 앞에서도 언급하였듯이 통

전적 영성이란 수도자적인 영성 수련과 다이내믹한 영적 능력 그리고 디아코니아를 실천하는 나눔과 섬김이 삼위 공동체적으로 조화를 이루어 나가는 것을 의미한다. 만약 우리의 영성이 어느 한 편으로만 너무 치우쳐져 있다면 아주 기형적인 영성인이 되고 말 것이다. 예수님이 12 사도를 부르시고 전도자로 파송하시면서 제일 먼저 하신 것이 바로 더러운 귀신을 쫓아내며 모든 질병과 모든 약한 것을 고치는 권능을 주시는 일이었다.

> 예수께서 그의 열두제자를 부르사 **더러운 귀신을 쫓아내며 모든 병과 모든 약한 것을 고치는 권능을 주시니라**(마10:1)

예수님이 공동체 생활하는 열두 사도에게 말씀하신 것이 "천국이 가까이 왔다 하고 병든 자를 고치며, 죽은 자를 살리며, 문둥이를 깨끗하게 하며 귀신을 쫓아내되 너희가 거저 받았으니 거저 주어라."는 명령이었다. 그렇다면 공동체 영성을 추구하는 우리도 성령님이 주시는 권능을 받아서 악한 영들과 싸우는 영적 전사가 되어야 하지 않겠는가?

어느 수도원에서 독수도 하고 있었을 때 그 수도원 원장님은 정말 존경할 수밖에 없는 영성적인 삶과 영성 수련 과정들을 실천하고 계셨다. 한국 교계의 문제점들을 날카롭게 지적하셨고 수도자적인 영성을 강조하신 분이셨다. 그러나 성령님의 카리스마적인 내용에 대하여는 항상 강하게 부정적인 태도를 보이셨다.

그래서 성경에 기록된 은사들에 대하여 거침없는 비판이 가해졌고 은사 무용론을 많이 강조하였다. 물론 은사주의자들이 교회를 어지럽히고, 분열시키고, 교만해져서 고린도교회에 나타난 여러 가지 부정적인 요소들을 나타낸 것도 사실이다. 그러나 성령님이 주신 은사 자체는 아무런 문제가 없다. 그 은사를 영성적인 삶의 토대 위에 성숙시키지 못한 인간의 교만과 탐심이 문제이다. 즉 은사주의가 아닌 열매주의적인 성숙한 신앙 접목을 적용하지 못한 인간들이 문제이다.

그런 점에서 우리는 은사론에서 열애론으로 우리의 신앙을 성숙(成熟)시켜 나가야만 한다. 그러나 이런 성숙마저도 성령님의 능력의 토대 위에서만 가능한 것이다. 성령님의 능력들을 무시한다면 그 능력을 주신 하나님을 무시하는 것이다. 은사 자체에는 아무 문제가 없으나 그것을 사용하는 인간의 세속화된 마음과 행동이 문제가 된다는 점을 상기해야 할 필요가 있다. 성경에는 각 사람에게 은사를 주시는 목적이 교회의 덕(德)과 서로에게 유익(有益)을 주기 위함이라고 증거하고 있다(고전12:7, 14:12). 정말 영적으로 거듭난 사람이라면, 다시 말해 신실한 성령님의 내주함을 받은 은사자라면 영적 권능을 가지고 복음을 증거하고 서로 사랑하고, 섬기고, 나눔의 삶을 살아 나간다.

그러나 어설프게 은사를 체험한 사람과 은사 이후의 영성 수련을 통한 영적 성숙이 없는 사람들이 자신의 교만으로 인해 많은 문제를 공동체에 일으킨다. 그러나 이런 문제들도 공동체를 이끌어가던 멘토(Mentor)의 영적 리더십과 공동체적 영성 수련을 통해 얼마든지 통제시킬 수 있는 문제들이다. 그러나 영적 권세가 없는 멘토가 자신의 지식과 지혜 그리고 경험과 수련과 조직만을 가지고 공동체를 이끌려고 해서 은사자들을 제대로 지도하지 못하고 있다. 그래서 결국 체험적인 종교, 신비적인 종교, 영권의 종교인 기독교의 역사를 전부 부인하려고 하고 있다.

진정한 공동체란 영적 권위를 가지고 영적 성장을 통한 영적인 삶의 성숙을 지속화함으로 문제들을 제거해 나갈 수 있는 영권 공동체를 의미한다.

공동체적 영성을 추구하는 영성인들은 우리 마음을 더럽히고 있는 더러운 귀신들을 내어 쫓는 영권을 가지고 있어야 한다. 우리의 싸움이 인간적, 육체적인 싸움이 아니라고 바울은 강조하고 있다.

> 우리의 씨름은 혈과 육을 상대하는 것이 아니요 통치자들과 권세들과 이 어둠의
> 세상 주관자들과 하늘에 있는 악의 영들을 상대함이라(엡6:12)

성경은 우리의 싸움은 영적인 싸움인데 우리의 원수들은 4가지 능력으로 불린다고 기록하고 있다.

첫째, 정사자로 불린다. 정사란 그리스어로 아르카스(Archas)라고 하는데 "기원(Origin)", "처음(Beginning)", "통치자"라는 뜻이 있으며 "처음부터 잘 조직된 사단의 군대를 가지고 있는 통치자"를 의미한다. 우리의 적들은 아주 오래전부터 인간을 쓰러뜨리기 위해 잘 훈련되고, 조직된 영적 군대를 가지고 있는 통치자임을 알 수 있다.

둘째, 권세자라고 불린다. 권세란 그리스어로 엑수시아스(Exousias)라고 하는데 "행할 힘(Power to act)", "능력(Ability)"을 뜻한다. 이 단어는 "하나님의 권한"(행1:7)과 동일하게 사용되고 있을 정도로 아주 큰 능력을 의미한다. 그래서 우리는 영적 싸움의 대상이 절대 만만치 않음을 볼 수 있다.

셋째, 세상 주관자라고 불린다. 세상 주관자란 그리스어로 코스모크라토라스(Cosmokratoras)라고 하는데 "이 세상의 지배자, 불신 세계 통치자, 세상의 주관자"라는 의미가 있다. 이 시대를 지배하면서 자신의 영역

속으로 인간들을 이끌어 가려는 어둠의 왕의 도전은 우리 공동체 안에서도 계속해서 발생하고 있다.

넷째, 사악한 영들이라고 불린다. 사악한 영들이란 그리스어로 포네리아스 프뉴마티카(Ponerias Pneumatika)라고 하는데 "악에 속한 영적인 것들"이란 뜻으로 "파괴적이고 간교하고 부패한 행위"를 의미한다.

이상과 같은 만만치 않은 적들과 싸우기 위해서 우리 자신들도 거기에 상응하는 영적 무장해놓지 않으면 싸움에서 질 수밖에 없다. 아무리 훌륭한 영성 수련이 있는 공동체라 할지라도 아무리 깊은 주님과의 친밀감이 있는 공동체라 할지라도 순식간에 넘어질 수 있으며, 구조적인 세상 죄악 속에서 언제나 악한 영에 휩쓸릴 수 있는 것이다. 그러기에 바울 사도는 계속해서 마귀의 궤계를 능히 대적하기 위해서는 하나님의 전신 갑주(파노플리안, Panoplian : 완벽히 무장한 채로)를 입어야 한다고 강조하고 있다.
모든 공동체는 하나님의 전신 갑주를 입고 있어야 한다. 그러므로 영성을 추구하는 모든 사람은 영적인 능력을 갖추고 있어야 한다. 오순절 초대교회에 임하셨던 성령님의 강력한 역사는 오늘날에도 계속 이어지고 있다. 우리는 성령님께서 부어주시는 거룩한 기름 부음으로 들어가야 한다.

> 주 여호와의 영이 내게 내려셨으니 이는 여호와께서 내게 기름을 부으사 가난한 자에게 아름다운 소식을 전하게 하려 하심이라 나를 보내사 마음이 상한 자를 고치며 포로된 자에게 자유를, 갇힌 자에게 놓임을 선포하며 여호와의 은혜의 해와 우리 하나님의 보복의 날을 선포하여 모든 슬픈 자를 위로하되(사6:1~2)

영권의 영성은 속사람의 영성이다.

> 그러므로 우리가 낙심하지 아니하노니 우리의 겉 사람은 낡아지나 우리의 속 사람은 날로 새로워지도다(고후 4:16)

> 그의 영광의 풍성함을 따라 그의 성령으로 말미암아 너희 속사람을 능력으로 강건하게 하옵시오며(엡 3:16)

영적인 능력도 중요하지만, 더욱 중요한 것은 성령님이 내 안에 내주하셔서 나의 겉사람이 변하여 속사람이 되는 영적인 사람으로 진보되어

나가는 삶이 더욱 중요하다. 이런 거듭난 삶은 우리는 성숙한 삶, 성숙한 신앙, 속사람(The Inner Man), 거듭난 사람이라고 부른다. 우리는 보다 진보된 신앙 즉 은사주의에서 열매주의 신앙으로 성화 되는 삶으로 전진해 나가야 한다. 그래서 육적이고 세속적인 나의 몸이 새롭게 태어나 새로운 몸으로 변화되어야 한다.

세상에는 두 종류의 사람이 있다. 첫 번째 사람은 어머니의 배 속에서 태어나 성장하고 생활하는 생물학적인 사람이다. 이러한 생물학적인 생명을 성경에서는 비오스(Bios)라고 한다. 생물을 말하는 바이올로지(Biology)는 이 말에서 파생되었다. 비오스적인 생활이란 여느 다른 동물과 같이 태어나고 먹고 자라고 죽는 생활을 말한다. 비오스적인 생명은 나이가 들거나 사고나 병으로 죽으면 모든 것이 끝나는 인본주의적인 생명이다. 비오스적인 생명만을 가진 사람은 하나님과의 관계가 끊어진 사람이기 때문에 이 세상을 살다가 죽으면 갈 곳은 악한 영의 처소밖에 없다.

인간이 가질 수 있는 모든 부귀와 영화를 누린 솔로몬 왕은 인생 말년에 전도서에서 "헛되고 헛되며 헛되고 헛되니 모든 것이 헛되도다"라고 탄식하였다. 거듭나 생명이 없는 비오스적인 생명은 이렇게 헛될 수밖에 없다.

두 번째 사람은 새롭게 태어난 사람이다. 이러한 새 생명을 가진 사람을 조에(Zoe)라고 하다. 예수님을 믿어서 거듭남의 축복을 받은 생명, 곧 영원한 생명을 조에라고 한다. 조에의 생명을 가진 사람은 인생의 허무함이 없다. 참 생명, 영원한 생명, 새 생명이 자신 속에 있기 때문이다. 또한 예수님께서 모든 죄를 용서해 주셨기 때문에 그 은혜로 인해 언제나 하나님의 사랑과 보호를 받으면서 이 세상을 살아간다. 거듭나서 조에의 생명을 가진 사람은 비록 비오스(Bios)적으로는 죽지만 생명을 가졌기 때문에 새로운 생명으로 다시 부활한다.

우리는 예수님의 성성(成聖)을 이루어가기 위해 세 가지의 단계를 밟아가야 한다.

첫째, 정화(淨化)의 단계 : 하나님 사랑을 거부한 모든 죄악을 회개하고 세속적 행위를 피하는 단계

둘째, 조명(照明)의 단계 : 완전히 하나님께 나아가는 생활을 방해하는 속정, 인간 애착을 제거하는 단계

셋째, 일치(一致)의 단계 : 완덕자로서 삼위공동체 하나님의 한 몸, 하나가 되는 단계

사회 복지적으로 좋은 일 많이 하고, 착한 일 많이 했다고 해서 하나님이 기뻐하시는 것이 아니다. 성령님이 내 안에 있어 나의 삶이 영적인 삶으로 변하고 그런 영적인 삶이 외부로 나타나 상대방에게까지 영향력을 끼쳐서 그리스도의 모습이 회복될 때 하나님의 기쁨이 크게 되는 것이다. 그리스도의 영이 내 안에 있어야 진정한 그리스도의 사람이다.

> 만일 너희 속에 하나님의 영이 거하시면 너희가 육신에 있지 아니하고 영에 있나니 누구든지 그리스도의 영이 없으면 그리스도의 사람이 아니라……너희가 육신대로 살면 반드시 죽을 것이로되 영으로써 몸의 행실을 죽이면 살리니(롬8:9,13)

7. 탁발(托鉢)의 영성

공동체 영성은 탁발의 영성이다.

> 좁은 문으로 들어가라 멸망으로 인도하는 문은 크고 그 길이 넓어 그리로 들어가는 자가 많고 생명으로 인도하는 문은 좁고 길이 협착하여 찾는 자가 적음이라(마7:13~14)

> 예수께서 이르시되 여우도 굴이 있고 공중의 새도 거처가 있으되 인자는 머리 둘 곳이 없다 하시더라(마8:20)

> 너희 전대에 금이나 은이나 동을 가지지 말고 여행을 위하여 배낭이나 두 벌 옷이나 신이나 지팡이를 가지지 말라 이는 일꾼이 자기의 먹을 것 받는 것이 마땅함이라(마10:9~10)

예수 그리스도의 본래의 본질적 신앙과 삶의 모습은 탁발이었다. 탁발이란 예전에 거지들이 일종의 깡통 같은 것이나 스님들이 절간에서 사용하는 밥그릇, 즉 바리때[158]를 들고 다니면서 구걸(시주, 施主)하는 것을 의미한다. 결국 탁발은 거지같이 빌어먹으면서 전도한다는 뜻이다. 예수님은 탁발하셨다. 그러나 그냥 거지가 아니었다. 탁발은 하릴없이 빈둥거리거나 노동을 거부하는 것이 아니다. 멸시와 천대를 받으면서 머

158_나무를 접시처럼 만들어서 안팎에 칠을 한 밥그릇으로 스님들이 음식이나 의복 등을 시여(施興)받는 것을 의미한다.

리를 둘 곳이 없는 거지의 모습으로 천국 복음을 증거하고 영적 권세를 가지고 자아(自我) 안에 있는 악한 영 그리고 지역과 민족을 불법적으로 점거하고 있는 세상의 영들을 쫓아 보내면서 무슨 일이든지 가리지 않고 실제 행동으로 이웃에게 봉사하여 이웃을 돕는 아주 큰 노동적 탁발을 의미한다.

니시다 덴코는 "탁발하는 시간은 나 대신 하나님이 설교해 주시는 시간이다."라고 말했다.[159]

그러므로 기독교 탁발은 남의 집 문전에 바리때를 들고 서서 음식이나 의복 등을 시주받는 걸식(乞食) 탁발이 아니라 남의 집이나 사업장에서 가장 천한 일들을 해주거나 영적인 일(전도, 기도, 축복)들을 통해 최소한의 양식만을 얻으려고 하는 노동(勞動) 탁발을 의미한다.

산상수훈은 바로 예수님의 탁발 정신을 가르치는 복음이다. 바보 예수, 머슴 예수, 별세 예수, 탁발 예수, 미친 예수, 연탄재 예수, 따까리 예수가 바로 우리의 구주이시다. 우리는 성장 신화, 세속주의, 학벌주의, 지역주의, 일중독주의 등에서 벗어나 탁발의 영성인 무소유(無所有), 무일물(無一物), 비폭력의 정신을 가지고 세상으로 나아가야 한다.

공동체에서는 고난주간에 탁발을 실제로 적용하는 훈련을 하고 있다. 그래서 때로는 거지로 이웃 동네에서 탁발하고, 때로는 십자가 행진을 통해 탁발을 실천하고 있다.

탁발의 영성은 따까리의 영성이다.

낮고 천한 천민(賤民)을 속된 말로 '따까리'라고 부른다. 따까리는 "닦는다, 밑을 닦는다, 닦아주는 사람"이란 의미인데, 비서나 당번 혹은 졸개 정도로 해석되는 용어로 군대에서도 많이 사용되고 있다.[160]

탁발의 영성은 바로 따까리의 영성으로 상대방의 발을 닦아주고, 눈물을 닦아주고, 아픔을 닦아주면서 자신을 낮추고, 이웃을 섬기는 영성이다. 따까리는 남과 비교하거나 우월감을 갖지 않는다. 또한 남을 책망하거나 비난하지도 않으려고 한다. 자기 부족을 생각하며 이웃을 섬기면서 함께 살려고 노력한다.

공동체에서는 매년 고난주간인 성금요일에 기지촌과 칠리 사창가에서 십자가 행진이 있었다. 공동체 식구들 전원과 외부에 참석한 성도들, 청년들이 함께하는 십자가 행진은 예수님으로 분장한 형제가 큰 십자가를 지고 가면서 로마 병정이 휘두르는 채찍에 맞아 쓰러지고 또 쓰러지는 모습이 재현되고 수십 명의 성도가 촛불을 들고 따라가면서 예수님의 고난을 형상화하는 상황극이다.

십자가 행진 앞쪽에는 워십팀과 찬양팀이 가고 맨 앞에는 색소폰을 든

•••
159_西田天香, 참회생활, 66.

•••
160_http://www.blog.em_pas.com/jwh6784
비어나 속어로 많이 사용되고 있는 따까리(따깔이)는 닦다, 딱다, 딱는다, 따까라(명령), 따까리(닦는 사람) 등으로 사용되고 있고, 비슷한 용어로 일명 '시다바리' 혹은 '꼬붕'이란 말이 있다. 경상도 사투리로 냄비뚜껑 혹은 껍질이란 의미의 따까리도 있다.

연주자가 예수님의 고난을 악기로 찬양한다. 이때 예수님으로 분장한 형제는 실제로 채찍에 얻어맞고 쓰러진다. 이런 상황에서 현장에 있는 히빠리, 삐끼, 성매매 여성들의 발을 씻어 주는 세족식을 거행하는데 이 때가 가장 그리스도의 사랑이 무엇인지를 사람들이 인식할 때이다.

목회자나 지도자가 할 수 있는 유일한 사역은 소외되고, 낮은 자들의 발을 닦아주는 것이다. 우리가 그리스도의 고난에 동참할 수 있는 유일한 길과 그리스도의 사랑을 삶 속에서 표현할 수 있는 유일한 사역은 바로 낮은 곳에서, 낮은 자들과 함께하며, 낮은 자들의 발을 닦아주는 것뿐이다. 제자들의 발을 닦아주신 따까리 예수님, 이 분이 바로 우리의 구주이시다.

우리가 지혜로운 자가 되기 위해서는 자신이 배운 지식을 모두 버리고 오히려 어리석은 자가 되어야 한다. 부유한 자가 되려면 거지가 되어야 하며 강한 자가 되려면 약한 자가 되어야 한다.

탁발의 영성은 가장 천한 사역, 가장 낮은 자리에 있는 영성이다. 그러므로 교회 직분이 올라갈수록, 수도(隧道)를 많이 할수록 더욱 겸손해야 하며, 하나님과 더욱 친밀해질수록, 그리고 성경을 많이 알수록 더욱 겸손해야 한다. 랍비, 선생, 지도자로 존경받으려 하지 않고 오직 종과 봉사자의 정신으로 살아가는 것을 의미한다.

친란(親鸞) 스님은 자신이 형언할 수 없는 큰 기쁨과 환희를 체험한 것은 퍼붓는 눈보라 속에서 하룻밤 잠잘 숙소를 얻지 못하고 남의 집 추녀 밑에서 돌베개를 베고 밤을 지새웠던 때라고 말했다. 내가 가장 밑자리에 내려가 머리 둘 곳마저 없을 때 비로서 가난하고 소외되고, 병든 사람들의 마음을 이해할 수 있게 되고 애통함과 긍휼한 마음을 가지고 그들을 위로할 수 있는 것이다. 공동체가 가장 자랑스럽게 여기는 별명이 바로 따까리이다.

탁발의 영성은 무언(無言)의 행(行) 영성이다.

동양권에서 가장 탁발수도를 철저히 수행하는 단체는 일본의 니시다 덴코가 만든 일등원(一燈園)이다. 그들의 탁발수행은 무언(無言)의 행(行)이다. 그들이 탁발수행을 하는 동안 어떤 사람이 그들에게 인생이 무엇인지, 신앙이 무엇인지, 도(道)가 무엇인지 질문해오면 그들은 다만 미소만 지을 뿐 대답하지 않는다. 또한 자신의 사상에 대해 장황한 이론을 말하지도 않는다. 당신이 누구냐고 물어도 겸손하게 인사만 하고 길바닥 쓰레기를 치울 뿐이다. 그들은 언어로 진리를 설명하고 선교하지 않는다. 만약 어떻게 신앙생활을 해왔는지 묻는 이가 있으면 그들은 "다만 나의 신앙적 부덕을 부끄럽게 생각한다."라고 겸손히 대답한다. 더욱 간절한 태도로 도를 구하는 이가 있으면 내가 현생애(現生涯)에 너무 큰 빚을 지고 있어 탁발고행(托鉢苦行) 한다고 대답한다.

어느 한 교파에도 속해 있지 않고 주님 안에서 한 형제요, 자매임을 강조한다. 또한 세상 일체의 사상에 대해서 긍정도 안 하고 물론 부정도 안 한다. 이론이나 교리를 가지고 설전을 벌이지도 않는다. 인생을 가지고 함부로 논하지도 않는다. 자신의 철학이나 자신의 사상만을 관철하려 하지도 않는다. 일등원이 지향하는 단 하나의 목표는 오직 예수 그리스도만을 이 세상 속에 표현하는 것뿐이다. 자신이 받은 은사, 능력, 사역들을 자랑하지 않고 오직 겸손하게 주님께 무릎만 꿇는 무언의 행(行) 영성이다.

이용도 목사는 자신의 호를 시무언(是無言, 말 없는 것이 옳다)이라고 정했다. 그리고 다음과 같이 말했다.

> 세상이 하는 대로 버려두고 그냥 우리는 주께 돌진하여 사명만 다합시다. 기도할 때 기도하고 전도할 때 전도하고, 충분히 자유롭게 움직입시다. 그리고 시무언(是無言) 오직 예수 영광만 나타냅시다.[161]

• • •
161_변종호, 이용도목사전집 제1권-서간집, 114.

우리의 삶 속에 우리는 예수의 모습을 형상화(形象化)시켜야 한다. 무언의 행(行)은 하나님의 모습을 이 땅에 재현시키는 영성이다.

탁발의 영성은 버리는 영성이다.

> 이에 베드로가 대답하여 이르되 보소서 우리가 모든 것을 버리고 주를 따랐사온대 그런즉 우리가 무엇을 얻으리이까 예수께서 이르시되 내가 진실로 너희에게 이르노니 세상이 새롭게 되어 인자가 자기 영광의 보좌에 앉을 때에 나를 따르는 너희도 열두 보좌에 앉아 이스라엘 열두 지파를 심판하리라 또 내 이름을 위하여 집이나 형제나 자매나 부모나 자식이나 전토를 버린 자마다 여러 배를 받고 또 영생을 상속하리라(마19:27~29)

탁발은 어떻게 해야 내가 축복받고 형통(亨通)할 수 있는가? 를 생각하는 것이 아니라 어떻게 하면 나를 버릴 수 있는가? 어떻게 하면 마음과 육신과 생활을 하나님 앞에 미련 없이 버릴 수 있을까? 어떤 모양으로 내 자아와 소유욕을 버리는 것이 좋을까? 를 생각하면서 자신을 버리고 재물을 버리는 것을 신앙의 최고 덕목으로 삼는 영성이다.

그리스도교의 어느 교파는 정말 예수님처럼 버리는 탁발의 영성을 강조하면서도 그 교파 자체는 너무 많은 권력과 재물을 가지고 있음을 볼 수 있다. 미국의 어느 수도원을 가보니까 소수의 수도사가 공동체를 이루면서 수백만 평이 넘는 땅을 수도원이 소유하고 있는 것을 보았다. 끝도 보이지 않는 그 넓은 수도원 땅을 바라보면서 좁은 땅덩어리에서 한 평의 땅 때문에 이웃과 원수가 되는 한국의 현실을 생각하며 씁쓸한 감정을 지울 수 없었다.

평생 가난한 자 예수님은 자신은 물론 자신의 공동체에 자산을 가지고 있지 않았다. 그래서 예수 공동체에 속해 있는 모든 사람은 탁발할 수밖에 없었다. 만약 교파에 속해 있는 개개인은 가난하지만, 그 교파는 엄청난 재물과 권력을 가지고 있다면, 그러면서 개인에게 청빈과 탁발의 영성을 요구한다면, 이것은 크나큰 모순이 아닐 수 없다.

교회의 인위적인 권력이 세상 권력을 압도한다면, 교회에 들어오는 헌금과 금·은 보석이 세상 부자들의 재물을 능가한다면, 교회의 지도자가 황금 면류관과 비단옷을 입고 있다면, 그곳에 예수님은 존재하지 않는다. 사실 우리는 집안 골방에 혹은 장롱에 사용하지도 않으면서 수년 동안 쌓아두고 있는 옷가지, 주방용품, 보석 등이 너무나 많이 있다. 남에게 주기는 아깝고 자신이 사용하자니 마음에 걸리고…

대한민국 골방에, 다락방에, 장롱에, 서랍에 그냥 사용하지 않고 보관된 생활용품들과 재물들을 진부 꺼내어서 우리의 이웃들에게 나누어준다면 우리나라는 소외된 사람 없이 지금보다 훨씬 더 잘 사는 민족이 되어 있을 것이다. 우리가 죽으면 단 한 푼의 금전도, 한 평의 땅도 가져갈 수 없지 않은가.

우리는 탁발(托鉢)을 통해 소유(所有)를 버리고, 관상을 통해 자아(Ego)를 버리고 수련을 통해 모든 속정도 버린다. 그래서 버리는 영성은 단순한 예배 교인만을 양상시키지 않는다. 실제적이고, 구체적이고, 순교적이고, 영적인 그리스도인들을 만들어낸다. 우리가 이웃을 위해 우리의 모든 것을 버리려고 할 때 혹시 나를 보호해줄 사람이 있을까 염려하는 것은 내가 할 염려가 아니다. 그런 걱정은 하나님이 하실 일이고 우리는 자신의 것을 버리고 오직 주를 향해 전심전력해야 한다.

> 삭개오가 서서 주께 여짜오 되 주여 보시옵소서 내 소유의 절반을 가난한 자들에게 주겠사오며 만일 누구의 것을 속여 빼앗던 일이 있으면 네 갑질이나 갚겠나이다 예수께서 이르시되 오늘 구원이 이 집에 이르렀으니 이 사람도 아브라함의 자손임이로다(눅19:8~9)

세리장이었던 삭개오가 그리스도를 영접한 후에 가장 먼저 한 일은 자신의 소유를 모두 나누어 주는 것이었다. 그는 자기 재물의 절반을 가난한 사람들에게 나누어주는 일과 사람들에게서 부당하게 착복했던 금액에 대해 네 배로 갚을 것을 선언하였다. 버리면 버릴수록 우리의 생활은 풍족해진다. 과다한 것들을 모두 내던져 버리면 우리의 마음이 확고해지고 기쁨이 흘러나온다. 이때 우리의 신앙이 조금씩 성화의 상태로 들어가게 되는데 승화된 삶 속에서 천국으로 올라가는 계단이 발견된다.

국제 해비타트(Habitat) 운동본부 총재인 밀러드 풀러(Millard Fuller)는 성공한 비즈니스맨이었고, 변호사로서 많은 재물과 명예를 가지고 있었는데 사업에만 전념하고, 물질만 쫓다가 사랑하는 아내가 가출하였고, 가정적인 어려움과 자기 삶에 회의를 느끼게 되었다. 오랜 방황 끝에 마침내 그는 내주해 오시는 주님을 발견하게 되었고, 그리스도 안에서 참다운 행복이 있다는 것을 체험하게 되었다. 결국 그는 전 재산을 다 팔아서 가난한 자들에게 나누어주고 아프리카 선교사로 3년 동안을 사역한 후에 1976년 집 없는 자들을 위해 집을 지어주는 해비타트 운동을 벌이게 되었다. 그 후 그는 24년 동안 전 세계에 10만 번째 집을 지었으며, 향후 5년 이내에 다시 10만 채의 집을 지어서 나누어 줄 계획을 하고 있다는 그는 항상 이렇게 말했다. "가진 것을 버리니 인생이 보였습니다. 가진 것이 없어 행복합니다." 참다운 영성은 버리는 것이다. 이것이 바로 탁발이다.

탁발 영성은 진정한 기쁨의 영성이다.

탁발의 영성은 예수 그리스도의 신앙을 지키기 위해 욕먹고 쫓겨나고 핍박받을 때, 도는 동산이나 부동산이 없으므로 인해 오히려 더욱 행복하고 기쁨이 넘치는 영성이다.

> 나를 말미암아 너희를 욕하고 박해하고 거짓으로 너희를 거슬러 모든 악한 말을 할 때에는 너희에게 복이 있나니 기뻐하고 즐거워하라 하늘에서 너희의 상이 큼이라 너희 전에 있던 선지자들도 이같이 박해하였느니라(마5:11~12)

나의 진정한 기쁨은 '나 아닌 것'의 기쁨이 되지 않으면 안 된다. 즉 '모두의 기쁨'이 되어야 한다. 육적으로 혹은 자기 스스로 기뻐하는 것이 아니라 주님과 이웃을 섬김으로 오는 진정한 샬롬의 기쁨이 되어야 한다.

주님은 "내 나라는 이 세상에 속하지 아니했다"라고 선언하였다. 바울은 "우리의 시민권은 하늘에 있다"라고 선언했으며 "세상을 사랑하는 자 속에 하나님의 사랑이 없다"라고 선언하였다. 세례 요한은 사막에서

약대 털옷을 입고, 메뚜기를 주식으로 하면서 탁발 영성을 가지고 시대의 선지자가 되었다. 구약의 모든 선지자가 하나님께 부르심을 받은 이후에 모든 것들을 던져 버리고 왕궁에서, 길거리에서, 골방에서 하나님의 말씀만을 증거 하면서 탁발하였다.

큰 교회, 큰 목회, 큰 사례비, 큰 사역, 큰 집회, 큰 대접만을 추구해 나간다면 그곳에 예수 그리스도의 정신은 사라져 버린다. 항상 기뻐하라(살전 5:16)는 말씀은 우리 신앙생활 전부가 되어야 한다. 우리는 기쁨을 가지고 주님의 사역을 완성해 나가야 한다. 상대방을 섬김으로 우리에게 참 행복이 온다는 진리를 깨달아야 한다.

사명당이 임금님의 부름을 받고 관직을 수행하기 위해 세상에 내려갔을 때 그의 스승이었던 서산대사는 자기가 평생 입고 수행했던 누더기 승복과 빌어먹을 때 들고 다니던 바리때를 전수해 주면서 "이 청정한 바리때를 더럽히지 말라"고 말했다.

예전에 어느 일류 호텔 큰 연회장에서 세미나 초청 강연이 있어 100cc짜리 오토바이를 타고 간 적이 있었다. 털털거리는 고물 오토바이를 호텔 주차장에 세워 놓으려고 하니까 주차관리자가 소리를 지르면서 왜 이곳에 주차하냐고 야단을 쳤다. 그 주차장에는 이미 고급 승용차들이 즐비하게 주차되어 있었는데 그래서 그곳에는 오토바이를 세워 놓을 수 없다는 것이었다. 그러면서도 주차관리자는 계속 고급 승용차들이 들어올 때마다 연신 경례하면서 차 문을 열어주고 있었다. 결국 눈총을 받으면서 구석에다 오토바이를 주차했던 기억이 난다.

인간의 외모나 지위나 혹은 재물이나 고급 승용차를 보고 그 사람을 평가하는 사회는 분명 병(炳)적인 사회이다. 예수님께서 지금 다시 태어나신다고 하여도 여전히 무시 대상자 일 순위가 될 수밖에 없다.

그런데도 우리는 기뻐하려고 하는 마음을 가지고 전진해 나아가야 한다. 우리가 자꾸 기뻐하려고 할 때 기쁨의 영으로 내 안에 흘러들어 오셔서 참 기쁨을 선물로 주실 것이다.

8. 노동(勞動)의 영성

공동체 영성은 노동의 영성이다.

공동체에서는 해마다 봄이 오면 농사 준비로 바쁘게 돌아간다. 밭을 갈아엎고, 논에 쥐불을 놓아 태우면서 본격적인 농사 준비를 시작한다. 매해 밭을 갈고, 논을 갈면서 느끼는 것이지만 참으로 땅은 정직하고 생명력이 있다. 정말 희한하게도 심은 대로 곡식은 거두게 되어 있고, 땀을 쏟은 만큼 열매를 맺게 되어 있다. 농부의 마음이 바로 하나님의 마음인 것 같다. 매년 밭에 고추, 오이, 단 호박, 애호박, 가지, 토마토, 방울토마토, 참외, 감자, 고구마, 딸기, 케일, 상추, 파, 옥수수, 피망 등 주로 먹을거리를 심는다.

그리고 논에는 품종이 우수한 볍씨를 모판에 키워서 모 심는 기계를 동원하여 쌀농사를 시작한다. 예전에 비해 모든 것이 기계화되어 있어서 수월한 점도 많이 있지만 역시 농사는 사람의 손을 많이 타게 되어 있다. 우리의 식탁 위에 밥 한 그릇이 올라오기까지 농부는 99번의 농사를 짓는다고 한다. 즉 벼 하나에 99번이나 농부의 손길이 가야 밥이 된다는 말이다.

지금 우리나라의 농업 현실은 너무 비참하다. 외국의 농산물 개방 압력에 버티지 못하고 있는 정부는 농산물을 개방하여 싼 가격으로 농산물이 수입되고 있고, 인건비, 비료비, 모종비 등의 비용은 너무나 비싸져 가고 있는 현실이다. 무엇보다도 유전자 조작 씨앗, 식품(GMO)들이 대거 수입되어 이러다가 모든 농사를 포기할 뿐 아니라, 음식을 먹은 모든 사람의 건강이 심각하게 훼손되는 상황이 올 수도 있다는 생각이 든다. 그런데도 공동체에서는 공동체 식구들 먹을거리 확보를 위해 열심히 땀 흘려 농사를 짓고 있다. 직접 농사를 지어 본 사람만이 농산물의 맛과 자연의 위대함을 느낄 수 있다.

> **여호와 하나님이 땅의 흙으로 사람을 지으시고 생기를 그 코에 불어넣으시니 사람이 생령(生靈)이 되니라(창2:7)**

예전에 왜 하나님께서 인간을 하필 흙으로 만드셨는가 하는 의문이 있었는데 농사를 지으면서 "아하! 이래서 하나님께서 흙으로 사람을 만드셨구나!"하는 해답을 얻게 되었다. 흙은 깨끗하고 무엇보다도 생명력을 가지고 있다. 또한 여러 가지 형태로 만들 수 있고 열매를 맺어 모든 이웃과 나눌 수 있는 능력이 있어서 피조물 중에서 가장 순수하고 완벽한 피조물인 흙을 재료로 삼아서 하나님의 형상대로 인간을 창조하신 것이다.

농사일하다 보면 복잡한 머리와 세상의 사역이 단순해지고 순수하게 정화되는 모습으로 변화되는 것을 볼 수 있다. 그래서 때로 육체적으로 힘이 들지만 농사지을 때가 즐겁고 편안하다. 물론 허리도 아프고 힘이 들어 어떤 때는 슬쩍 꾀를 내는 것도 부인할 수는 없지만 그래도 농사를 통해 새로운 활력소가 생겨나기 때문에 골치 아픈 문제가 생길수록 더욱 농사일에 전념하고 있다. 공동체에 식구 중에서는 과거의 타성에 젖어 육체노동이 싫어서 슬슬 피하는 식구도 종종 있지만 그럴 때마다 항상 베네딕도 수도회의 '노동은 기도'라는 말을 강조한다.

물론 독려하기 위해 이런 것을 강조하는 면도 있지만, 실제로 노동을 통해서 우리는 자기 자신을 돌아볼 수 있고 자연의 위대함을 체험할 수 있다. 땀을 흘리고 난 후 식사 시간과 저녁 중보기도 모임을 통해 더욱 강력한 성령님의 기름 부으심 속으로 들어갈 수 있다.

노동의 영성은 정화(淨化)의 영성이다.

노동의 중요한 목적은 '일' 자체가 아니다. 자신과 타인의 마음과 정신 그리고 육체를 바로 바라보면서 노동 속에서 생사를 초월하는 기쁨을 체험하는 데 있다. 그래서 복잡스러운 일을 하기보다는 단순한 일이 더욱 좋다. 왜냐하면 단조롭고 천한 일 일수록 우리의 영혼은 더욱 맑아져서 정화되기 때문이다.

과거 그리스도교에서는 관상을 통해서나 모든 신앙생활에서나 혹은 성경을 읽을 때도 '노동'을 거의 중요시하지 않았다. 특히 서양적 사고에서 발전한 기독교는 우선 이성(理性)으로 생각하고 판단하고 무엇을 하려는 원리(原理)를 가지고 그다음에야 몸으로 실행하는 방법이 신앙 속에 배여 있다. 서양에서 접목된 우리의 신앙도 이와 마찬가지라고 볼 수 있으며 이렇게 '이성에서 몸으로' 나아가는 길은 쉽지 않았다.

물론 기독교의 영성에서도 노동과 깊은 관련이 있는 훈련 방법이 나타나고 있었지만, 기독교가 서양에서 발전해 오는 동안 노동에 관해 충분히 성찰(省察)하지 않았고 따라서 유기적인 노동의 길이 깊은 종교적 체험하게 하는 탁월한 방법이라는 것을 발견하지 못했다.

기독교 역사는 헬레니즘 사상의 강력한 영향 아래 이성주의(理性主義)로 치우쳐 주로 이성이 먼저고 그다음이 몸으로의 길을 걸어왔다. 따라서 육신의 단련을 통해 정신을 개조시키고 영적 완성에 이르는 수행 사상이 거의 없었다고 해도 과언이 아니다.

단지 수도사들의 수도원적 삶의 형태 속에서 몸을 통한 봉사와 몸의 훈련에서 발견되는 영성의 흔적이 있을 뿐이다. 신앙을 몸(노동)으로 표현한 탁월한 수도 공동체는 베네딕도 수도원이었다. 그들은 노동을 하나의 기도로 보면서 하나님과의 만남의 장으로 선포하였다.

베네딕도회 수도사들의 영성훈련과 현대 그리스도인들의 결정적인 차이는 그들은 몸의 훈련을 동반한 데 반하여 오늘날의 기독교(특히 개신교)는 '몸의 훈련'이 없이 지식이나 이론과 말과 관념의 훈련이 되어 진정한 능력이 없다는 것이다.

기도와 노동의 수도회인 베네딕도 수도원 생활은 외부에서 생각하듯 적막한 고독의 장소가 아니라 기도와 부지런한 노동이 결합하여 창조적 생명력이 충만한 활동적 교제의 장소이다. 한편으로는 기도, 독경, 망상, 예배, 성례, 수행, 진리탐구, 성무일과 등 영적 훈련에 집중적으로 정진(挺進)하면서 또 한편으로는 금욕, 노동, 교육 활동, 구제 활동에 전념하였다. 특히 '노동은 기도이다.'라고 생각하였으며 모든 수도사가 하루에 일곱 시간씩 육체노동을 행하면서 몸의 훈련을 통한 영성훈련에 집중했다. 게으름은 수도회의 최대의 적이라고 생각했다.

> 한가함이 영혼의 원수이다. 그러므로 형제들은 정해진 시간에 육체노동을 하고 또 정해진 시간에 성독을 할 것이다. 우리의 교부들과 사도처럼 자기 손으로 노동함으로써 생활할 때 비로서 참다운 수도승들이 되기 때문이다. 그러나 소심한 사람 때문에 모든 일을 적절하게 할 것이다. 특별히 형제들이 독서에 전념하고 있는 시간에 한두 사람의 장로들에게 책임을 맡겨 수도원을 돌아다니게 하여 혹시라도 한가함이나 잡담에 빠져 독서에 힘쓰지 않음으로써 자기 자신에게 무익할 뿐 아니라 다른 사람에게도 방해가 되는 게으른 형제가 있는지 살피게 할 것이다.…(수도회언 제48장).[162]

...
162_베네딕도 수도규칙, 84.

자연 속에서 그리고 노동을 통해 갖가지 다양한 모습으로 살아가는 모든 생명체는 미래의 하나님 나라를 보여 주는 하나의 비유이다. 우리는 자연 속 어디에서나 부활을 체험할 수 있다. 겨울의 죽음 뒤에는 꽃이 피는 봄이 오고, 성장하는 여름이 오고, 그리고 열매 맺는 가을이 온다. 씨 뿌리는 시기 뒤에는 추수하는 때가 온다. 사실상 인간의 출생에서 그 임종까지 인간사의 모든 과정도 자연의 순환(循環)이라는 상징성을 가지고 있다.
이러한 자연의 순환 속에서 노동이야말로 우리의 영·혼·육을 정화하는 원동력이 된다.

노동의 영성은 성만찬의 영성이다.

베네딕도 수도회의 육체노동은 생산물의 생산 활동의 과정으로써 노동의 의미만이 아니라 수도자들의 노동 속에서 깊은 사색과 명상 그리고 땅 위의 빵과 하늘의 신령한 양식의 말씀인 빵이 날마다 육신의 노동과정에서 하나로 통일됨을 나타내는 것이었다. 노동은 단순한 재물을 위한 생산 활동만이 아니라 기도와 독서와 함께 예배에 속한 것처럼 노동

163_김경재, 영성신학서설, 140~141.

을 성화(聖化)시켰다.[163]

노동을 통해 얻어지는 풍성한 열매를 가지고 우리는 먼저 하나님께 추수감사제를 드리고, 그 후에 공동체 식구들과 함께 농산물을 먹고, 마시고, 즐거워함으로 하나님 공동체의 지체가 되었음을 다시 한번 확인한다. 땀을 흘린 대가로 드려지는 예배와 만찬은 우리의 삶을 더욱 풍성하게 만들어준다. 빨갛게 익은 고추를 따며, 머리보다 더 큰 호박을 어깨에 짊어지며, 맛있는 고구마를 캐며, 주렁주렁 달린 가지와 오이를 한 광주리에 담으며, 누렇게 익어서 머리를 숙이고 있는 벼를 타작하면서 복음서에서 나타나는 예수님의 자연 속 예화가 절로 적용이 되고 예수님과 함께 한 성만찬이 오늘 우리의 삶 속에 재현되는 것이다. 그래서 노동자의 모습은 바로 예수님의 모습이다.

많은 사람이 목회자에 대한, 특히 현대적인 목회자에 대한 어떤 상(象)을 가지고 있는 것을 볼 수 있다. 목회자는 항상 정장해야 하고, 걸음걸이도 거룩해야 하고, 성경책은 반드시 가슴 쪽으로 바짝 붙이고 다녀야 하고, 허리는 곧바로 펴서 위엄 있게 걸어야 하고, 풍채도 있고, 표정이나 말씨는 부드러워야 하는 등 보통 사람들 생각 속에 전형적인 목회자상이 있음을 볼 수 있다.

공동체에서 한창 농사일로 일손이 바빠서 전 인원이 동원되어 열심히 노동하고 있을 때 사람들이 종종 찾아올 때가 있다. 예나 지금이나 필자의 농사짓는 모습은 똑같다. 작달막한 키에 새까만 얼굴, 칠부바지에 검정 고무신이나 긴 장화를 신고 그리고 머리에는 한국형 밀짚모자를 쓰거나 베트남형 고깔모자를 쓴 채 작업을 한다. 그러면 방문하는 사람들은 한결같이 필자에게 다가와 질문을 한다.

"공동체 쉼터가 여기 맞습니까?"
"예, 맞습니다."
"그럼, 혹시 목사님이 어디 계신 줄 아십니까?"
"글쎄요, 어디에 있나… 쉼터 건물 안에서 한 번 찾아보세요."
"꼭 만나 뵙고 가야 합니다."
"어떻게 생기셨는지 아세요?"
"잘 모릅니다."
"그러시다면 제가 인상착의를 좀 말씀드리겠습니다. 우선 키는 작달 만하고요. 얼굴은 새까맣고 조금은 험상궂고요, 분명 양말은 안 신었고요, 칠부바지에다가 장화를 신었어요. 그런 분을 찾으시면 돼요."
바로 앞에 있는 나를 두고 나를 찾다니… 그리고 보면 필자는 거룩하거나 적어도 목회자 타입은 분명 아닌 모양이다. 솔직히 기분은 조금 찜찜

했지만 그래도 감사한 것은 예수님도 인간적으로 보면 모양도, 늠름한 풍채도, 멋진 모습도, 눈길을 끌 만한 볼품도 없었다는 성경이 기록하고 있는 것을 볼 때 나 자신도 위로받는다. 우리는 배우 같은 미남 예수상과 항상 말쑥한 차림과 거룩한 모습의 목회자 상에서 빨리 벗어나야 한다. 우리에게는 땀을 흘리는 노동이 바로 그리스도요, 목회자요, 기도요 그리고 더불어 사는 삶이 바로 영성이다.

노동이 끝난 후 공동체 지체들과 함께 먹고 마시는 꿀 같은 소 만찬과 풍성한 가을의 수확을 가지고 주님께 영광을 돌리면서, 덩실덩실 춤을 추면서 기쁨의 식탁 공동체를 나누는데 만찬은 모두 유월절 주님과 제자들이 나누었던 성만찬의 재현이다.

노동의 영성은 소창조(小創造)의 영성이다.

새로운 생명을 재창조한다는 심정을 가지고 주님을 찬양하면서 농사를 지어보면 짜릿한 성령님의 은혜를 체험할 수 있다. 그리고 가을에 풍성한 수확으로 인한 기쁨이 얼마나 클까를 상상해보면 절로 신명이 난다. 우리는 이 지구상에서만큼은 소창조차이다. 이것은 하나님께서 인간에게 주신 축복이다.

> 하나님이 그들에게 복을 주시며 하나님이 그들에게 이르시되 생육하고 번성하여 땅에 충만하라, 땅을 정복하라, 바다의 물고기와 하늘의 새와 땅에 움직이는 모든 생물을 다스리라 하시니라 하나님이 이르시되 내가 온 지면의 씨 맺는 모든 채소와 씨 가진 열매 맺는 모든 나무를 너희에게 주노니 너희의 먹을 거리가 되리라 또 땅의 모든 짐승과 하늘의 모든 새와 생명이 있어 땅에 기는 모든 것에게는 내가 모든 푸른 풀을 먹을 거리로 주노라 하시니 그대로 되니라(창1:28~30)

그래서 주님이 주신 지혜를 가지고 우리 나름대로 새롭게 창조의 역사를 이룰 수 있는 것이다.

공동체에서는 유기농법(有機農法, Organic farming), 미생물 농법으로 농사 짓는 것을 원칙으로 하고 있으며 특히 논에는 오리를 풀어 놓는 오리농법으로 벼를 재배하고 있다. 모를 심고 어느 정도 벼가 자란 후에 논에다 물을 가득 채워 놓고 오리를 풀어 놓으면 오리들은 '꽥 꽥' 거리면서 아주 열심히 논에 있는 벌레들과 잡풀들을 잡아먹는다.

한참 동안 자기들끼리 먹고 마시고 한 후에 배가 잔뜩 부르고, 집 생각이 나면 아주 정확하게 자기들 집을 '뒤뚱뒤뚱' 거리면서 특유의 오리걸음으로 대장 오리를 따라 '꽥 꽥' 거리며 집을 찾아오는데 그 모습이 정말 재미있다. 공동체 생활하는 오리는 대장 오리가 있어 그 대장 오리만 확실하게 잡으면 나머지 오리는 모두 따라오게 되어 있다.

> …땅은 너로 말미암아 저주를 받고 너는 네 평생에 수고하여야 그 소산을 먹으리
> 라 땅이 네게 가시덤불과 엉겅퀴를 낼 것이라 네가 먹을 것은 밭의 채소인즉 네가
> 흙으로 돌아갈 때까지 얼굴에 땀을 흘려야 먹을 것을 먹으리니 네가 그것에서 취
> 함을 입었음이라 너는 흙이니 흙으로 돌아갈 것이니라 하시니라(창 3:17~19)

아담의 범죄로 인한 하나님의 심판 즉 땅에 대한 심판은 역설적으로 노
동에 대한 탄생으로 이어졌다. 땅에 대한 저주의 서곡은 노동에 대한 희
망의 서곡이 되었다. 그래서 우리는 하나님께 참회봉사(懺悔奉仕) 하는 마
음으로 노동에 임해야 한다.
결국 노동은 하나님께서 주신 또 다른 선물이며, 이 노동을 통해 우리는
더욱 주님을 바라보게 되고 의지하게 되고 찾게 되었다. 세상의 어떤 직
업에 종사하건 그 직업은 모두 신성한 노동이다. 우리는 주님이 주신 이
런 노동에 충성하면서 많은 열매를 맺어야 한다. 새로운 농사기법이나
새로운 품종을 개발하고 새로운 기술을 개발하여 더욱더 진보된 새로운
피조물을 창조해 내는 것은 소창조자의 크나큰 기쁨이 아닐 수 없다. 흙
과 더불어 살아갈 때 영적으로, 정신적으로, 육적으로 건강해질 수밖에
없다.

9. 해방(解放)의 영성

공동체 영성은 해방(解放)의 영성이다.

> 이제 가라 이스라엘 자손의 부르짖음이 내게 달하고 애굽 사람이 그들을 괴롭히는
> 학대도 내가 보았으니 이제 내가 너를 바로에게 보내어 너에게 내 백성 이스라엘
> 자손을 애굽에서 인도하여 내게 하리라(출3:9~10)

게리 토마스(Gary Thomas)가 쓴 '영성에도 색깔이 있다(Sacred Pathways)'
에 보면 하나님과 친밀함으로 이끄는 9가지 영적 기질에 관해 설명하고
있다.
자연 속에서 하나님을 사랑하는 자연주의 영성, 오감(청각, 후각, 촉각, 시각,
미각)으로 하나님을 사랑하는 감각주의 영성, 예배 의식과 상징으로 하
나님을 사랑하는 전통주의 영성, 고독과 단순함으로 하나님을 사랑하는

금욕주의 영성, 사회참여와 구조적 악에 대항함으로 하나님을 사랑하는 행동주의 영성, 소외된 이웃사랑을 실천하는 박애주의(긍휼 주의) 영성, 꿈과 종교적 신비와 축제로 하나님을 사랑하는 열정주의 영성, 끝없는 갈망으로 하나님을 사랑하는 묵상주의 영성, 지성을 가진 기독교를 변증 하는 지성주의 영성 등이다.

그의 책 마지막 장에 자신에게 맞는, 즉 자신이 추구하는 영성을 테스트하는 장이 있어서 필자도 테스트를 한 번 해보았다. 결과를 보니까 제일 많은 점수가 나온 것이 묵상주의 영성이고 그다음이 박애주의~금욕주의~행동주의 영성이었다. 이런 결과를 보면서 아무래도 필자는 현실을 등진 자연 보다는 인간 냄새 풀풀 나는 현실 속에서 하나님의 나라를 확장하는 것이 더욱 체질적으로 맞는 영성인 것 같다.

공동체는 세상과 떠나서 존재하는 것이 아니다. 세상 속에서 세상과 함께 있으면서 세상의 빛과 소금의 역할을 감당하는 곳이다. 공동체에는 세상을 등진 봉쇄 수도원이 아니다. 세상과 타협하지 않지만, 세상을 버리지 않아야 한다. 세상과 구별되어 있지만 세상의 불의를 묵과하지 말아야 한다. 개인적으로 가난하고, 소외되고, 억압받고 아픈 자들을 위로하고, 감싸주고, 풀어주고, 치유하면서 또한 사회의 구조적인 독소(毒素)들을 제기시켜 나가는 행동하는 신앙을 가진 것이 바로 공동체 영성이다. 불의를 보고 침묵하는 자는 불의한 자와 똑같은 공범자(共犯者)들이다.

우리는 진정한 해방을 위해 먼저 나 자신을 해방하는 내적투쟁(內的鬪爭)을 해야 한다. 공동체의 길은 자신을 버리면서 사랑 안에서 다시 태어나기를 지향하는 내적투쟁의 길이다. 그것은 멀고도 험한 길이며, 이제 나 자신의 관심사로부터 타인의 관심사로 넘어가는 길을 의미한다. 즉 자신을 위한 선택으로부터 타인을 위한 선택으로, 자신의 이기심으로부터 타인의 사랑으로 가는 길이며, 역경과 고통을 이겨내야 하는 길이다. 그러므로 성령님이 조용히 내주해 오시기를 기대해야 하며, 우리가 모두 공동체의 모든 지체들을 사랑할 수 있게 변화를 추구하며 내적 투쟁을 계속해야 하는 길이다. 이런 내적 투쟁은 고독과 순종, 용서와 겸손 속에서 종종 실체를 드러낸다.[164]

• • •
164_Jean Vanier, 두려움 너 머로(Be not afraid), 홍순철, 방해란 역(서울: 성요셉출판사 2004), 132.

해방의 영성은 선지자의 영성이다.

오직 정의를 물 같이 공의(正義)를 마르지 않는 강같이 흐르게 할지어다(암5:24)

공동체에 그동안 엽기적인 살인사건들이 몇 건 있었다. 그중에서 가장 엽기적이면서 사회에 가장 많이 알려진 사건이 '윤금이 살인사건'이었다. 공동체 식구였던 26세 금이 자매가 주한 미군 케네스 마클 이병에 의해 자궁에 콜라병이 박히고 항문에는 큰 우산대가 27cm가 꽂히고 입 속에는 성냥개비를 머금은 채 벌거벗은 상태로 살해당한 사건이었다. 범인은 콜라병으로 이마를 가격하여서 금이 자매를 쓰러뜨렸고, 그 상 태에서 입, 질, 항문을 차례로 성폭행하였으며 맨 나중에 온몸에 분말 비누 가루를 덮어씌워 버린 후 도주하였다. 금이 자매가 완전히 목숨이 끊어지기까지 4시간이나 걸렸다. 얼마나 고통스러웠겠는가…

그런데 더 큰 문제는 그다음에 발생했다. 한국 경찰과 미 군수사대(CID) 에서는 모든 문제를 덮어버리려고만 했다. 그래서 서둘러 시신을 치우 고 3일이 못 되어 증거를 인멸하기 위해 화장시켜버렸고 지방에 있는 금이 어머니를 수소문 끝에 데리고 와서 수십만 원의 보상금을 지급한 후에 뻔히 알고 있는 범인을 잡지도 않은 채 모든 사건을 종결시켜 버 렸다. 너무나 기가 막힌 사건을 접하면서 공동체는 이럴 때 과연 무엇을 어떻게 해야 하는지를 고민했다.

우리는 조용히 주님께 기도를 드렸다. 깊은 침묵 기도와 공동체 식구들 의 흐느낌 속에 내린 결론은 이 사건을 그냥 넘어가서는 안 된다는 것이 었다. 그래서 여러 교회를 찾아다니면서 억울하게 죽은 젊은 여성의 죽 음의 진실이 밝혀지고, 범인이 잡히고, 제대로 된 보상이 이루어질 수 있도록 협조를 부탁했다.

그러나 어느 한 교회도 이 사건에 동참해주지 않았다. 왜냐하면 상대는 강대국인 미국이었고 괜한 사건에 휘말려 들어가고 싶지 않았기 때문 이다. 결국 공동체 식구들이 서울로 가서 기독교 단체와 시민단체들에 이 사건을 알리고 함께 기자회견을 열어 결국, 이 사건이 세상에 알려지 게 되었다. 2년 동안 언론, 시민, 사회, 종교 단체들과 합법적인 투쟁을 벌여 겨우 범인을 잡을 수 있었고 보상받을 수 있었다.

어떤 율법교사가 일어나 예수를 시험하여 이르되 선생님 내가 무엇을 하여야 영 생을 얻으리이까 예수께서 이르시되 율법에 무엇이라 기록되었으며 네가 어떻게 읽느냐 대답하여 이르되 네 마음을 다하며 목숨을 다하며 힘을 다하며 뜻을 다하 여 주 너의 하나님을 사랑하고 또한 네 이웃을 네 자신과 같이 사랑하라 하였나이 다 예수께서 이르시되 네 대답이 옳도다 이를 행하라 그러면 살리라 하시니 그 사 람이 자기를 옳게 보이려고 예수께 여짜오되 그러면 내 이웃이 누구니이까 예수께 서 대답하여 이르시되 어떤 사람이 예루살렘에서 여리고로 내려가다가 강도를 만 나매 강도들이 그 옷을 벗기고 때려 거의 죽은 것을 버리고 갔더라 마침 한 제사장 이 그 길로 내려가다가 그를 보고 피하여 지나가고 또 이와 같이 한 레위인도 그 곳 에 이르러 그를 보고 피하여 지나가되 어떤 사마리아 사람은 여행하는 중 거기 이 르러 그를 보고 불쌍히 여겨 가까이 가서 기름과 포도주를 그 상처에 붓고 싸매고 자기 짐승에 태워 주막으로 데리고 가서 돌보아 주니라 그 이튿날 그가 주막 주인에게 데나리온 둘을 내어 주며 이르되 이 사람을 돌보아 주라 비용이 더 들면 내가 돌아올 때에 갚으리라 하였으니 네 생각에는 이 세 사람 중에 누가 강도 만난 자의 이웃이 되겠느냐 이르되 자비를 베푼 자니이다 예수께서 이르시되 가서 너도 이와 같이 하라 하시니라(눅10:25~37)

어떤 율법사가 예수님께 이렇게 질문했다.

"내 이웃이 누구니이까?"(눅10:29)

우리 대부분은 이런 질문에 이웃은 우리 곁에 있거나 우리와 함께 사는 사람이라고 대답할 것이다. 예수님께서 율법사에게 하신 대답은 이와는 매우 달랐다. 예수님은 질문에 직접적으로 대답하지 않으셨다. 또한 예수님은 "내 이웃은 너와 가까운 사람이다"라고 말씀하시지도 않았다. 그것은 어떤 면에서 너무나 당연한 대답이기 때문이다.

예수님은 강도 만난 이웃에 대해 그리고 착한 사마리아 사람에 대해 예화를 들어 말씀하셨다. 그리고 "너도 가서 이와 같이 하라"고 말씀하셨다. 그렇다! 우리의 이웃은 바로 강도 만난 사람이다. 그런데 중요한 것은 정작 강도 만난 이웃이 생겼을 때 우리는 어떻게 행동을 취하고 있는가! 해방의 영성은 어떤 인본적인 힘을 가지고 폭력을 사용하며 세상을 바꾸려는 것이 아니라 **먼저 기도로 무장하면서 이 시대를 분별하고, 이 시대를 선포하며, 이 시대를 이끌어 나가고자 하는 선지자적 영성, 즉 '아모스'나 '이사야'적인 영성을 의미한다.**

아모스 선지자가 살았던 그 시대에 이스라엘 백성들을 몇 가지 죄악들을 가지고 있었는데, 그 첫 번째로는 죄악인 의인을 핍박하고 가난하고 소외된 자들을 박해하는 것이었다(암2:6~8). 아모스 선지자 시대처럼 현재 우리가 사는 세계의 부정, 부패, 불의가 판을 치고 있다면 공동체는 무엇을 해야 하는가? 독재, 독주, 독선이라는 어둠의 영이 한 민족을 엄습해 올 때, 또한 공법(公法)을 인진으로 만들고, 정의를 땅에 던지는 어둠의 세상이 왔을 때, 과연 공동체는 어떻게 반응해야 하는가?

독일의 독재자 아돌프 히틀러의 광기가 전 유럽을 전쟁의 도가니로 몰아가고 있을 때 신학자인 디이트리히 본회퍼(Dietrich Bonhoeffer)는 "교회는 국가가 그 권력을 잘못 사용할 때 국가에 대항할 의무가 있다. 유대인들을 포함해 누군가가 국가에 의해 희생당할 때 그들을 도울 의무가 있으며, 궁극적으로 국가가 사람들을 계속 짓밟는다면 교회는 국가를 방해할 의무가 있다"라고 말했다.[165]

공동체는 살아서 움직이는 것이다. 살아서 움직인다는 의미는 선지자로

165_David P. Gushee, "Following Jesus to the Gallows", Christianity Today, April 3. 2017, 26~32.

166_See Dietrich Bonhoe_ffer, 신도의 공동생활(Gem_einsames Leben), 문익환 역(서울 : 대한기독교서회, 2010).

서의 사명을 다한다는 뜻이다. 공동체가 죽어 있다면 이 시대는 희망이 없는 것이다. 본 회퍼는 '신도의 공동생활(Gemeinsames Leben)'이란 글을 통해 행동하는 공동체적 삶을 강조하였다.[166]

필자가 섬기는 공동체 앞에는 소요산이라는 아름다운 산이 있다. 그 산을 걸어서 올라가면 신라시대 때 건축된 '자재암(自在庵)'이라는 오래된 절이 나타난다. 자재암 안에 있는 대웅전에 들어가면 자비로운 미소를 머금고 있는 세상 근심 걱정 없으시고 적당하게 살이 찌신 부처님상이 눈에 들어온다. 맑은 생수 한 그릇을 마신 후에 다시 하산하여 공동체에 들어오면 이번에는 십자가에 매달려 고난이란 고난을 다 당하신 깡마른 예수님상이 눈에 들어온다. 가시관을 쓰시고 양손과 양다리에 못이 박히시고 옆구리에는 창 자국과 핏방울이 선명한 말라비틀어져 있는 예수…우리가 믿는 삼위 공동체 하나님은 우리를 위해 목숨을 버리신 행동하시는 순교자 하나님이시다.

그러기에 우리도 그리스도처럼 우리의 목숨을 이웃을 위해 내어놓아야 한다. 기독교는 피 흘림의 종교이다. 그래서 기독교는 순교를 먹고 자라난다. 구약의 선지자나 신약의 사도와 제자들은 전부 순교자들이었다. 우리의 삶이 순교의 삶이 되어야 한다. 우리가 어떻게 우리의 삶 속에서 순교할 수 있을까?

직접 순교를 못 한다면 순교자처럼 모든 준비를 하면서 살아야 한다. 행동하는 영성은 언어로 하는 것이 아니라 구체적인 삶으로 표현하는 것이다.

개인 구원이냐 사회 구원이냐 하는 논쟁은 별의미가 없는 논쟁을 위한 논쟁이다. 참 구원의 개인과 사회 모두에게 적용되기 때문이다. 공동체는 개인인 동시에 사회이며 사회인 동시에 또한 개인이기 때문에, 이 두 가지를 모두 포함하고 있고 모두 소중하게 여기고 있다. 해방의 영성은 공의(公儀)의 영성이다.

> 주위 어디서든지
> 우리는 두 세계를 본다.
> 비참한 세계
> 기다리는 이들의 세계
> 벗어나려고 몸부림치는 이들의 세계를.
> 한편
> 그와 다른 세계
> 부유한 세계

냉혹함과 안일 속에서
문 닫고 사는 이들의 세계를.
두 세계 사이에는
가로놓여 있는 무엇이 있다.
직접적인 접촉, 즉
모임이나 친교를 막는
거대한 벽이 있다.
때로 교환이
있을지도 모른다.
하지만 직접적인 접촉은 전혀 볼 수 없다.

안락하게 사는 사람들은
그 벽 너머로
돈이나 물건을 던진다.
그러나 그 너머의 사람들이 원하는 것
진정 바라는 것은
볼 수 있고 만질 수 있는 것이다.

그들은 장미꽃을 보낸다.
그러나 손으로 건네주는 것이 아니다.
던질 뿐
벽 너머로
거의 죽어가는
시든 장미꽃을…
그리고 그것을 하나의 선물인 양 여긴다.

"그것이 어떻다는 말인가?
그 장미꽃은 행복하게 해 줄 거야
다른 사람들을,
저 너머에 있는
가난한 피조물들을."

− 장 바니에

구스타보 구티에레즈(Gustavo Gutierrez)는 기독교 영성은 "단순하고 소박
하며 겸손한 평신도들에게 요구되는 삶의 자세"라고 표현하였다. 그래

167_Gustavo Gutierrez, 해방신학의 영성(The Spiritual Journey of a people), 이성배 역(왜관: 분도 출판사 2007), 27~36.

서 그는 '해방의 영성'을 강조하였다.[167]

기독교 영성을 모든 그리스도인의 삶의 자세라고 표현할 수 있을 때 그것은 사회적 차원을 지니게 된다. 왜냐하면 인간 삶의 양태는 모든 사회적 관계 속 안에서 영향을 받아 변화될 수 있기 때문이다. 따라서 기독교 영성은 역사의식을 요구한다. 각 개인으로서 인간의 구원과 성화가 손상되지 않고 인간들 간의 관계 안에서 유지되고, 확산하기 위해서 우리는 이 시대를 분별하고 이 시대를 선도하고, 이 시대를 선포할 수 있는 역사의식을 가지고 있어야 한다. 우리는 이러한 기독교 영성, 즉 모든 사회적, 구조적 관계 속에서 하나님과 일치로 나아가려는 자세를 가지고 있어야 하며 이런 관계 속에서 성령님을 통한 하나님의 신비를 체험해야 한다. 따라서 기독교 영성은 인간 역사 안에 존재하면서 새로운 역사를 창조해야 하는 그리스도인들의 사명적, 순교적 삶의 자세라고 할 수 있다.[168]

168_방호익, 영성과 체험(서울: 성바오로출판사, 2021), 9.

해방의 영성은 현대 사회 속의 불의함과 인간관계에서의 부정의가 인간의 탐심에 의한 심각한 부(富)의 불균형으로부터 발생한다고 파악한다. 이런 관점에서 해방의 영성은 현실에 대한 깊은 관심이 있다. 비인간화된 상황에 부닥친 가난한 자들에게 있어 우상화된 종교는 피상적(皮相的)인 위안을 던져 줄 뿐이고, 세상을 향해서는 세속화된 권력에 복종만을 가르쳐 줄 뿐이다.

따라서 구조적인 악의 지속적 유지 속에서 종교는 이용만 당하게 된다. 이런 상황에서 이 땅에 하나님의 공의를 외쳐 나갈 때 우리는 비로서 해방의 영성으로 들어갈 수 있는 것이다. 그러므로 해방의 영성은 모든 삶 속에 나타나는 사건과 관련된다.

구티에레즈의 '해방의 영성'은 기독교 공동체의 구체적인 공동체 체험인 '영적 우물'에서 원천을 찾는다. 그는 가난한 이들의 공동체 체험으로부터 해방의 욕구가 커짐을 발견했다. 이렇게 하나님을 만나고 일치를 이루게 하는 영적 우물은 사회적 차원까지 확대되어 이것은 가난한 이들과 함께하는 공동체적 연대의 영성으로 발전된다. 그리하여 그는 고통당하는 라틴 아메리카 교회의 삶 안에서 새로운 개념들, 즉 회개(연대성의 과정), 은총(해방 활동의 효율적 분위기), 기쁨(고통에 대한 승리), 영적 어린이(가난에 투신하는 조건), 공동체(어두운 밤을 함께 체험함으로써 생겨나는 선물) 등의 개념을 제시하였다.

그는 하나님을 '완전한 해방으로 이끄시는 분으로 믿으며 희망한다'라고 하였다. 그는 영성의 핵심에 그리스도를 둔다. 그리고 그리스도교 영성은 가난한 이들의 공동체 체험으로부터 솟아난다고 결론지었다. 엘리트나 성직자들만 독점하는 체험이 아닌, 바로 민중들 자신의 체험으로

169_Gustavo Gutierrez, op. cit., 60~80.

부터 여성이 솟아난다는 것이다. 그리고 그 체험은 하나님을 체험하는 것으로 공동체적 연합과 일치한다.[169]

해방의 영성은 20세기 그리스도교 신학 사상에서 가장 두드러지는 역사적 사건이었다. 왜냐하면 세계교회 주변에서 자생한 최초의 보편적인 신학이기 때문이다. 해방의 영성이 출발점이 되었던 라틴 아메리카의 민중들은 5백 년에 걸쳐 극도의 식민지 착취를 경험했고 독립 뒤에도 식민지 유산인 군사독재, 엄청난 빈부격차 속에서 대부분 극도의 빈곤에 시달리고 있었다. 국민의 90% 이상이 가톨릭 신자인 라틴 아메리카에서 이러한 민중의 비참한 현실은 양심적인 사제들에게 '현실 속에서의 구원', 즉 사회구조의 개혁 또는 혁명을 통한 민중해방을 꿈꾸게 했다. 해방의 영성은 그렇게 탄생하였다.

1968년 라틴 아메리카의 로마가톨릭 주교들은 콜롬비아 메델린에서 열린 제2차 라틴 아메리카 주교회의에서 다음과 같이 선언하였다. "하나님의 말씀은 가난한 자들을 위한 자유의 복음이다." 이로써 자유를 위한 라틴 아메리카 민중의 투쟁은 함께 '투쟁하시는 하나님', '해방자 하나님'을 받아들였다. 비로서 라틴 아메리카 교회는 자신들의 눈으로 읽고 가슴으로 믿는 자신들의 신학을 얻게 되었고 새로운 삶을 실천하게 되었으며 가난한 사람들을 위한 해방의 영성을 추구해 나가게 되었다. 그러나 해방의 영성은 바로 그 '선택'으로 인해 태동과 동시에 '가진 자', '지배하는 자'들로부터 적대시되었다. 마르크스주의의 사회분석 틀을 차용하고, 불의한 폭력에 대항하는 최소한의 자위적 폭력을 인정하는 주장 등으로 인해 해방의 영성은 '특수한 정치 · 경제 · 사회적 상황이 배제된 비신학적, 용공적(容共的) 정치 이데올로기'로 공격받았다.

1980년대 이후 남미 해방의 영성적 신학은 급진적 사회주의 혁명이론이 퇴조하고 개혁주의(또는 사회민주주의) 성격이 강화됐다. 그러나 1980년대 말 동유럽 사회주의의 붕괴와 니카라과 산디니스타 정권의 선거 패배 뒤 서방 언론들은 '남미 해방신학의 죽음'을 선언하였다. 이러한 주변 현실의 변화에도 불구하고 오늘날 해방의 영성은 남미에 처한 정치·사회적 현실에 변화가 없지만, 오히려 더 많아질 것이라며 서방의 사형선고를 부정하고 있다. 그들은 사회주의의 붕괴를 외면하지 않지만, 역사의 모순이 여전히 존재하고 가난한 이들의 미래가 위협받는 한 역사의 위기로 인해 하나님 나라를 향한 해방의 욕구가 끊임없이 솟아난다고 믿는다.

보프(Leonardo Boff)에 의하면 애초부터 해방 영성의 선택은 마르크스나 사회주의가 아니라 '가난한 사람들'이었다. 중요한 것은 자본주의나 사

• • •

170_Leonardo Boff, 정 그리고 힘, 박정미 역(왜관:분도출판사, 2019), 9.
Leonardo Boff, 세상 한가운데서 하느님을 증언하는 사람들(God's Witness in the Heart of the World), 성염 역(왜관:분도출판사, 1990), 71~72.

회주의냐가 아니라, 사회적·역사적 변혁을 일구는 하나님 나라로 초대에 우리가 얼마나 순종하는가 하는 것이었다.[170]

이같이 행동이 없는 영성은 공허한 것이다. 우리는 공동체 영성을 전개하기 위하여 인간존재에 대한 물음을 다시 던져야 한다. 자력적인 종교는 때로는 현실 세계내의 존재를 무시하고 우리에게 추상적인 해답만을 던져줄 때가 있다. 인간은 그 자체로서 삼위 공동체 하나님과 연결되어 있는 초월적 존재이다. 그러나 우리는 인간 안에 존재하는 힘으로써 하나님의 영을 재발견한다. 성령님은 인간을 근원적(根源的) 존재와 만나게 하고 결국 우리를 해방으로 이끄신다. 이렇게 성령님이 주도하시는 영성이 사회적(社會的) 차원, 역사적(歷史的) 차원, 생태적(生態的)인 차원으로 발전해 나아가 신과 인간이 하나 됨이 된다면 그것이 바로 해방의 영성이다.

해방의 영성은 생태정의(生態正義)의 영성이다.

• • •

171_Leonardo Boff, 생태 신학, 김항섭 역(서울: 가톨릭출판사, 2013), 58~59.

보프는 인간과 세계가 서로 관계를 맺으며 친교를 이루는 존재라고 하였다. 그는 만유재신론(萬有在神論)[171]을 복원함으로써 인간과 세계 모두에 신이 현존하는 거룩한 존재임을 주장하였다. 그러나 그는 그러한 거룩함이 현실 세계에서 잘못된 인간 탐욕에 의해 거부되었다고 본다. 따라서 그는 인간과 인간이 그리고 인간과 세계의 내적 거룩함이 현실 세계에서 일치되어야 한다고 주장한다. 그래서 사회정의와 생태정의[172]를 주장했다.

• • •

172_ Ibid.,17~38.
생태학이라는 말은 독일 생물학자 에른스트 헤켈(Ernst Haeckel,1834~1919)이 1866년 처음으로 사용하였다. 희랍어로 '집'을 의미하는 오이코스(Oikos)와 '성찰 또는 연구'를 뜻하는 로고스(logos)를 합성한 말이다. 이처럼 생태학은 자연의 각 존재, 또는 존재 전체의 서식지(집)를 형성하는 조건과 관계에 대한 연구를 의미한다. 헤켈의 정의를 그대로 옮겨보면 "생태학은 살아 있는 유기체(동물과 식물)와 그 환경(비유기체적 존재) 사이의 상호 의존성과 상호작용에 관한 연구이다."
오늘날 살아 있는 존재 이상으로 생태학 개념이 확장되고 있다. 생태학(살아있는 존재이든 그렇지 않는 존재이든)은 모든 존재가 자신과, 그리고 존재하는 모든 것과 갖는 관계 상호작용, 대화를 표현한다.
즉 자연은 모든 측면에서 연결되어 복잡하게 얽혀 있는 구조를 이루고 있다. 생태학은 단지 자연(자연생태학)만이 아니라 또한 문화와 사회(인간 생태학, 사회 생태학 등)를 포함한다. 따라서 생태학은 도시 생태학, 보건 생태학, 정신 생태학, 윤리 생태학, 정치 생태학 등으로 세

창조의 한 존재인 인간이 다른 존재를 공격하면 신적 질서는 흐트러진다. 따라서 우리는 항상 사회정의(인간들과 함께하는 존중의 정의, 사회관계에 나타나는 억압극복)와 생태정의(그 생존권에 대한 존중)가 함께 이루어져야 한다. 소수 특권자가 과도한 재물을 축적하여 자원을 독점하고 지배하는 데 반하여 대다수의 민중은 생존의 최저 수준으로 비참한 생활을 하는 것은 명백한 불의이다. 이런 사회의 부정의는 가난한 이들의 삶의 조건을 구조적으로 열악하게 만든다. 소수의 독점으로 인해 가난한 이들은 오염된 물과 대기, 비위생적 주거, 공해를 일으키는 교통수단, 폭력의 사회관계에 처하게 된다. 이것은 세계에 대한 착취이며 세계에 대한 인간적 관계를 단절시킨다. 인간은 환경 일부이기 때문에 이러한 사회정의 곧 생태적 정의를 의미하게 된다. 보프는 이러한 점에서 최소한의 사회정의 없이 생태정의도 없다고 주장하였다.[173]

해방 영성의 중심에 서 있는 보프는 프란치스코의 사제로서 1970년대

분된다. 그러나 더욱 중요한 것은 생태학이 자연적, 문화적 모든 존재 사이의 연관에 역점을 두고, 모든 존재가 다른 모든 존재와 상호의존적 그물을 형성하면서 생태적 총체를 구성함을 강조한다는 점이다.

그러나 인간의 우월의식과 죄악으로 인해 인간은 창조적 존재로서 기능을 상실하였다. 결국 인간은 하나님의 창조적 행위를 연장하지 못하고, 하나님의 창조질서를 파괴하고 말았다. 생태정의는 이런 파괴된 하나님의 창조질서를 복원하는 신학이다. 즉 인간과 자연을 단 하나의 상호의존적 공동체로 보고, 인간의 공동선 뿐 아니라 자연선도 포함하는 창조, 질서의 복원을 주장한다. 그래서 인간은 전체로서 자연의 일부이기 때문에 최소한의 사회정의가 없이는 생태정의도 없다고 보는 것이다.

• • •

173_Ibid., 96.

초부터 초기 해방신학 운동을 이끈 기수 가운데 한 사람이었으며 현재도 여전히 가장 중요한 이론가의 한 사람이다. 보프는 혁명을 위해 지하 정치투쟁에 투신한 중미 해방신학 운동가들과는 달리, 교회 대중조직과 연계하면서 저술과 교육 등을 통해 공개적인 '개혁'활동을 추구해온 남미 복음적 신학운동을 대표하는 중심에 자리 잡고 있다. 보프는 1938년 12월 14일 브라질 산타카타리나주 콘코르디아에서 이탈리아계 지식인 아버지와 문맹인 어머니 사이에서 태어났다. 브라질에서 신학을 공부한 보프는 34살 때 독일 뮌헨대학에서 신학박사 학위를 받았다. 공부를 마치고 귀국한 그는 국민의 3분의 2가 가난과 정치적 배척 속에 신음하는 현실을 직시하고 페루의 구스타보 구티에레스와 우루과이의 후안 루이스 세군도 등과 함께 남미 해방 운동에 본격 투신했다.

그는 프란치스코회가 발행하는 진보적 잡지 〈보제스〉 편집장으로 군사독재의 박해를 받는 브라질 사상가들의 저술을 출판했으며, 유명한 라틴 아메리카 신학총서 '신학과 해방'의 발간에도 중요한 구실을 맡았다. 보프는 한 발은 사회운동에, 한 발은 학문에 두면서 『해방자 예수 그리스도』(1972), 『신비와 영성』(1994년) 등 50여 권의 책을 펴냈고, 해방의 영성을 널리 알렸다. 그는 1992년 6월 28일 계급화된 교황청의 압력에 더 이상 견디지 못하고 그리스도 신앙과 희망이 더 이상 내 안에서 무너지기 전에 스스로 로마가톨릭의 사제직을 사임한다고 발표했다. 그는 자신의 사임을 '평신도로의 승진'이라고 표현하였다. 이것은 그리스도교인으로서 자기의 정체성을 확고히 하는 표현이었고, 자신이 전개하고 있는 신앙 사상에 대한 정당성을 주장한 것으로 보인다. 그는 최근 생태학 및 영성에 관한 글을 쓰고 그것들을 책으로 편집해내고 있다.

현재 해방의 영성은 모두 빈곤의 세계화와 환경정의의 문제를 상호 관련지어 이해하는 새로운 차원으로 발전해 가고 있다. 인간만이 아니라 전 우주적 해방에 관심을 가지며, 자연을 '새로운 가난한 자'(New poor)로 인식하는 발상의 새로움을 보여 주고 있다.

해방의 영성은 '새로운 상황에서의 해방의 영성'의 미래를 찾는 일을 계속하고 있다.

인간은 창조적 존재로서 창조 질서를 잘 관리하고, 보존하며, 지켜나갈 책임이 있다. 우리는 인간 우월의식, 인본주의, 구조적인 악, 자력적인 신앙 등 모두를 거부하면서 모든 관계에서 정의와 사랑의 배려를 가지고 영성적 자세를 가져야 한다. 이것이 생명을 향한 새로운 창조이고 세상 모든 존재들을 해방으로 향하게 하는 연대이며 친교이다.

영성에는 내면적 측면이 있고 외면적 측면이 있다. 이 두 측면은 서로 다른 영성이 아닌 서로 연관된 다른 차원의 영성을 말한다.

내면적 영성을 통해 신적 신비를 체험하고 외면적 측면을 통해 하나님의 공의를 실현해 나가는 것이 매우 중요하다.

결국 인간은 사회적이며, 관계적 동물이기 때문이다.

10. 치유(治癒)의 영성

공동체 영성은 치유와 회복의 영성이다.

치유 사역은 설교와 가르침의 사역과 더불어 예수 그리스도의 중요한 사역이었다. 이러한 사역들은 하나님 나라의 복음을 선포하는데 중요한 수단으로 사용되었다. 치유라는 그리스어 단어에는 소조(Sozo, 구원하다), 이아오마이(Iaomai, 육적·영적으로 치료하다), 휘기에스(Hügies, 좋은 건강 상태에 있다) 등이 있는데 이것은 전인적인 구원의 의미를 내포하고 있다. 예수 그리스도는 인간을 회복하기 위하여 오셨다. 육체와 영혼의 망가진 것들을 치유하기 위해 오신 것이다. 그러므로 전인적인 치유는 주님의 중요한 관심사였다.

복음서는 예수 그리스도의 치유 사역을 비중 있게 취급하고 있다. 복음서의 5분의 1 정도가 그리스도의 치유 사역과 관계가 있다(Kelsey, 1972: 242~245). 요한복음에서 나오는 "표적들"(Signs)은 대부분 치유의 기적들이다. 복음서에 나오는 예수 그리스도의 주요한 치유 형태는 말씀(21회), 접촉(13회), 믿음(본인과 타인의 믿음 12회), 귀신축출(11회), 그리고 말씀선포(8회)였다(홍기영, 2000:18~20). 그리스도의 치유의 동기는 진정한 사랑과 긍휼하심이었고 그분은 성령의 권능으로 이러한 치유의 능력을 나타내셨다.

이러한 치유 사역을 통해 예수께서는 우주적인 하나님의 나라가 구체적이고 현실적인 사건으로 가시화되는 모습을 나타내셨다. 마태복음에 보면 "예수께서 온 갈릴리에 두루 다니사 저희 회당에서 가르치시며 천국 복음을 전파하시며 백성 중에 모든 병과 모든 약한 것을 고치셨다"(마4:23)고 말하고 있다. 이 구절을 통해 치유 사역은 하나님 나라의 복음과 긴밀한 연관성이 있음을 볼 수 있다. 존 윔버(John Wimber)는 "치유는 하나님 나라의 빛 가운데에서 해석되어야 한다"고 말한다. 치유는 하나님 나라의 현존이며(몰트만 Jürgen Moltmann, 1997:86), 선교는 그리스도께서 하신 일을 계속하는 것이다.

성경을 통하여 우리는 치유에 대해 다음과 같이 정리할 수 있다.

①치유는 하나님의 뜻이며 하나님과의 관계의 회복의 상징이다.

②치유는 그리스도의 대속 가운데 포함되어 있다.

③치유는 성령의 역사이다.

④치유는 하나님 나라의 표적이며 사람들을 하나님께로 이끄는 목적을 가지고 있다. 이러한 접근은 신유 선교의 목회적이고 신학적인 정당성을 제공해 준다.

치유는 하나님의 뜻이다. 치유의 신학에서 중요한 것은 치유의 목적을 정립하는 일이다. 병이 걸리는 것은 인간의 죄와 직접적 연관성이 있을까? 예수님 시대의 유대인들은 병과 죄 사이에 어떤 관계가 있다고 보았다. 그러나 예수께서는 죄를 범하는 것과 질병에 걸리는 것이 항상 관계가 있는 것은 아니라는 점을 보여주셨다(요9:1~10). 모든 질병은 피조물을 위한 하나님의 목적이 아니기 때문에 죄에 기인할 수 있지만 언제나 개인의 죄를 질병의 원인으로 보아서는 안되는 것이다. 날 때부터 소경된 자는 "그에게서 하나님이 하시는 일을 나타내고자 하심이라"(요9:3)이었다.

하나님으로부터 오는 치유는 하나님의 은혜이며 영광을 나타낸다. 그러나 치유를 받던 받지 못하던, 또는 인간적인 연약함에도 불구하고, 하나님의 영광을 위하여 살 수 있다. 질병의 원인보다 중요한 것은 질병의 목적을 기억하는 것이다. 예수님 당시의 종교 지도자들이 예수님을 공격한 것처럼, 치유 사역은 성령보다는 율법과 전통에 관심을 기울이는 사람들에게 긴장과 불만을 가져올 수 있다. 그리스도의 치유 사역은 본질적으로 사람을 긍휼히 여기고 사랑하는 그의 본성에서 우러나온 것이었다. 그분의 치유 사역은 십자가 사역으로 인도되는 중요한 방법이었다. 그래서 마이클 하퍼(Michael Harper)는 그리스도의 십자가를 가장 큰 치유라고 말한 바 있다

예루살렘에서 흘러나오는 이 샘물은 치유의 바다 속으로 전 세계를 잠기게 하는 거대한 흐름이었다. 만일 우리가 십자가를 치유의 중심부로 보지 못한다면 예수의 치유에 대한 우리의 집중적인 관심은 실패의 행위가 될 것이다…그리스도교 신앙의 핵심은 기적이 아니라 십자가이다. 그것은 가장 큰 기적이며 가장 큰 치유이다. 그러나 치유는 주변적인 은혜가 아니라 그 복음 메시지의 중요한 증거였다. 그 가운데서 우리는 반사된 하나님의 사랑과 은혜를 본다.

그리스도의 십자가 구원에 대한 믿음은 육체와 영혼의 궁극적 회복을 약속하고 보장한다. 그리스도와 그분의 구속 사역에 관계되지 않는 성

령의 은사나 활동이 있을 수 없다. 이런 의미에서 모든 치유(영혼, 정신, 육체의 치유이든, 또한 약이나 성령의 능력에 의한 것이든)는 고난 받는 자로 하여금 그리스도의 영광과 하나님의 영원한 목적에 관계되어야만 한다

치유는 그리스도의 대속의 은총 안에 포함되어 있다. 그러나 필자는 신유 교리에 있어 "믿는 자의 특권(Privilege)"과 "믿는 자의 권리(Right)"는 구분이 된다는 점을 지적하고 싶다. 신유는 믿는 자의 특권으로 하나님으로부터 주어진 은혜이다. 반면 권리라는 것은 우리에게 당연한 것을 주장하는 요구이다. 그리스도의 대속의 은총으로 인한 신유는 믿는 자의 특권이지 믿는 자의 권리라고 오해해서는 안된다. 신유 사역에 있어서 이것은 하나님의 치유의 능력과 하나님의 절대 주권에 대한 믿음의 중요성을 강하게 시사해준다. 비록 하나님이 신유의 역사를 일으키지 않으신다 할지라도 하나님의 신실성이나 우리의 믿음에 대하여 의심을 품는 일이 있어서는 안될 것이다.

신유의 신학화 작업에는 하나님의 신실성과 하나님의 주권에 대한 성찰이 필요하다. 헨리 나잇 3세(Henry knight III)는 신유 신학에 있어서 하나님의 신실하심(즉, 하나님의 신유의 약속에 대한 충실성)과 하나님의 주권(즉, 언제 어떻게 치유할 것인가를 결정하는 자유) 사이의 지속적인 긴장이 있어 왔다고 말한다. 하나님의 신유의 약속에 대한 신실성은 어떤 것이며 신유에 대해 인간의 책임성(믿음)은 어디까지 요구되는가? 또한 하나님께서는 치유를 언제 어떻게 할 것인가에 대한 주권을 어떻게 행사하시는가? 우리는 신유에 있어 인간의 믿음의 필요성에 대한 예들이나 하나님의 주권에 대한 성경의 예들(바울 : 갈4:13, 디모데 : 딤전 5;23, 엘리사 : 왕하13:14,20)을 다 찾아볼 수 있다. 20세기의 오순절 운동의 확산은 치유 사역의 중요성에 대해 중요한 공헌을 하였다. 당시 서구 사회의 역사적 발전은 인간을 만물의 척도로 보는 인본주의와 합리주의, 그리고 자유주의 신학의 영향으로 믿음의 치유나 기적 같은 것에 대해 매우 회의적이었다.
그러나 오순절 운동은 하나님 나라의 신유 사역을 통하여 서구식 이원론을 배격하고 영과 육체 사이의 분리되지 않는 통전성을 발전시켰다. 오순절주의자들은 정신과 육체, 그리고 영이 신유를 통하여 하나가 되는 경험에 기반을 둔 신앙을 가지고 있다. 따라서 오순절적 신유의 수용은 개인의 전인감(Sense of wholeness)을 회복해 주며 성경적 인간관의 회복에 도움을 주는 것이다. 또한 하나님의 회복의 약속은 단지 상징적인 것이 아니라 현실 세계에서도 누릴 수 있는 깊은 시사점을 제공해 주었다.
오순절 운동은 주로 가난하고 소외된 대중들을 중심으로 급격하게 성장

하였다. 제 3세계에서의 취약한 공공 보건의 심각한 상태는 수많은 사람들이 의료 혜택을 받지 못하게 하는 상황을 초래하였다. 라틴 아메리카에서 오순절 교회들이 급증하는 곳은 근대 문명의 혜택이 부족하거나 급격한 도시화가 진행된 서민 지역들이었다. 이러한 환경은 오순절적 믿음의 치유 양식이 더 쉽게 영향을 줄 수 있는 배경이 되었다. 질병은 오늘날에도 수많은 사람들의 매일의 경험이 되고 있다. 예수 시대와 마찬가지로 사람들은 목자 없는 양과 같고, 치유자나 의사가 없는 양과 같다. 많은 가난한 나라의 교인들에게는 신적 치유하심이 의료적 돌봄의 유일한 가용 선택으로 제공된다.

치유에 대한 오순절적 공헌은 깊은 사회학적 의미를 가지고 있다. 신유는 하나님 나라의 비전에 초점을 둔 복음 사역의 결과이며 복음의 내용이다. 이사야 53장 4절의 "우리의 병을 지고"라는 말은 그리스도께서 우리의 죄(Sins)와 죄의식(Guilt), 그리고 죄의 결과들(Consequences)로부터의 해방과 자유함을 주셨다는 것을 의미한다고 보아야 할 것이다(물론 이 의미에는 육체적 질병의 치료도 포함된다(마8:16~17)).

그러나 오순절주의자들은 하나님 나라의 선교를 위한 신유의 교리의 의미를 충분히 발전시키지 못한 것 같다. 개인의 질병과 사회 가운데에서 고난과 불의와 질병에 처해 있는 인간의 곤경을 분리하는 것이 하나의 예가 될 수 있다. 우리는 치유에 대한 성령의 역사하심을 좀 더 넓은 차원에서 이해해야 하지 않을까? 바젤 대학의 교수인 프랭크 마키아(Frank Macchia, 1999)도 신유에 대한 초점이 이 세상에서의 성령의 역사와 분리되어 있기 때문에 하나님의 나라의 종말론적인 회복(육체의 구속을 포함한)에 대한 비전을 흐리게 한다고 지적하고 있다.

개인의 아픔과 사회적 고통은 서로 밀접한 관련을 가지고 있다. 오늘날 가난으로 인한 질병의 문제는 심각하다. 하루에 1달러 미만으로 생활하는 사람들이 전 세계에 13억 가까이 된다. 가난 퇴치를 위해 노력해 온 세계은행(World Bank)은 가난으로 인한 질병과 고통의 문제에 대한 대안책이 이제는 보이지 않는다고 까지 말할 정도가 되었다. 아프리카의 AIDS의 문제는 매우 심각하여 1998년 한 해에만 280만명이 AIDS로 목숨을 잃었다. 남의 아픔과 질병, 그리고 고난에 동참하여 함께 아파하고 돕는 기독교 복음의 능력이 신유 선교에서 성찰되어져야 하지 않을까? 기독교의 신유의 복음은 인간의 전인적인 상태를 회복하는 데 비전을 둔다. 오순절 교회를 포함한 모든 교회들은 신유 선교의 사회적 함의점들을 전인적 선교에 비추어서 지속적으로 성찰할 필요가 있다. 이것을 가능하게 하는 것이 바로 하나님 나라의 선교론이다.

치유의 영성은 통전적선교의 영성이다.

하나님 나라의 치유 선교는 무엇보다 치유 사역에 대한 확신에서 출발해야 한다. 전도냐 사회참여냐 하는 논쟁에서 간과되었던 것이 바로 치유나 축사 등의 선교 영역이었다. 성경에 나오는 치유는 신화 이야기가 아니라 역사적 사실이다. 그러한 치유는 그 시대에만 가능한 것이 아니라 오늘날 이 시대에도 가능하다. 오늘날의 시대는 그 어느 때보다도 예수 그리스도의 치유가 더 필요한 시대이다. 치유 선교는 또한 전인적인 차원을 가지고 있기 때문에 전도나 사회 참여 등은 모두 다 전인적 치유 선교 안에 포함될 수 있다. 또 교회는 치유 선교의 원리와 전략에 대해 계속해서 배우고 연구해야 한다. 교회는 각종 육체적, 정신적 질병을 가지고 있는 사람들을 외면해서는 안된다. 성령의 능력으로 그들을 치유하도록 기적을 기대하는 믿음을 가지고 또한 훈련해야 한다.

그러나 치유선교에 있어서 무엇보다도 중요한 것은 교회 선교를 치유 공동체로 승화시키는 일이다. 치유는 공동체적이어야 한다. 치유는 주로 예배 공동체 가운데서 발생한다. 전능하신 치유자(하나님)에 대한 믿음을 배양하는 데 있어 믿음의 공동체의 역할은 모든 교회들을 위해 중요하다. 그래서 치유는 하나님의 임재하심을 기대하는 성례적인 영성(Sacramental spirituality)을 가지고 있다.

치유 선교는 하나님 나라의 공동체를 지향한다. 치유는 단지 개인적 질병의 치유로만 끝나지 않는다. 치유 받은 자는 자신의 치유를 간증하며 이것은 교회 공동체 안에 하나님의 능력과 임재하심의 증거가 된다. 이러한 공동체적 증언은 교회 공동체 신학을 살아있게 만들어 주며 치유 복음의 능력을 강화시켜 준다. 이러한 경험들이 성령 안에서 승화될 때 치유 선교의 사회적 변혁 능력이 창출될 수 있다. 오늘날 사회적 부정의로 인한 개인의 고통과 질병의 문제는 매우 심각하다.

우리는 하나님 나라의 복음의 비전이 개인의 신유로 국한되지 않는다는 것을 알아야 한다. 복음은 ① 세계 선교에 대한 비전을 갖게 하며 ② 성령께서 역사하시는 힘있는 치유 공동체를 건설하게 하며 ③ 단지 내적으로 폐쇄적인 공동체가 아니라 개인과 사회와 세계를 치유하며 변혁시켜 나가는 공동체를 만들게 한다. 전인적인 치유를 지향하는 치유 사역이 있는 곳에는 하나님 나라의 복음이 전파되며 교회는 능력있게 성장해 갈 수 있다. 치유선교는 분명 하나님 나라의 사역이다

치유의 영성은 결론적 영성이다.

인간 치유에는 다섯 분야가 있다. 영 치유, 혼 치유, 육 치유, 자연치유, 먹거

리 치유 등이다. 이런 치유를 통전적 치유, 전인적 치유라고 한다.[174]

인간 치유와 회복은 모든 영성의 결론이다. 공동체는 치유의 장이며, 회복을 위한 영성이 적용되는 장이다. 그러므로 공동체 자체를 다섯 가지 치유의 장으로 만들어야 한다. 한 공동체 안에 인간 치유의 장이 만들어진다면 그곳이 바로 천국이 되는 것이다. 치유와 회복, 화해와 일치는 모든 그리스도 공동체가 추구해야 될 하나님 나라이다.

그리스도의 몸 된 교회는 예배 공동체이며, 능력 공동체이고, 사명 공동체이자 치유와 회복 공동체이다. 예배 공동체로서 우리는 영광과 존귀와 능력을 받으시기에 합당하신 하나님께 찬양과 경배를 올려드리며 영원히 그분을 기뻐하는 것이다. 오직 하나님 한 분만을 세상 그 어떤 것보다 더 높이기를 결단하며, 신령과 진정으로 예배하는 자들을 하나님께서는 거룩한 임재가운데 만나주시고, 우리는 그 친밀한 교제를 통해 그리스도의 몸 된 교회로서의 정체성을 더 구체적으로 확립시켜나가게 된다. 교회가 영적 공동체로서 반드시 드러내야 할 또 한가지 정체성이 있다면, 그것은 바로 치유 공동체로서의 교회이다. 감사하게도, 이 시대의 교회들은 예배공동체로서, 또 능력과 사명 공동체의 역할을 잘 감당하는 것으로 보인다. 하지만, 그것만으로는 부족하다. 하나님의 공의로우심과 전능하심, 그리고 의로우심을 선포하고 그러한 삶을 살아내는 것은 교회의 가장 근원적인 비전이자 목적이다.

또한 그 가운데 잊혀서는 안 될 것이 있다면, 바로 죄인들을 향한 하나님의 열심이며, 상한 자들을 향한 하나님의 긍휼이다. 상한 마음 가운데 묶여있는 성도들이 깊은 내면의 죄와 상처를 발견하고 상처의 영향력으로 잃어버린 소중한 관계와 삶의 영역들에 대해 슬퍼하며, 또다시 의에 주리고 목말라 하는 자들로 세워나가는 일은 세상의 기관들이 아닌 바로 영적 공동체인 교회가 감당해야 할 하나님의 일이다. 이를 위해, 교회는 성도들이 자기 자신과 이웃들의 상처와 죄에 대한 민감한 관심을 가질 수 있도록, 그리고 전인적으로 우리를 회복시키시는 하나님의 능력 가운데 서로를 긍휼과 온유함으로 섬기고 세워줄 수 있는 치유 공동체가 되어야 한다. 상한 자들, 포로된 자들, 그리고 갇힌 자들이 치유되고 회복되어 하나님의 거룩한 신의 성품에 동참하는 자들이 될 수 있도록 세워나가는 치유 공동체가 교회 가운데 뿌리내리기 위해서 반드시 있어야 하는 몇 가지 자원들이 있다.

첫째, 안전함이 있어야 한다. 모든 인간에게 있는 존재적인 불안감을 잠재워 줄 수 있는 것은 오직 안전함이다. 시편 기자들은 끊임없이 하나님이 바로 그들의 산성이자 방패 시며 높은 바위이시며, 피난처 되심을 고백한다. 자신들을 안전하게 보존하실 것이라는 하나님에 대한 믿음은 시편 기자들로 하여금 하나님 앞에서 자신 안에 존재하는 죄와 연약함, 상처와 악함을 정직하게 드러내는 힘이였음을 알 수 있다. 내면의 불안함과 두려움을 자극하는 관계나 연약함을 정죄하는 율법적인 공동체에서 성도들이 본능적으로 선택하는 것은 자기 보호와 방어이다. 안타깝게도, 그런 자기 보호와 방어들은 성도들이 교회 안에서도 표면적인 의로움과 거룩함으로 자신들을 포장하게 만든다. 의도한 것은 아니지만, 이를 통해 교회는 결국 거룩하고 의로운 사람들만의 모임이라는 거짓된 메시지를 보냄으로 절실하게 하나님의 치유와 회복을 필요로 하는 사람들이 쉽게 다가와 자신의 연약함을 보일 수 없는 곳이 되어버린다. 치유와 회복의 역사가 일어나기 위해 절대적으로 있어야 하는 것은 정직한 자아인식과 죄의 고백이다. 그러기 위해 교회는 안전한 장소가 되어야 한다. 자신의 죄를 직면할 수 있도록, 자신 스스로 다룰 수 없는 죄와 상처의 영향력의 실체를, 그리고 하나님 사람들의 도움이 필요한 자신의 한계를 인식할 수 있을 때, 비로소 내려놓음과 순종의 단계로 나아갈 수 있게 된다. 그래서 교회가 치유 공동체가 될 수 있으려면 상한 자들을 향해 하나님이 베푸셨던 긍휼의 메시지가 성도들의 관계에서 안전함으로 실현되는 것이 필요하다.

둘째, 수용과 존중이 있어야 한다. 이것은 상대가 고백하는 모든 것이 정당하며 옳다고 인정해주는 것을 의미하는 것이 아니다. 단지, 인간 실체의 존엄성과 인격을 존중하기에 그의 독특한 경험을 중요하고 의미있는 것으로 인정하는 것이다. 그래서 열심히 들어주고 공감해주는 것이다. 사람은 자기 자신 안에서 일어나고 있는 모든 생각~감정~행동들이 정죄감과 위협 없이 수용되고 존중될 때, 비로소 주관적인 자기 경험에서 이해했고 정당화했던 사건과 경험들을 하나님 진리의 기준 아래 객관적으로 재조명할 수 있는 용기를 가지게 된다. 내면 안에 숨겨져 있었던 생각, 잊혀진 기억들, 억압되어있던 감정들은 안전하게 표현할 수 있는 관계 대상이 있을 때, 가르침과 정죄감으로 방해하지 않고 인내하며 들어주는 치유 공동체의 사랑 어린 관심이 있을 때, 그 실체를 드러낸다. 그래서 깨닫게 된다. 얼마나 많은 상한 감정들이 내면 안에 쌓여있었는지, 얼마나 많은 거짓된 생각에 스스로 속고 있었는지, 그리고 자신이 정당하다고, 피해자라고 생각한 그 많은 상황에서 실제 자신이 가해자였고 용서를 베풀 자가 아니라 먼저 용서받아야 할 자였음을 발견할 수 있게 된다.

셋째, 긍휼과 우정이 있어야 한다. 치유 공동체 가운데 경험하는 동료의식이다. 약한 자들의 사귐이며 그 가운데서 경험되는 하나님 사랑과 은혜의 축제 현장이다. 서로가 서로에게 죄를 고하며, 서로의 아픔과 고통을 함께 느끼고 아파하는 긍휼과 우정이 넘치는 공동체는 그들의 연약함이나 부적절함에 대한 정죄감이나 수치심, 비교의식과 같은 위협적인 방해꾼이 침투할 틈을 얻지 못한다. 고통 가운데, 그리고 무너짐 가운데서도 존귀한 하나님의 형상임을 일깨워주는 그 공동체 안에서 막힌 담은 허물어지고, 아무 거리낌 없이 서로에게 나아갈 수 있는 자유로움을 경험하게 된다. 치유와 회복을 결단하고 나가는 긴 여정에서 다시 넘어질 수 있으나 또다시 일으켜 세워주고 응원해주는 사람들이 주변에 있다는 것을 알 때, 자신 스스로에서조차 잊혔던 삶의 의미와 가능성, 그리고 소망을 다시 붙들 수 있게 된다. 아마도 이런 치유와 회복의 요인들 때문에, 장 바니에는 공동체란 '스스로의 약함을 인정하는 동시에 다른 사람으로부터 사랑과 용서를 받고 있다는 것을 아는 사람들이 서로 우정을 나누는 자리'라고 정의했고 헨리 나우웬의 '상처 입은 치유자'라는 의미 있는 단어 역시 온전한 영적 공동체 가운데 존재하는 치유와 회복을 말하고 있다.

교회는 그리스도의 몸이다. 그래서 모든 성도는 교회 가운데 하나님의 거룩한 임재가 있는 예배를 사모하며, 거룩한 사명의 부르심과 그리스도인으로 세상을 이기는 능력이 있기를 갈망한다. 그러기 위해, 그 거룩한 삶을 향해 나가는 이 땅에서의 여정을 모두 다 함께 갈 수 있기 위해 우리는 안전함, 수용과 존중, 그리고 긍휼과 우정이 있는 치유 공동체가 필요할 것이다. 인생의 긴 여정에서 겪게 되는 만만치 않은 위기와 문제 앞에서 무너질 수밖에 없고 다칠 수밖에 없을 때, 성도는 서로를 돌보며 위로하며, 힘을 주고 또다시 소망을 확인시켜주는 치유 공동체가 필요하다. 이 시대에 이런 공동체가 더 절실히 필요한 것은 현대 사회에서 사람들은 점점 더 고립되어가며 인간의 진정한 만남이 무가치하게 여겨지고 있기 때문이다. 그러기에 하나님의 형상으로 창조된 인간의 존엄한 가치를 회복시키는 예수 그리스도의 십자가와 의로우심에 근거하는 치유와 회복의 능력이 예수 그리스도의 몸 된 교회에서, 그리고 모든 성도의 삶에서 선포되고 경험되기를 간절히 소망해본다.

제5장

Q&A

1. 공동체 영성이란 무엇입니까?

2. 공유의 영성이란 무엇입니까?

3. 에버하르크 아놀드의 공동체로 살아야 하는 이유에 대해
   서술해 주세요.

4. 공유의 영성 내용에 대해 서술하세요.
   ①
   ②
   ③
   ④

5. 비움의 영성을 예수의 자기 비움과 연관 지어 설명해 보세요.

6. 비움의 영성 내용에 대해 서술하세요.
   ①
   ②
   ③
   ④

7. 죽복의 영성이란 무엇입니까?

8. 죽복의 영성 내용에 대해 서술하세요
   ①
   ②
   ③
   ④

9. 합일의 영성이란 무엇입니까?

10. 합일의 영성 내용에 대해 서술하세요.
    ①
    ②
    ③

11. 하나님의 관계놀이에 대해 설명해 보세요.

12. 관상의 영성이란 무엇입니까?

13. 관상기도의 종류는 무엇입니까?

14. 주부적 관상기도의 특징은 무엇입니까?

15. 각종 기도 방법에 대해 설명해 보세요
    ① 차단기도
    ② 침묵기도
    ③ 사막기도
    ④ 갈망기도
    ⑤ 화살기도
    ⑥ 영의 기도

16. 거룩한 독서란 무엇입니까?

17. 영권의 영성이란 무엇입니까?

18. 영권의 영성 내용에 대해 서술하세요.
    ①
    ②

19. 예수 성성(成聖)을 이루기 위한 세가지 단계는 무엇입니까?

20. 탁발의 영성이란 무엇입니까?

21. 탁발의 영성 내용에 대해 서술하세요.
    ①
    ②
    ③

22. 노동의 영성이란 무엇입니까?

23. 노동의 영성 내용에 대해 서술하세요
    ①
    ②

24. 해방의 영성이란 무엇입니까?

25. 해방의 영성 내용에 대해 서술하세요
    ①
    ②

26. 치유의 영성이란 무엇입니까?

27. 치유의 영성 내용에 대해 서술하세요
    ①
    ②

제6장
4차 산업혁명 시대 기독교공동체의 방향

거룩한 영성적 삶을 추구하는 사람들에게는 다소 이상하게 들릴 수 있겠지만, 태초부터 마귀의 변함없는 꿈은 이 땅에 공동체를 세우는 것이다. 마귀는 전 지구를 하나의 공동체로 묶어 자신의 왕국을 건설하기를 원해 왔다.

마귀가 전 지구적 공동체를 첫 번째로 실현시켰던 것이 바로 바벨공동체였다(창11:1~9). 여러 지체들을 한 마음, 한 사상으로 연합시켜 인간중심의 공동체를 만들게 하여 급기야 바벨탑을 하늘 높이 쌓게 하였으며, 인간의 지혜, 힘 등을 자랑하게 만들어 하나님을 대적하게 하였다. 이때 하나님은 언어를 혼잡하게 하셔서 오히려 공동체를 분열시켰다. 그럼에도 불구하고 마귀는 끊임없이 변질된 공동체사상(선민주의, 순혈통주의, 군국주의, 공산주의)을 불어넣어 지역적, 민족적 공동체를 확장시켜 왔다. 이제 마귀는 다시 한 번 전 인류를 한 공동체로 만들기 위한 제2의 바벨공동체를 세우고 있는데 그 출발선이 바로 제4차 산업혁명이다. 이제 다시 한 번 하나님중심의 선한 공동체와 마귀중심의 악한 공동체의 대결의 장이 펼쳐지고 있다.

결론부터 말하면 한국교회와 공동체가 4차 산업혁명을 이해하지 못하고, 대비하지 못한다면 마귀와의 싸움에서 질 수 밖에 없고, 모두 무너져 내릴 수 있다는 것이다. 공동체 안에서 거룩한 영성적 삶, 깊은 기도, 경건한 노동 등이 선행되어야 하지만 동시에 외적으로는 성령님이 주시는 지혜와 지식을 가지고 세상을 볼 수 있는 안목이 있어야하고, 또한 새로운 전략(戰略)과 전술(戰術)을 가지고 마귀와 싸워 이겨야 한다.

> **지혜** 있는 자는 강하고 **지식** 있는 자는 힘을 더하나니 너는 **전략**으로 싸우라 승리
> 는 **지략**이 많음에 있느니라(잠24:5~6)

1. 4차 산업혁명이란 무엇인가

매년 1월이 되면 스위스 다보스에서 세계경제포럼(World Economic Fo_rum),[175] 일명 다보스포럼이 개최되는데 이때 전 세계 정치, 경제, 문화, 사회지도자, 전문가 2,000여명이 일주일동안 다양한 주제를 가지고 토론을 한다. 2016년 이 포럼의 핵심주제는 '4차 산업혁명의 이해'였다. 이때부터 전 세계에 4차 산업열풍이 일어나게 되었다. 한국 문재인 정부도 '4차 산업혁명위원회의 설치 및 운영에 관한 규정'을 만들어 대통령령으로 공포하였다. 그 규정 2조1항은 이렇게 되어 있다.

> 초연결, 초지능 기반의 4차 산업혁명 도래에 따른 과학기술 · 인공지능 및 데이터 기술 등의 기반을 확보하고, 신산업 · 신서비스 육성 및 사회변화 대응에 필요한 주요 정책 등에 관한 사항을 효율적으로 심의, 조정하기 위하여 대통령 소속으로 4차 산업혁명 위원회를 둔다.[176]

1차 산업혁명은 1760년대 영국에서 증기기관과 방직기계라는 기계발명으로 시작된 '기계혁명'이었다.
2차 산업혁명은 1870년대 에디슨, 테슬라의 전기발명으로 독일, 프랑스, 미국의 생산력이 비약적으로 발전한 '전기혁명'이었다. 이때 석유화학산업, 철강 산업, 자동차산업, 조선 산업 등이 발전하였다.
3차 산업혁명은 1980년대 컴퓨터와 인터넷으로 대변되는 '정보화혁명'이었습니다. 이때 우리나라 인터넷(IT)강국이 되었다.
4차 산업혁명은 2016년부터 본격화되기 시작했는데, 인공지능 빅데이터, 가상현실(VR), 증강현실(AR), 융합현실(MR), 무인차, 5G, 암호화폐 등을 통해 전 인류가 자유함과 평화를 누리면서 하나가 되는 산업혁명을 말한다. 이때 제조업과 정보통신(ICT) 그리고 인간이 결합되게 되었다. 그러면서 새로운 통합사회가 나타나게 되었다.

그러면 구체적으로 4차 산업혁명은 어떤 사회를 만들까?

첫째, 정보. 통신 통합사회다.
모든 정보를 통신을 통해 전 세계가 공유한다. 각 개인의 사생활 및 기업, 단체의 정보, 부동산, 동산 등을 누구나 알 수 있게 된다. 지금 구글어스(Google Earth)에서 원하는 주소를 인터넷에서 치면 전 세계 모든 사람들이 살고 있는 개인의 집, 도로, 움직이는 모습 등이 3D입체로 모두 나

...
175_독립적 비영리재단 형태로 운영되며, 본부는 스위스 제네바주의 도시인 콜로니(Cologny)에 위치한다. 세계경제올림픽으로 불릴 만큼 권위와 영향력이 있는 유엔 비정부 자문기구로 성장하면서 세계무역기구(WTO)나 서방선진 7개국(G7) 회담 등에 막강한 영향력을 행사하고 있다. 1971년 1월 경제학자 클라우스 슈바프가 창설한 '유럽경영포럼'으로 출발했다. 스위스 다보스에서 열린 첫 회의에 400명의 유럽 경영인들이 참가하였다. 1973년부터 참석 대상을 전 세계로 확장하였고 1974년 1월부터 정치인을 초청하기 시작했다. 1976년 회원 기준을 '세계의 1000개 선도 기업'으로 설정하였다. 1987년 '세계경제포럼'으로 명칭을 변경하였다.

...
176_최진기, 4차 산업혁명, (서울: 이지퍼블리싱, 2018), 17에서 재인용.

온다. 평양이건, 모스크바이건 군사비밀지역만 아니면 모두 볼 수 있다.

둘째, 금융·경제 통합사회다.
그동안 전 세계의 기축통화였던 달러, 엔화 등이 사라지고 비트코인으로 대변되는 가상화폐, 전자화폐, 암호화화폐 등이 실제로 사용되는 기축통화로 발전하게 될 것이다. 지금 전 세계에 수백 개의 코인들이 난무하고 있지만 서서히 정리가 되면서 한 코인만 살아남아서 전 세계 사람들의 화폐로 통일되게 될 것이며, 물건을 사고 팔 때 자신의 고유한 암호화된 블록체인을 통해 상거래가 이루어지게 될 것이다. 그런데 이상거래를 위한 빅데이터 앞부분은 최고의 정보와 인터넷망을 연결시켜주는 인간의 수 '666'이다(계13:18). 기도와 노동을 통해 영성적 삶을 추구해 나가는 각 공동체지체들도 전자상거래를 피해갈 수 없게 될 것이다. 현재 전 세계는 몇 개의 경제무역지역으로 나누어져 있다. 북미자유무역협정지역(NAFTA). 미주자유무역지역(FTAA), 아시아태평양경제협력체지역(APEC), 유럽자유무역연합지역(EFTA), 걸프협력회의지역(GCC), 서아프리카 경제공동체지역(ECOWAS), 중앙아프리카 경제공동체지역(ECCAS) 이런 자유무역지역이 서서히 하나로 통합되어 전 지구적 금융. 경제공동체가 생겨나게 될 것이다.

셋째, 국가 통합사회다.
가장 많은 정보를 가진 자, 4차 산업의 소프트웨어를 개발할 수 있는 그룹에서 각 나라의 정치인과 경제인 그리고 개개인을 좌지우지 할 수 있게 될 것이다. 이쯤 되면 가장 많은 빅 데이터를 가진 사람이 이 세상을 통합하여, 통치하게 될 것이다. 북한의 김정은이 북한을 일사불란하게 통치하듯이 이제 모든 정보와 산업기능을 개발, 제어, 조절 할 수 있는 슈퍼휴먼을 가진 통치자가 나타나고, 결국 필연적으로 세계정부가 탄생하게 될 것이다.

넷째, 생활환경개선 통합사회다.
인공지능로봇의 판단능력이 인간의 능력을 넘어서기 시작하면 경제적 효용측면에서 인간의 존재가치는 낮아지게 될 것이다. 동시에 의료기술 발전과 생활환경개선으로 인간의 수명은 계속 늘어나게 될 것이다. 금세기내에 인류의 평균수명이 매년 1년 이상씩 늘어나는 '수명탈출속도' 현상이 나타나게 될 것이다. 이 상태에 이르면 인류는 사고사 하지 않는 한 수명이 굉장히 연장 되게 될 것이다.
극소수의 '슈퍼휴먼'이 중요한 의사결정을 하고 AI를 통제하고 국가와 사회 시스템의 붕괴를 막는 질서유지자 역할을 하게 될 것이다. '슈퍼휴먼'은 말 그대로 현재 인간의 능력을 넘어서서, 고도의 강 인공지능을 통제할 만한 수준의 능력을 가진 초 인류를 뜻한다. 인간 역시 인간의 물리적 신체와 두뇌에 최첨단 기술들이 접목되거나, 더 나아가 일체화가 될 것이다. 예를 들어, 두뇌가 5G이상의 속도로 지연 없이(Zero_latency)슈퍼 컴퓨터에 상시 접속되어 정보처리 및 저장능력에 있어서 인공지능에 뒤지지 않는 상태가 된다는 것이다.

몸의 상당 부분은 바이오, 나노, 로봇, 줄기세포 장기, NK세포 등의 기술로 보강 또는 대체되어 피곤함을 느끼지 않고 늘 최상의 컨디션 하에 최고의 생산성이 보장 될 것이다. 인간들은 물리적 현실보다 가상의 현실에서 보내는 시간이 점점 많아지고, 결국 대다수의 사람들은 경험의 폭과 질 측면에서 훨씬 좋은 가상현실에 영원히 살겠다는 의사결정을 하게 될 것이다. 즉, 나의 정체성은 컴퓨터 스토리지에 저장되고, 나는 그 안에서 영원히 극락세계를 경험하며 살게 되는 것이다. 지구는 당분간 깨끗한 환경과 완벽한 평화를 맞이하게 될 것이다. 슈퍼휴먼들은 스토리지 공간과 운영자원을 얻기 위해 가까운 우주를 열심히 개척할 것이고, 어느 순간 3차원을 넘어서는 인지능력도 갖추게 되어 지구라는 공간을 초월하는 4차원 존재로 발전하게 될 것이다. 결국 인간은 자신이 전지(全知)전능(全能)한 존재가 된다고 선언하게 될 것이다.

다섯째, 먹거리 통합사회다.

인류 최후의 전쟁은 핵전쟁이 아니라 '종자전쟁'이 될 것이다. 마귀가 바벨공동체를 위해 심혈을 기울이며 손에 넣으려고 하는 분야가 바로 먹거리이고 이미 손에 넣었다. 대표적 종자회사인 몬사토사(Monsanto Company)는 4차 산업혁명의 꽃인 DNA, 유전공학을 통해 해충에 강하고, 다량 수확을 할 수 있는 유전자변형 씨앗과 식물(GMO；Genetically Modified Organism)을 개발 했다. 유전자변형식물이란 '기존의 생물체 속에 다른 생물체의 유전자를 끼워 넣음으로 인해 기존의 생물체에 존재하지 않던 새로운 성질의 생물체'를 말한다. 이런 식물종자가 개발 되면서 많은 논란이 벌어졌다. 이것이 과연 인간에게 유익한 것인가? 하는 물음에 찬, 반 의견대립이 계속 되고 있다. 그러나 분명한 것은 창조 질서를 어지럽히는 이 식물로 인해 각종 질병 특히 암 세포의 발현이 더욱 빈번해 진 것만큼은 분명하다.

유전자변형식물을 만드는데 이용되는 기술로 아그로박테리움(Agrobac_terium)법[177], 프로토플라스트(Protoplast)법[178], 유전자총법[179] 등이 있다.

현재 시중에서 판매되는 콩, 오이, 가지, 옥수수 등 거의 모든 씨앗이 GMO씨앗이다. IMF 때 우리나라 종자 대다수가 외국 종자 회사에게 팔렸다. 외국 종자 회사는 우리나라 토종 DNA씨앗에 1년간만 살 수 있

177_토양 미생물의 일종으로 토양에 양분이 부족해지면 식물에 침투하여 기생하는데 아그로박테리움이 가지고 있는 Ti 플라스미드에는 T DNA라 불리는 부분이 있어서 이 부위가 식물의 유전체에 삽입되면 형질전환을 일으켜 줄기 세포는 뿌리에 비정상적인 혹이 생긴다. 이러한 원리를 이용하여 Ti 플라스미드의 T DNA에 유용한 유전자를 삽입 시킨 후 재조합된 Ti 플라스미드를 가진 아그로박테리움을 식물세포에 감염시켜 유용한 DNA가 식물 세포로 변환되게 만든다.

178_식물세포의 두꺼운 세포벽을 제거하여 세포벽이 없는 상태(프로토플라스트)를 만들고 이 상태에서 원하는 DNA를 주입하여 유전자 변형 식물을 만들어내는 기법이다.

179_금 또는 텅스텐의 미세한 금속표면에 DNA물질을 묻혀서 총으로 쏘면, 세포내부로 DNA물질이 들어가는 방법이다. 이는 비교적 성공확률이 낮고, 타 방법으로 유전물질을 넣기 힘든 경우에 주로 사용된 방법이다

게 유전자 조작물질을 집어넣어 변형시킨 GMO씨앗을 다시 우리나라에 되팔고 있다. 현재 엄청난 자본과 조직으로 무장한 다국적 기업들은 이미 세계 종자시장에 깊이 뛰어든 상황이다. 전 세계 상품 종자의 82%가 특허로 묶여 있는데, 이 중 67%가 몬산토(Monsanto), 듀폰(Dupont), 신젠타(Syngenta) 등 종자회사가 점유하고 있다. 만약 각공동체에서 종묘상에서 판매되는 씨앗을 사다가 논, 밭에 심었다면 100% GMO씨앗이며, 만약 여기서 열매 맺은 식물을 가지고 음식을 만들었다면, 바로 GMO식품을 먹은 것이 된다. 유전자변형식품이 우리 몸에 들어오면 면역력이 약화 되고 각종 질병들이 발생 한다. 우리는 태초에 하나님이 창조하신 씨앗으로 농사를 지어야 하며, 그 열매를 먹어야 한다. 종자 자체가 잘못 되면 아무리 유기농법, 생명농법으로 농사를 지었어도 다 소용이 없다. 마귀는 바벨공동체를 세우기 위한 수단으로 독점적인 종자회사를 세워 인간이 먹을 수밖에 없는 식물을 가지고 세계를 통합하고 있다.

여섯째, 인간·기계 통합사회다.
인간의 뇌와 컴퓨터가 서로 연결되어 컴퓨터가 인간의 생각과 의지, 음성 등을 통해 모든 것이 작동되며, 반대로 컴퓨터 안에 있는 정보가 인간의 뇌 속으로 스캔되어 특별하게 공부하지 않아도 뇌 속에 첨단지식이 축적되는 사회가 될 것이다. 외국어도 동시 통역되어 외국어에 대한 부담감도 줄어들게 될 것이다. 또한 팔·다리가 없는 사람이 인공지능 팔. 다리를 달고, 얼마든지 자신의 생각과 의지대로 팔다리를 움직이게 될 것이다.

4차 산업혁명은 탈중앙화, 분권, 연결, 공유, 개방 등을 통한 맞춤 시대의 지능화를 지향하면서 이 지능화 세계를 구축하기 위해 빅데이터, 인공지능, 블록체인 등 여러 기술 등 을 적용하고 있다. 이런 지능화는 현실 세계를 가상 세계로, 가상 세계를 현실 세계로 만들어 가면서 발전적인 사회와 통합적인 사회를 만들어 가게 될 것이다.

2. 4차 산업혁명 용어이해

4차 산업혁명을 제대로 이해하기 위해서는 다음 몇 가지의 전문용어들을 알고 있어야 한다.

- **인공지능**(AI ; Artificial Intelligence) : 사람이 가지고 있는 능력의 일부, 또는 전부를 컴퓨터가 구현하는 것을 말한다. 이런 인공지능에는 2가지 종류가 있다.

약 인공지능(Week AI) : 사전에 정해진 프로그램에 따라 명확히 주어진 과제를 수행하는 인공지능(자율주행 자동차, 인공지능 스피커, 재난 분석 및, 예측 시스템)

강 인공지능(Strong AI) : 스스로 학습 능력을 가지고, 자아를 바탕으로 자율적 판단을 내리며, 움직이는 인공지능(알파고 제로).

앞으로 20년 이내에 인공지능 하나가 전 인류가 가진 지식을 합친 것을 능가하는 특이점(Singularity)[180]이 올 것이라고 예상하고 있다. 이세돌 9단을 이긴 '알파고 리'와 '알파고 마스터'는 이미 고철이 되었다. 2017년 '알파고 제로(AlphaGo Zero)'가 나왔는데 기존버전은 인간이 입력한 전략이나 정보를 학습하는 방식으로 바둑을 배웠다면, 알파고 제로는 아무런 사전지식 없이 스스로 바둑을 터득하면서 36시간 만에 알파고 리의 실력을 뛰어넘었고, 40일 만에 한 단계 위인 알파고 마스터 실력을 뛰어 넘었다. 이제 인공지능 로봇은 점점 인간화 되어 갈 것이고, 이미 나와 있는 섹스로봇은 가정을 해체 시킬 것이다. 스스로 학습하고, 판단하고, 진화하면서, 유전자와 줄기세포, 인공지능이 결합된 초인간(슈퍼 휴먼 : Super Human)이 나오게 될 것이다.[181] 그렇다면 슈퍼휴먼은 사람일까? 기계일까?

- **빅 데이터**(Big Data) : 최소 1,024 테라바이트(1,000 기가는 1 테라바이트)이상의 크기를 가지고 있는 정보량을 말하며, 엄청나게 많은 통계분석을 통해 사물을 판단하고, 조절 할 뿐 아니라 사람의 뇌 속의 마음까지 읽음으로서 인간행동의 결과를 미리 예측하고, 그것을 기반으로 인간행위를 변화 시키는 기술을 말한다.

- **ICT**(Information and Communication Technology) : 정보기술(IT)와 통신기술(CT)이 합성된 정보통신 기술을 말하며, 정보에 관한 하드웨어 및 소프트웨어 운영 및 관리를 통해 정보 수집, 생산, 가공, 보존, 전달, 활용 하는 모든 방법론을 말한다. 지금 제조업과 ICT가 결합된 산업구조가 형성 되고 있다.

- **블록체인**(Block Chain) : 분산화 된 공공장부를 공유하는 암호화된 시스템을 말한다. 중개자 없이 개개인간의 거래, 가치, 자산 등을 이동 시킬 수 있는 교환 네트워크다. 기존 은행을 통해 외국에 돈을 송금 할 때는 송금은행 – 중개은행 – 수신은행의 3단계를 거치면서 3~5%의

180_특이점이란 인공지능이 마침내 인간의 모든 지능을 뛰어넘어서는 시점을 말한다. 비관론자들은 결국 인간을 종말에 이르게 할 것이라고 주장하고, 낙관론자들은 인간의 삶을 더욱 풍성하게 만들 것 이라고 주장하고 있다.
see Calum Chace, 경제의 특이점이 온다, (서울: 비즈페이퍼, 2017).

181_보스턴컨설팅그룹, 4차 산업혁명 6개의 미래지(서울: 토트 출판사, 2019),16~28.

수수료를 내지만 암호화된 블랙체인을 이용하면 은행이나 중간단계를 거치지 않고, 직거래를 통해 천원 미만의 수수료로 이 모든 것이 가능해 진다. 이런 블랙체인은 법적으로 보장을 받을 뿐만 아니라 해킹이 불가능 해진다.

- **비트코인**(Bitcoin) : 절대 해킹 당하거나 위조 및 변조가 불가능하고 수수료가 거의 없는 블록체인 기술로 만들어진 최초의 가상화폐, 암호화화폐, 전자화폐가 바로 비트코인이다. 2008년 8월 'Bitcoin.org'라는 도메인이 등록 되었고, 그해 10월 사토시 나카모토(Satoshi Nakamoto)라는 사람이 자신이 전자화폐를 만들었다고 주장하면서 그에 대한 논문을 발표 하였다. 그 후 2009년 최초로 블록(암호벽돌)을 형성 하였으며, 2010년 최초로 화폐로 그 가치를 인정받았다. 비트코인은 고객이 거래를 요청하면 가상화폐 거래소(빗썸, 코빗, 코인원, 플로닉스, 비트렉스)에 있는 채굴자가 수학 연상 능력이 뛰어난 채굴기를 통해 모든 거래 공공기록 장부와 비교해 암호화된 블록을 만든다.
이것을 채굴(Mining)이라고 한다. 이렇게 만들어진 블록을 체인처럼 연결 하면서 거래가 성사 된다. 채굴자는 블록을 만들어 소액의 수수료를 받고 거래자들을 연결 시켜 주고 있다. 지금 수백 종류의 전자코인이 나와 있지만 모두 정리 될 것이고, 앞으로 기축통화가 되는 하나의 코인으로 정착 될 것이다. 이때 세계는 달러나 엔화, 원화가 사라지며 하나의 화폐로 통일 될 것이다.

- **5G**(Fifth Generation) : 초고속, 초연결, 초지연(무 지연성), 인터넷 네트워크를 말한다. '이동통신표준기구'에 의해 뉴 라디오(NR : New Radio)라고 명명 되었으나 5G 라는 말로 통용 되고 있다. 2019년 4월 3일 오후 11시 세계 최초로 우리나라에서 상용화 되었다. 초고속 연결망을 통해 가상현실, 증강현실, 융합현실 등의 새로운 서비스가 활성화 될 것이다.

- **가상현실**(VR : Virtual Reality) : 가상세계에서 실제와 유사하지만 실제가 아닌 어떤 특정한 환경이나 상황을 만들어 내는 것을 말한다. 몰입감이 좋다.

- **증강현실**(AR : Augmented Reality) : 현실세계에서 3차원의 가상물체를 겹쳐서 보여주는 기술을 이용해 현실과 가상 환경을 융합하는 복합형 가 상현실을 만드는 것으로 현실감이 좋다.

- **융합현실** (MR：Merged Reality)：가상현실과 증강현실을 통합하여 양쪽의 장점인 현실감과 몰입감을 모두 보여주는 것을 말합니다.

- **자율주행** (AD：Autonomous Driving)：차량을 운전자가 직접 운전하지 않고, 스스로 도로에서 달리게 하는 기술을 말한다. 자동차에 원하는 목적지를 입력하면, 사람 개입 없이 시스템이 모든 기능을 수행 한다. 자동차가 직접 보고, 판하고, 실행하기 때문에 교통사고, 도로에 보내는 시간, 주차 공간 확보문제 등이 사라지고, 연료 효율성이 극대화 된다.

- **음성기반 플랫폼** (Voice Platform)：사람의 목소리를 통해 기계와 소통하는 방식을 말한다. 음성인식 전기, TV, 냉장고, 스피커, 컴퓨터 등이 있으며 영상 이미지 분석, 자동언어 번역기 등을 통해 인간의 생활 패턴을 바꾸는 기술을 말한다.

- **애드테크** (Ad Tech：Advertising Technology)：사용자 데이터를 토대로 이들의 구매 형태를 예측하고, 실시간으로 최적의 대상을 찾아서 필요한 광고를 노출 시키는 모든 기술을 말한다.

- **사물 인터넷** (IoT：Internet of Thing)：모든 정보를 통해 최적의 해법을 제시하고, 시행하게 해서 생산성을 최대로 올리는 기술을 말한다. 예를 들어 병원의 모든 정보를 인터넷에 연결한 뒤 기다리는 시간을 줄이고, 질병 치료를 원활하게 할 수 있는 최선의 방법을 찾아 병원과 환자 모두에게 유익을 줄 수 있다. 또한 개개인의 집과 스케줄 등을 가장 효과적으로 관리 해 주기 때문에 불필요한 낭비가 없고, 집 안팎에서도 집안을 조절할 수 있다.

- **스마트 팩토리** (Smart Factory)：사물 인터넷을 기반으로 기획, 설계, 생산,유통, 서비스 등이 자동화, 디지털화 되어 소비자가 자신만의 제품을 결정하여 구매하는 것을 말한다. 예를 들면 차량크기, 색깔, 트렁크, 세단인지 스포츠 카 인지를 소비자가 하나하나 선택하여 자신만의 차를 구입하는 것이다. 보통 24시간 안에 제품이 만들어져 소비자가 받을 수 있다.

- **나노기술** (NT：Nano Technology)：전자공학, 의학 등 생산 및 소비 제품을 새로운 물질로 만들 수 있고 생산성 및 효율성을 극대화 시키는 기술을 말한다.

- **3D 프린터**(3D Printing) : 입력한 도면을 바탕으로 3차원의 입체 물품을 만들어내는 기계와 기술을 말환다. 나만의 집도 20시간 안에 3D로 축소된 모형을 지을 수 있다.

- **스마트 팜**(Smart Farm) : 정보통신기술(ICT)을 비닐하우스, 축사, 과수원 등에 접목해 원격, 자동으로 작물과 가축의 생육환경을 적절히 제어할 수 있는 농법을 말한다. 노동력과 에너지, 영양분 등을 기존 관리 방식보다 덜 투입하고도 생산성과 품질향상이 극대화된다.

- **MOOC**(Massive Open Online Course) : 웹을 기반으로 이루어지는 거대 규모의 교육시스템을 말한다. 인터넷 토론 게시판을 중심으로 커뮤니티를 만들어 수업을 진행 하는데, 지금의 사이버대학과 비슷하지만 다른 점은 하버드대학교, 옥스퍼드 대학교 등 세계적인 대학 교수님들의 강의를 들을 수 있으며, Mooc 인증서를 받아 이 인증서가 그대로 학력, 학위, 자격증 역할을 하고 스펙에 첨가 된다는 것이다. 이제 대학교 고유의 기능이 사라지게 될 것이다.

- **커넥톰**(Connectome), **뇌 과학**(Neuroscience) : 과학 기술이 발달함에 따라 생물마다 고유한 DNA 정보를 파악할 수 있게 되었습니다. 인간의 게놈 프로젝트(Human Genome Project)가 이런 사업을 완성 했다.

커넥톰이란 커넥션(Connection)의 지도(Map)란 뜻으로, 인간 유전자 정보를 지도화 하는 인간 유전자 계획의 일환으로 1,000억개의 신경세포가 가지고 있는 뇌의 회로를 전체적으로 다 파악하는 것을 말한다. 이 분야는 인류 최후의 학문이며, 신의 영역으로 들어가는 문의 역할을 감당하고 있다. 인간의 뇌 지도를 통해 치매, 파킨슨, 뇌전증, 조현병, 우울증 등 정신적, 육체적 고질병 들을 예방하고, 치유 할 수 있으며, 인간의 감정, 사고, 인지, 기억, 창의력 등을 이해하며, 인간의 행동을 사전에 예방, 치유, 발전시킬 수 있게 되었다.
무엇보다도 영혼의 문제, 종교, 믿음, 기도, 체험 등을 알 수 있으며, 뇌 속에 있는 신의 통로를 통해 신앙마저 조절 할 수 있게 되었다.
지금 신경과학의 뜨거운 감자는 "인간의 뇌가 신을 만들었는가?" 아니면 "신이 인간의 뇌를 만들었는가?" 하는 논란이다. 도킨슨(Richard Dowkins)은 인간의 뇌가 신을 만들었다고 주장하면서 만들어진 신(The God Delusion)을 주장하고 있다.[182] 이것이 바로 4차 산업혁명의 종교관입니다. 반면에 뉴버그(Andrew Newberg)교수를 중심으로 영성과 인간을 뇌과학적으로 접목시켜 유신론적 신경신학을 탄생시켰다.[183]

• • •
182_see Richard Dawkins, 만들어진 신, (서울: 김영사, 2010).

• • •
183_see Andrew Newberg, 신은 왜 우리곁을 떠나지 않은가, 이충호 역. (서울: 한울림, 2001).

- **의료공학** (Biomedical Engineering) : 공학기술을 의학과 인체에 적용(통합)시키는 학문을 말한다. 특히 뇌신경과 기계가 결합되어 팔, 다리가 없는 사람에게 뇌가 생각하는 대로, 의도하는 대로 팔, 다리가 움직이게 하는 것이다. 인공장기, 의료기기 개발 등을 통해 인간의 능력을 극대화 시키는 역할도 하게 된다.

- **줄기세포** (Stem Cell), NK면역세포(Natural Killer Cell) : 줄기세포는 인체의 특정한 조직을 만들거나 재생시키는 성질을 가지고 있다. 이런 줄기세포를 배양하여 손상된 피부, 장기 등을 새롭게 복원시키는 기술들이 발전하고 있다.

배아줄기세포 (Embryonic Stem Cell : ESC) : 남성의 생식세포인 정자와 여성의 생식세포인 난자의 수정으로 생성된 수정란에서 유래한. 어머니 뱃속에서 아기로 성장할 때 약2조개의 세포가 생기는데 배아줄기세포는 이러한 다양한 종류의 세포로서 분화할 수 있는 능력을 가지고 있다. 대량증식이 가능하며 거의 모든 인체세포로 분화가 가능하며 면역거부반응이 없어 타인과 타종에게 이식이 가능하다. 그러나 분화조절이 어려워 암세포로 될 가능성이 있어 기술의 정밀함을 요하며, 수정란의 파괴로 인한 윤리적문제로 사용을 금하고 있다.

성체줄기세포(Adult Stem Cell : ASC) : 이 줄기세포는 신체 각 조직에 극히 소량만이 존재하며, 특정한 조직을 구성하는 세포로 골수세포는 혈구세포로, 피부줄기세포는 피부로, 후각신경세포는 후각신경세포로만 분화되도록 정해진 세포다. 분화가 안정적이어서 암세포 가능성이 없고, 이미 임상적 적용이 가능한 단계까지 왔다. 배아줄기세포와는 다르게 수정란의 파괴가 없어서 윤리적으로도 문제가 되지 않는다. 그러나 얻을 수 있는 줄기세포수가 적고, 배양이 어려우며 특정 세포로만 분화가 가능한 단점이 있고, 또 면역 거부 때문에 자신의 것은 자신만 사용해야 한다.

유도만능줄기세포(Induced Pluripotent Stem Cell : IPSC) : 인체의 세포를 역분화[184]시켜 배아줄기세포와 같은 성질의 줄기세포를 만들 수 있다는 것이 발견되었다. 2007년 일본의 과학자 야마나카는 최초로 쥐를 이용한 역 분화에 성공하여 인체의 어느 부분을 이용해도 배아줄기세포와 같은 줄기세포를 만들 수 있다는 희망을 열었다. 2012년 그는 최단시간에 노벨 생리의학상을 받았는데, 이것은 인류의 생명공학의 교과서를 통째로 다시 써야할 만큼 위대한 업적이었다. 도마뱀이 팔다리 척추 등을 스스

· · ·
184_이미 성숙하고 분화된 세포를 미성숙한 세포로 역 분화 시켜서 다시 모든 조직을 만들 수 있다는 기술이 개발 된 것이다.

로 재생할 수 있는 것처럼 인간도 이와 같은 재생능력을 가지고 있다는 엄청난 발견이었다.

NK면역세포(Natural Killer Cell) : 선천면역을 담당하는 중요한 세포로, 체내에는 총 약 1억 개의 NK세포가 있으며 T세포와 달리 간이나 골수에서 성숙된다. 이 면역세포는 바이러스 감염세포나 암세포를 공격하여 소멸 시키는데, 이 세포를 인체에서 빼내 50억 cell 이상으로 배양, 보관하고 있다가 병들었을 때 주입하면 약물복용 없고, 부작용 없이 질병을 치유 할 수 있다.

3. 기독교공동체는 무엇을 해야 되는가

첫째, 창의적인 공동체를 세워야한다.
4차 산업혁명은 인간의 육체적 노동과 인간의 정신적 노동이 얼마나 덧없는지를 보여주고 있다(그렇다고 각 공동체의 신성한 노동을 무시하는 것은 절대 아니다). 기계가 인간의 육체노동을 대신하고, 인공지능이 인간의 정신노동(예: 이세돌과 알파고 대결)에서 승리함으로써 정신노동을 대신하게 되었다. 인간은 육체노동과 정신노동이라는 두 가지 영역을 다 빼앗겨 버렸다. 그럼 인간에게 남아 있는 것은 무엇일까? 바로 순발력 있는 인간의 창의력이다. 창의력이란 '변화하는 환경에 적응하는 사고 능력과 행동'을 말한다. 창의력 있는 사람은 어떤 상황 속에서도 선입견과 편견 없이 남들이 상상할 수 없는 대안을 제시한다.
"전화기에 MP3기능과 컴퓨터를 붙여버리겠다." 이렇게 말한 사람이 바로 애플의 스티브 잡스(Steve Jobs)였다. "무인차를 화성 왕복선에 실어 보내겠다." 이렇게 말한 사람이 바로 테슬라의 엘론 머스크(Elon Musk)였다. 사람들을 이들을 창의적인 사람이라고 부른다. 기독교공동체도 몇 가지 면에서 창의력 있는 공동체를 만들어야 한다.

1) 농업의 창의력이다.

그동안 영성을 추구하는 공동체의 슬로건은 '노동은 기도 다' 였다. 그만큼 단순 노동은 인간의 의식과 행동을 순환 시키고, 깊은 영성으로 들어가는 출발점 이었다. 그동안 기독교 역사와 1차~ 3차 산업혁명 속에서는 이런 단순 노동이 좋은 수도의 장이 되었다. 그러나 4차 산업혁명은 지금까지 경험한 세상과는 전혀 다른 세상이다. 단순하게 행동하는 것만으로는 공동체 영성과 정신을 이어 갈 수 없는 세상이 온 것이다. 우리는 보다 창의적인 농법을 통해 영적이며, 진일보한 공동체를 만들어 가야한다. 예를 들면, 100평의 땅에 GMO 씨앗을 심어 거룩한 노동을 통해 농산물을 수확했다면, 아무런 창의력도 없는 농법이다. 100평의 땅에 오리지널 DNA 씨앗을 심어 생명농법, 미생물 농법 등으로 농산물을 수확했다면, 1차 창의력 농법이 생긴 것이다. 그 농산물을 먹고, 팔고 난 후 남아있는 농산물을 발효시켜 발효식품, 발효식초, 발효 엑기스, 저장 식품 등을 만들어 판매했다면 2차 창의력 농법이 생긴 것이다. 그 발효식품을 가지고 공동체만의 특허적 건강기능 식품을 만들고, 각 질병을 치유 할 수 있는 음식치유(Food Art Therapy)프로그램을 적용했다면 3차 창의력 농법이 생긴 것이다.

여기에 스마트 팜 농법이 첨가되고, 애드테크를 통해 꼭 필요한 구매자에게 농산물을 판매 하고, 네트워크 상거래에 런칭했다면 4차 창의력 농법이 생긴 것이다. 마지막으로 공동체가 생산해 내는 농산물의DNA 종자를 확보하여 종자은행을 설립했다면, 모든 창의력 농업은 완성 된 것이다. 앞에서도 언급 했듯이 인류 최후의 전쟁은 종자전쟁이다. 종자를 가진 사람, 단체, 기업, 국가가 세계를 지배 하게 될 것이다. 이 말은 역으로 종자가 없는 개인, 국가, 공동체(교회, 수도원 포함)는 바벨공동체에 흡수 될 수밖에 없다는 뜻도 된다.

2) 금융·경제의 창의력이다.

초대교회처럼 재정의 공동관리가 실천 되어야 한다. 무하마드 유누스(Muhammad Yunus)가 만든 '그라민 은행(Grameen Bank)' 같은 무담보, 무보증, 무이자 공동체 은행이 설립 되어야 한다. 채무자가 정하는 자율상환 기간, 자율 이자 제도 등을 통해 돈을 공유해야 한다. 각 공동체 지체들이 조금씩 출자하면 초대교회가 실천했던 재정의 공동관리권과 재정의 자립권을 확보해 나갈 수 있다. 바벨 공동체가 제일 먼저 시도한 것이 종자를 확보하는 것이고, 두 번째는 전 세계를 단일 화폐로 묶어 돈을 좌지우지 하는 것이다. 그 시발점이 전자화폐이다. 앞으로 다가올 전자화폐, 암호화 화폐 뿐 아니라 화폐개혁에 대한 대비책도 마련해 두어야 한다. 또한 공동체 제품들을 브랜드화 하여 알리바바 같은 네트워크에 런칭해야 한다. 지금 자립, 자활, 자족한 경제 공동체시스템을 만들지 않으면 공동체도 바벨 공동체에 흡수될 수밖에 없다.

3) 교육의 창의력이다.

한국사회가 초 고령사회가 되었듯이 공동체도 고령화 되고 있다. 다음 세대가 한국공동체를 이끌어 가야 되는데, 젊음사람들이 부족하다. 이 문제를 해결하기 위해서 창의적이고, 전문적이며, 영성적인 교육시스템이 있어야 한다.

창의적 교육이란 주입식 교육이 아니라 어떤 주제에 대해 각 개인의 생각을 발표하고, 각 개인의 생각들을 서로 토론 하면서 차이점과 일치점을 찾고, 교사가 제시한 해답(진리)에 대해 다시 스스로 비교, 분석, 토론하면서 최종 결론을 내리는 것을 말 한다.

예를 들면 '영성'에 대해 이야기 할 때 '이것이 영성이다'라고 가르치는 것이 아니라 각 개인 생각하는 영성을 논하고, 서로가 생각하는 영성에 대해 차이점과 일치점을 찾고, 교사가 제시한 여러 가지 영성에 대한 결론을 다시 비교, 토론 하면서 비로소 최종 결론을 내리게 하는 것이다. 창의력 있고, 공동체영성을 가진 대안학교, 기술전문학교, 수도자(선지자)학교, 전인치유학교가 있다면 훌륭한 대안이 될 수 있다.

4) 복지의 창의력이다.

노인복지, 청소년복지, 여성복지, 장애인복지 등등... 여러 복지 분야가 있는데 과거와 같이 일방적으로 '돌봄'의 사역만 가지고는 효율적인 사역을 할 수 없다. 가장 중요한 것은 중증의 환자를 제외한 모든 사람들을 코칭(Coaching)하는 것이다. 코칭이란 단순히 먹이고, 입히고 쉼을 주는 것이 아니라, 그 사람의 잠재된 내면의 능력을 스스로 발견하게 하여 그 능력을 극대화 시켜주는 멘토링을 말한다. 바로 각 개인의 힘의 증강(Empowerment)을 의미한다. 예를 들면 소외된 어르신의 조그마한 능력을 발굴, 개발시켜 말년의 삶을 보람있게 만드는 것이다. 다시 말해 소비하는 복지가 아니라 재생산하고, 사회에 유익을 주는 복지시스템이 되어야 한다.

둘째, 전인적 치유 공동체를 세워야 한다.[185]
공동체는 다섯 가지 분야를 치유해야 한다. 바로 영치유, 혼치유, 육치유, 자연치유, 먹거리 치유 분야다. 이 다섯 가지 분야가 한 공동체 안에 있어서 세상에서 상처받고, 병들고, 소외된 이웃들이 공동체 안에서 치유되고, 회복 되어야 한다. 마지막 시대에 공동체가 진정한 피난처가 되어야 한다.
영치유 쉼터에서는 깊은 영성과 기도 그리고 강력한 성령의 기름부으심과 능력으로 귀신을 내어 쫓고, 각종 질병을 치유해야 한다. 혼치유 쉼

• • •
185_see 전요셉, 치유란 무엇인가(서울 : 도서출판 치유하는 별, 2024)

터에서는 다양한 심리 치유, 상담, 감수성 훈련, 영성수련, 공동체 수련을 통해 내면의 상처를 치유해야 한다. 육치유 쉼터에서는 발혈 치유, 정혈 요법, 기질 유, 인바디(InBody)측정, 양자공명자기 분석 등을 통해 질병을 검진, 예방, 치유해야 한다. 적어도 공동체는 왠만한 병은 자체적으로 치유할 수 있는 기술과 시스템을 갖추고 있어야 한다. 자연치유 쉼터에서는 물, 햇빛, 황토, 공기, 향기, 나무, 풀 등을 이용한 다양한 치유 방법 가지고 치유해야 한다. 먹거리치유 쉼터에서는 공동체에서 생산된 유기농산물을 가지고 맞춤별, 질병별 음식 치유프로그램을 적용하여 치유해야 한다.

우리가 영(靈)은 영(靈)으로, 혼(魂)은 혼(魂)으로, 육(肉)은 육(肉)으로, 자연(自然)은 자연(自然)으로, 음식(飮食)은 음식(飮食)으로 풀어야 온전한 치유가 일어납니다. 공동체 안에서 회복시켜야 할 사람들을 다섯 분야를 돌리면서 치유해야 한다. 불교의 법당에서는 물, 흙, 공기, 햇빛 등이 있어 자연치유가 되고 있고, 건강한 웰빙 밥상이 있어 먹거리 치유가 되고 있다. 요즈음 법당마다 심리치유를 전공한 스님들이 배치되고 있어 혼(심리, 정신)치유가 되고 있다. 그런데 한국 개신교회는 위에 것 중 하나도 적용 되는 것이 없으면서 오히려 분리와 갈등만 넘쳐나고 있다.

셋째, 신경과학적, 신경 신학직 공동체를 세워야 한다.

신경과학(Neuro Science)이란 신경계통(분자신경, 세포신경, 계통신경, 행동신경, 인지신경)을 이해하기 위해 연구하는 학문을 말하는데 보통 뇌 과학 이라고 한다. 신경신학(Neuro Theology)이란 신경과학을 바탕으로 탄생한 일종의 변증신학으로, 뇌와 종교, 뇌와 영적 세계를 탐구하는 학문을 말한다.

4차 산업혁명의 화두는 인간의 마지막 영역인 바로 인간의 뇌(Brain)를 연구하고, 예방, 치유, 발전시키는 것이다. 신경계의 결정체인 뇌 속에 영의 세계, 혼의 세계, 영적통로, 영적 체험, 영적 대결, 영성 등이 들어 있다. 또한 모든 질병(뇌출혈, 뇌경색, 치매, 뇌전증, 파킨슨, 소화기 질환, 심장질환, 암)도 모두 포함되어 있다. 마귀의 바벨공동체는 인간의 뇌를 조정하고 싶어 한다. 그래서 인본주의적 뇌 과학을 발달시키고 있다. 그렇다면 당연히 공동체도 영성적 관점에서 뇌를 탐구해야 하며 뇌를 힐링(Healing)시켜 더욱 깊은 영성을 추구해야 한다.[186]

우리 몸에서 영혼은 어디에 있는가? 마음은 어디에 있는가? 우리의 사상, 인지, 의지, 행동 모두는 어디에 있는가? 모두 뇌 안에 있다. 현재 인간의 뇌와 영성을 접목시키려고 노력하는 곳이, 바로 가톨릭 '인간과 영성 연구소'다.[187] 이제 뇌와 영성을 탐구하고 적용시켜야 한다.

넷째, 전문화된 공동체를 세워야 한다.

...
186_전요셉, 정신장애와 귀신쫓음, 서울:문성, 2019), 205~377.

...
187_see 류영주, 인간이해에서 뇌과학의 의의와 한계, 대구 가톨릭대학 인간과 영성연구소 (서울:홍릉과학출판사,2016)

마귀는 조직적이며, 전문적인 지식을 바탕으로, 치밀하게 움직이고 있다. 이에 맞서 공동체도 기존의 조직을 재정비 보강하여, 전문적이고, 창의적인 조직으로 변화시켜야 한다. 필자는 다음 몇 가지 전문위원회를 제안한다.

- 농산물 전문위원회 : 종자은행 설립, 오리지널DNA씨앗 확보, 생명, 미생물농법교육, 농산물가공 및 건강기능식품개발, 힐링식단 및 음식 치유프로그램 개발 등
- 금융·경제 전문위원회 : 공동체은행 설립, 생산제품 공동관리 및 판매, 국제적 네트워크에 런칭, 전자화폐 확보 등
- 교육 전문위원회 : 대안학교, 기술전문학교, 수도자(선지자)학교 설립 및 커리큘럼 개발 등
- 전인치유 전문위원회 : 전인치유사역연구원 설립, 힐링센터, 힐링타운 조성, 영성과 뇌 과학 연구소 설립 등
- 여성 전문위원회 : 자녀양육, 부부관계, 가족치유 프로그램개발 등
- 복지 전문위원회 : 청소년, 노인, 장애인 복지 및 힘의 증강개발 등
- 컨트롤 타워(Control Tower) : 각 조직과 공동체를 연결, 관리, 통합, 수정, 보완, 발전시킬 수 있는 총괄기구 설립

마귀는 바벨 공동체를 통해서 세상에 자신의 왕국을 건설하고 있다. 이제 우리도 하나님이 주신 지혜를 가지고, 전략과 전술을 적용해 선한 싸움을 하며, 공동체는 마지막 시대의 최후 피난처가 되어야 한다.
앞으로 4차산업혁명과 함께 변화하는 세상에 대해 대응하는 자체적인 교육 시스템, 경제·금융시스템, 의·식·주 해결시스템, 전인적 치유시스템 등과 같은 기독교 공동체 시스템이 확보되어야 한다. 각자의 특성을 가진 공동체 지체들이 삼위 공동체 하나님과 인간이 함께 동거하는 것, 그것이 공동체다.[188] 신들린 공동체, 신이 함께하는 공동체...그래서 공동체는 시대(時代)를 분별(分別)하고, 시대를 선포(宣布)하며, 시대를 예언(豫言)하고, 시대를 치유(治癒)하며, 시대를 선도(善導)해야 합니다. 필자는 잇사갈 공동체가 세워지기를 갈망한다.

> 잇사갈 자손 중에서 **시세(時世)**를 알고 이스라엘이 **마땅히 행할 것을 아는** 우두머리가 이백 명이니 그들은 그 모든 형제를 통솔하는 자이며 (대상12:32)

...
188_see 전요셉, 공동체 영성, (서울: 성산, 2015)

Q&A

제6장

1. 4차 산업혁명이란 무엇입니까?

2. 4차 산업혁명은 어떤 사회를 만듭니까?
   ①
   ②
   ③
   ④

3. 4차 산업혁명을 맞이하여 기독교 공동체의 무엇을 해야 합니까?
   ①
   ②
   ③
   ④

4. 공동체 영성을 통해 배울 수 있었던 것은 무엇입니까?

5. 앞으로 나의 삶은 어떻게 변해야 합니까?

맺음말

인간은 공동체의 의미를 실현해야 하는 책임이 있다. 하나님은 인간을 하나의 자아(自我), 즉 개인으로 창조하셨다. 그러나 인간은 홀로 자기 자신만을 위하여 살도록 창조되지 않았다. 이렇게 하나님께서는 인간에게 개인으로서 자아상을 부여하셨지만, 동시에 공동체 안에 있는 존재로 살게 하셨다.

하나님은 인간을 일차적으로 창조주이신 자기와 교제(Koinonia)할 수 있도록 창조하셨기 때문에, 인간은 항상 그의 창조주와 대화하는 가운데 있어야 한다. 이렇게 하나님과 교제함으로써 우리는 완전히 연합된 상태로 있게 된다. 우리는 이렇게 하나님과 교제를 갖고 대화하는 가운데서만 자기의 자아성, 독립성, 주체성을 인식할 수가 있다. 따라서 인간은 참으로 하나님 안에서만 자기의 정체성을 갖는다. 이렇게 해서 인간이 자아성과 독립성, 주체성을 인식하는 것은 하나님에게 완벽히 의존하는 것과 같다.[189]

189_맹용길, 신학과 윤리(서울: 대한예수교장로회총회 교육부, 2023), 290.

하나님은 인간을 자기와 교제하도록 창조하셨을 뿐만 아니라, 인간의 동료 피조물(Fellow creature)과도 교제하도록 창조하셨다. 즉, 하나님은 인간을 처음부터 개인으로 창조하셨을 뿐 아니라, 인간 공동체의 구성원으로 창조하셨다. 하나님께서 개인을 부르셔서 공동체의 구성원이 되게 하셨다. 여기에서 개인은 단순히 공동체의 구성원이 아니라, 책임 있는 존재이면서 스스로 책임질 수 있고, 스스로 대답할 수 있는 존재이다. 또한 사랑으로 결속된 존재로서, 이 사랑은 공동체를 연결하고 공동체를 이끌어 갈 수 있는 핵심 역할을 한다. 따라서 사랑은 개인과 공동체의 관계에서 가장 힘 있는 규범이 된다.[190]

190_맹용길, 제4의 윤리, 272.

공동체 안에서 사랑이 작용할 때, 개인은 타자(他者)를 통해서 자기(自己)가 되고, 나는 타자를 통해서만 '나'가 된다. 이러한 사실은 우리가 서로를 위하여 창조되었기 때문이다. 이것은 마치 남편이 아내를 통해서만이 진정한 남편이 될 수 있는 것과 같은 이치이다.

개인차의 차이는 공동체 안에서 진정으로 확인되어야 한다. 여기서 서로 차이가 있는 가운데서도 서로 주고받음으로써 교제하는 가운데 인간의 삶이 이루어진다. 그래서 가장 모범적인 모습은 성도의 교제에서 성취된다. 책임 있는 개인은 사랑을 통하여 성도의 교제를 성취함으로써 공동체의 의미를 실현한다.

우리가 인간적으로 성장하고 내적 자유를 키우기 위해서는 나눔과 공동기도, 고독과 묵상, 내면화와 친밀감, 개인기도 등을 위한 시간이 필요하다.

공동체 생활은 자체의 온갖 복잡함 속에서도 우리의 내적 자세를 풍성하게 만들어야 한다. 이것이 없으면 공동체 생활은 급속도로 경직되어 버리고, 성장을 회피하고자 온갖 종류의 타협안을 모색하게 된다. 이 내적 자세는 자기가 우주의 작은 일부에 불과하다는 것과 자기가 있는 그곳에서 선물과 봉헌으로 삶을 꾸려나가도록 부르심을 받았다는 것을 아는 신뢰감에 찬 어린아이의 자세이다. 이 자세는 하나님을 온전히 믿으면서 순간순간 그의 도구가 되려는 어린아이의 마음을 상실할 때, 낙담하거나 아니면 우리 자신을 합리화하려 들게 된다. 이 두 상황이 중 어느 경우든 우리는 공동체를 파괴하게 된다.

영성의 본질은 사랑이다. 공동체에서는 무엇보다도 공동체 구성원들의 장점과 믿음을 존중해 주어야 한다. 이 말은 공동체가 구성원들이 자기 자신을 받아들이고 하나님의 사랑과 다른 이들의 사랑으로 성장할 수 있도록 돕는다는 것을 의미한다.

공동체에는 예수 그리스도를 주님으로 고백하는 사람들이 모였지만, 그들과 함께 살기 위해 오는 사람들에게 그리스도교 신앙을 강요하지 않는다. 각자 자기 방식으로 기도하고 하나님과 친교를 맺게 한다. 그들은 자신이 걷는 종교의 길이 무엇이든 형제애, 나눔, 섬김, 자비, 용서의 삶을 통하여 다른 사람들도 기꺼이 받아들일 용기를 갖는다. 그래서 무신론자나 타종교인들도 그리고 여러 종류의 사람들을 받아들여 공동체를 지탱해 나가는 경우는 특별한 일도 아니다.

이처럼 공동체들이 시작부터 종교를 초월할 수 있었던 것은 '가난한 자들의 눈물과 고통은 종교와 무관하다'는 생각과 다양성의 가치를 포용한 데서 비롯하였다. 다양한 사람들을 맞아들인 이유는 그들이 특정 종교를 믿기 때문이 아니라, 그들이 버림받은 사람들이라는 이유 때문이었다. 이 점이 공동체를 종파를 초월한 나눔으로 이끌었다고 볼 수 있다.

공동체는 예수님이 세우셨고 예수님이 부양하는 가족이다. 가족이란 하나의 정신, 미래에 대한 같은 꿈과 한 영성을 나누는 것을 의미한다. 이 것은 특히 자연적이거나 혈연(血緣)으로 묶이지 않았으나 주님의 부름에 응답하는 이들 모두에게 해당한다. 공동체 영성은 선택을 의미하는 삶의 한 방식이고, 하나님의 소리에 대한 응답이다.

공동체가 종교의 다양성을 수용할 수 있었던 또 하나의 이유는 각 종교가 삼위 공동체 하나님과의 교제 속에서 삶과 성장의 방식으로서의 서로에 맞는 영성을 갖는다는 확신 때문이다. 공동체는 복음이 그리스도교 영성의 요소이지만, 복음을 사는 방식에는 다양한 형태가 있다고 생각한다.

우리는 때때로 자기가 속한 공동체를 헐뜯는 사람들을 만났다. 그들은 스스로 탁월한 존재가 못된 탓에 불만을 공동체에 돌리면서, 공동체가 충분한 양분을 공급해 주지도, 필요한 것을 마련해 주지도 못하고 있다고 비난한다. 그런 사람들은 모든 잘못을 부모 탓으로 돌리는 어린아이와 같다. 그들은 성숙하지 못한 상태이며 내적 자유도 부족하거니와 무엇보다도 특히 자아에 대한 믿음, 예수님과 형제자매들에 대한 신뢰성(信賴性)이 부족한 사람들이다.

그들은 자기의 이상(理想)이나 하나님이 일상생활 속에서 내려주시는 영적 음식을 발견하지도 못하고, 받아먹지도 못하는 사람들이다. 형제요, 자매인 가난한 사람들은 그러한 그들의 시선이나 말, 우정을 통해서 제공하는 양식을 받아들일 수 없다. 초기에는 공동체가 먹을 것을 장만해 주는 어머니처럼 모든 것을 준비해 줄 수 없다.
그러나 세월이 흐르면 저마다 수만 가지 활동 속에서 자기 자신 스스로가 자기 먹을 양식을 찾아내야 한다. 우리는 하나님으로부터 힘을 얻어 우리 자신의 상처와 고독, 괴로운 울부짖음을 치유할 수도 있다. 그러나 공동체 자체는 이러한 괴로움을 치유해 줄 수가 없다. 그것은 인간 조건 속에 있는 신과의 관계 속에서 본인 스스로가 찾아 나서야 하는 문제이다. 다만 공동체는 우리가 예수 그리스도를 받아들이도록 돕고, 하나님이 우리의 부르짖음에 응답하고 계시며 우리는 결코 외톨이가 아니라는 사실을 일깨워줄 수 있을 뿐이다.

세상 사는 것이 다 어렵지만, 공동체 사역만큼 어려운 것도 없는 것 같다. 그러나 매일매일 자기 자신을 포기하면서 주님께만 항복한다면 공동체처럼 즐겁고 행복한 곳도 없다. 우리가 끊임없이 주님을 갈망하면서 하나님 나라를 이 땅에 확장해 나갈 때, 우리가 서 있는 곳이 천국이 되는 것이다. 필자는 주님께 매일매일 이렇게 간구한다.

주님! 더 낮은 곳에서 더 낮은 자들과 함께 살게 하소서! 그래서 그들에게 주님의 사랑하심과 살아계심을 증거하게 하소서. 그들을 정죄하는 것이 아니라, 내 몸과 같이 사랑하게 하소서. 이 모든 사명이 끝나는 날, 나의 아버님과 할아버님, 증조할아버님이 계신 본향(本鄕)으로 나를 부르소서!

〈너에게 묻는다〉

연탄재 함부로 발로 차지 마라.
너는,
누구에게 한 번이라도 뜨거운 사람이었느냐?

– 안도현

오직 주님께 영광!(Soli Deo Gloria)

나의 주여, 나의 전부여!(Deus Meus Et Omnia)

참고
사진
자료

고난받는 그리스도를 상징하는
가시십자가(공동체교회)

교회는 그리스도의 몸이다. 그래서 모든 성도는 교회 가운데 하나님의 거룩
한 임재가 있는 예배를 사모하며, 거룩한 사명의 부르심과 그리스도인으로
세상을 이기는 능력이 있기를 갈망한다. 그러기 위해, 그 거룩한 삶을 향해
나가는 이 땅에서의 여정을 모두 다 함께 갈 수 있기 위해 우리는 안전함, 수
용과 존중, 그리고 긍휼과 우정이 있는 치유 공동체가 필요할 것이다.

❶ 주일예배 후 교제를 나누는 브루더호프 공동체 Photo by Danny Burrows

❷ 브루더호프 공동체 청소년들의 캠핑 Photo by Danny Burrows

❸ 프랑스 떼제 공동체 공동기도 모임 / 사진 출처 www.taize.fr

Another Life is Possible

브루더호프 공동체는 사도행전에 나오는 초대교회 공동체와 같이 유무상통하는 완전한 공동체의 모델을 우리에게 재현시켜 주고 있다.

1955년에 프랜시스와 에디스 쉐퍼에 의해 설립된 L'Abri는 국제적인 기독교 공동체이자 연구 센터로, '피난처'라는 뜻을 지니고 있다. 인생의 갈림길에서 다양한 질문에 대한 해답을 찾고자 하는 사람들이 스위스 알프스 산기슭에 모여 지적 공동체를 이루고 있다.

❶ 프랜시스 쉐퍼 박사의 주일설교
❷ 월요중보기도 모임

사진 출처 https://labri.org/swiss/

❶ 비움의 영성을 위한 묵상기도

❷ 노동의 영성 실천을 위한 밭,논농사

❸ 성매매 지역에서 생일을 맞이한 자매를 위한 생일파티

❹ 고난주간 동안 기지촌에서의 예수 십자가 고난 행진

❺ 아침 저녁으로 드리는 찬양,말씀,기도

❻ 성탄절에 미군클럽 안에서 공동체 식구들과 함께한 즐거운 시간

참고문헌

1. 국내 서적

강문호.　이스라엘 수도원 방문기. 서울 : 더드림, 2016.

──────.　천국을 미리 사는 봉쇄 수도원. 서울 : 지성소, 2018.

고영민.　편저, 성서원어 대사전, 기독교문사 편. 기독교대백과사전 11권. 서울 : 기독교문사.

김경재.　영성신학서설. 서울 : 대한기독교서회, 2003.

김균진.　기독교 조직신학 Ⅰ. 서울 : 연세대학교 출판부, 2023.

김명룡.　이 시대에 바른 기독교사상. 서울 : 장로회신학대학교 출판부, 2000.

──────.　온 신학의 세계. 서울 : 장로회신학대학교 출판부, 2016.

김세윤.　예수와 바울. 서울 : 두란노, 2008.

──────.　복음이란 무엇인가. 서울 : 두란노, 2021.

김영무.　김구철. 이단과 사이비. 서울 : 아가페문화사, 2007.

김영진.　아우구스티누스의 두지평. 서울 : 한들출판사, 2018.

김요나.　불교의 모든 것. 서울 : 그리인파스츄어, 2014.

김현진.　공동체 신학. 서울 : 예영커뮤니케이션, 2005.

나채운.　주기도, 사도신경, 축도 개정 증보판. 서울 : 성지출판사, 2001.

두산동아 사서 편집국 편.　동아 새국어사전. 서울 : 두산동아.

로잔 세계복음화 한국위원회.　로잔 세계복음화 운동의 역사와 정신. 조종남 편역. 서울 : IVP, 2010.

류영주.　인간이해에서 뇌과학의 의의와 한계. 대구가톨릭대학 인간과 영성연구소.
　　　　서울 : 홍릉과학출판사, 2016

맹용길.　제4의 윤리. 서울 : 성광문화사, 2008.

──────.　신학과 윤리. 서울 : 대한예수교장로회총회 교육부, 2023.

미션앤드월드 편집부. "돈과 권력 있는 교회 반드시 싸움이 있다.". Mission & World, 2005년 4월호.

민영진.　목회의 전문화와 영성. 서울 : 연세대출판부, 2022.

방호익.　영성과 체험. 서울 : 성바오로출판사, 2001.

변종호.　이용도 목사 전집 제1권 ~ 서간집. 서울 : 장안문화사, 2021.

보스턴컨설팅그룹.　4차산업 혁명 6개의 미래지도. 서울 : 토트출판사, 2019.

_____.   베네딕도 수도규칙. 이형우 역. 왜관 : 분도출판사, 2020.

성종현.   "예수와 죄인들", 서울 : 기독교사상, 1985.

송천석.   아시아의 이야기신학. 왜관 : 분도출판사, 1990.

신국원.   포스트모더니즘. 서울 : IVP, 2019.

안병무.   "예수와 오클로스", 민중과 한국신학. 서울 : 한국신학연구소, 1982.

_____.   민중신학의 탐구. 서울 : 한국신학연구소, 2018.

안재도.   개혁주의 영성과 삶. 서울 : 쿰란출판사, 2006.

엄두섭.   성 프란치스꼬 전기. 서울 : 은성출판사, 1998.

_____.   기독교 영성의 흐름. 서울 : 은성출판사, 2009.

_____.   영성생활의 요청. 서울 : 은성출판사, 2009.

_____.   영맥. 서울 : 은성출판사, 2022.

엄세천.   영성생활. 서울 : 기독교국연수원, 1986.

오우성.   바울의 영성신학. 계명대학교출판부, 2022.

오성춘.   광야의 식탁 1권. 서울 : 홍성사, 1985.

_____.   성숙한 교회와 영성훈련. 서울 : 대한예수교장로회총회 교육부, 1986

_____.   영성과 목회. 서울 : 장로회신학대학교 출판부, 2003.

유해룡.   하나님 체험과 영성 수련. 서울 : 장로회신학대학교 출판부, 2005.

이성호.   성서 대사전. 서울 : 혜문사.

이신건.   칼 바르트의 교회론. 서울 : 한들출판사, 2000.

이영두.   영성신학. 서울 : 도서출판 임마누엘, 2001.

이완재.   영성 신학 탐구. 서울 : 성광문화사.

이재열 외.   공동체의 삶. 서울 : 민음사, 2016.

이종성.   삼위일체론. 서울 : 대한기독교출판사, 1991.

이주엽.   그리스도교영성신학순례. 서울 : 동연출판사, 2019.

이중표.   "거지(巨智)로 살라". Mission & World, 2005년 4월호.

장 상.   "사도바울의 교회 이해", 현대사회와 목회설계. 서울 : 연세대학교 연합신학대학원, 1986

장일선.   구약신학의 주제. 서울 : 대한기독교출판사, 2002.

전요셉.   공동체 영성, 서울: 성산, 2015

_____.   정신장애와 귀신쫓음. 서울 : 문성. 2019.

_____.   낮은 자들과의 삶. 서울 : 문성, 2019.

_____.   행복한 사람들(원문 직역 여덟 가지 행복 선언 강해). 한들출판사. 2022.

_____.   전인적 성령사역. 서울 : 도서출판 치유하는별, 2024.

_____.   치유란 무엇인가. 서울 ; 도서출판 치유하는별, 2024.

정지련.   영성신학. 도서출판 쿰, 2024

정행업.   세계교회사에 나타난 이단 논쟁. 서울 : 장로교출판사, 2000.

정호승,   사랑하다 죽어버려라. 서울 : 창작과 비평사, 1997.

정인찬.　　　　성서대백과사전. 서울 : 기독지혜사.

지종엽.　　　　하나님의 음성 듣기. 서울 : 예루살렘, 2004.

차영배.　　　　"삼위일체에 관한 성서의 증언들". 목회와 신학. 2000년 10월호

최일도. 김연수.　영성수련의 실제 제 Ⅰ 집. 서울 : 나눔사, 1992.

최진기.　　　　4차산업혁명. 서울 : 이지퍼블리싱, 2018.

파이시오스.　　아토스 성산의 수도사들. 알겔리키 박 역. 서울 : 정교회출판사, 2011.

하용조 편찬.　　비전 성경 사전. 서울 : 두란노.

한춘기.　　　　"교회 교육의 이해". 서울 : 한국로고스연구원, 1996.

허윤강.　　　　"삼위일체론에 대한 바른 이해". 석사학위논문. 장로회 신학대학원, 2001.

협성신학연구소. 기독교 신학과 영성. 서울 : 솔로몬, 1995.

2. 번역 서적

Anderson, Bernhard W.　구약 신약. 최종진 역. 서울 : 한들출판사, 2013.

Arnold, Heinrich.　공동체 제자도. 이상신 역. 서울 : 도서출판 쉴터, 2010.

Aurnann, Jordan.　영성신학(Spiritual Theology), 이홍근 역. 왜관 : 분도출판사, 2012.

Barth, Karl.　바르트 교의학 개요(Dogmatik in Grundriss) 전경연 역,
　　　서울 : 대한 기독교서회, 2015.

Beker, J. Christian.　사도바울(Paul The Apostle). 장상 역. 서울 : 한국신학연구소, 2008.

Benner, G. David.　정신 치료와 영적 탐구(Psychotherapy and the Spiritual Quest) 이만홍, 강현숙 역.
　　　서울 : 하나의학사, 2020.

Boa, D. Kenneth.　기독교영성, 그 열두 스펙트럼(Conformed to His image) 송원준 역,
　　　서울 : 도서출판 디모데, 2005.

Boff, Leonardo.　세상 한가운데서 하느님을 증언하는 사람들(God's witness in the Heart of the
　　　world). 성염 역. 왜관 : 분도출판사, 1990.

───────.　"세계 교우들에게 보내는 해방신학자 보프의 편지". 들소리신문. 1992년 8월 16일 자.

───────.　생태 신학(Ecologia, mundialización, espiritualidad). 김항섭 역.
　　　서울 : 가톨릭출판사, 2013.

───────.　정 그리고 힘. 박정미 역. 왜관 : 분도출판사, 2019.

Bonhnoeffer, Dietrich.　나를 따르라(Nachfolge). 허역 역. 서울 : 대한기독교서회, 2010.

───────.　신도의 공동생활(Gemeinsames Leben). 문익환 역. 서울 : 대한기독교서회, 2010.

Carretto, Carlo.　나와 함께 광야로 가자(Ogni Giorno un Pensiero). 오영민 역. 서울 : 성바오로출판사, 2000.

───────.　나는 찾았고 그래서 발견했습니다. (Ho cercato e ho trovato) 오영민 역.

광주 : 생활성서사, 2018.

Chace, Calum.   경제의 특이점이 온다. 서울 : 비즈페이퍼, 2017.

Dawkins, Richard.   만들어진 신(The God Delusion). 이한음 역. 서울 : 김영사, 2010.

De Vinck, Christopher.   헨리 나우엔(Nouwen Then). 김동완 역. 서울 : 요단출판사, 2009.

Eberthard Arnold.   공동체로 사는 이유(Why we live in community). 편집부 역.
서울 : 도서출판 쉴터, 2018.

Eldon Ladd, George.   신약신학(A Theology of the New Testament). 신성종, 이한수 역.
서울 : 대한기독교서회, 2012.

Ford, Michael.   헨리 나우엔(Wounded Propet). 박조앤 역. 서울 : 두란노, 2024.

Gonzales, Justto L.   기독교사상사 Ⅰ(A History of Christian Thought). 이형기. 차종순 역.
서울 : 대한예수교장로회총회 출판국, 2020.

Gray, John.   화성에서 온 남자 금성에서 온 여자(Men are from Mars, Women are from Venus).
김경숙 역. 서울 : 친구미디어, 2005.

Guthrie, Donald.   성경, 교회(Bible, Church). 이종수 역. 서울 : 성서유니온, 2008.

Gutierrez, Gustavo.   해방신학(Theologia de la liberacian), 성염 역. 왜관 : 분도출판사, 1987.

_____.   해방신학의 영성(The Spiritual Journey of a people). 이성배 역.
왜관 : 분도출판사, 2007.

Heinrich Arnold.   공동체 제자도(Discipleship). 이상신 역. 서울 : 도서출판 쉴터, 2010.

Holmes, Urban T.   목회와 영성(Ministry and Spirituality). 김외식 역. 서울 : 대한 기독교서회, 2005.

Huston, James. M.   복음주의 영성. 김진우 역. 서울 : 부크크, 2023.

J. C, Neve.   기독교교리사(A History of Christian Thought). 서남동 역.
서울 : 대한 기독교출판사, 2012.

Kittel, Gerhard and Friedrich, Gerhard.   신약성서 신학사전(Theological Dictionary of the New
Testament). 요단번역위원회. 서울 : 요단출판사.

Küng, Hans.   교회, 정지련 역. 서울 : 한들출판사, 2009.

_____.   교회란 무엇인가? (Was isst Kirche?). 이홍근 역. 왜관 : 분도출판사 , 2023.

Leech, Kenneth.   마음으로 드리는 기도(True Prayer), 노진준 역. 서울 : 은성출판사, 1992.

Lohfink, Gerhard.   예수는 어떤 공동체를 원했나?(Wie Hat Jesus Gemeinde Gewollt?)
전한교 역. 왜관 : 분도출판사, 2020.

Lucado, Max.   하나님의 음성 우리의 선택(A Gentle Thunder~Hearing God Through the Storm)
이승욱 역. 서울 : 요단출판사, 2003.

Luth, Andrew.   하나님의 광야(The Wilderness of God). 안미란 역. 서울 : 은성출판사, 1993.

MacDonald Gorden.   내면세계의 질서와 영적 성장(Ordering Your Private World) 홍화옥 역.
서울 : VIP, 2018.

McGinn, Bernard.   기독교 영성(Christian Spirituality). 이후정, 엄성욱, 지형은 공역.
서울 : 은성출판사, 2013.

Moltmann, Jürgen.　삼위일체와 하나님 나라(Trinitat und Reich Gottes). 김균진 역.

서울 : 대한기독교출판사, 2017.

_____.　십자가에 달리신 하나님(Der Gekreuzigte). 김균진 역.

서울 : 한국신학연구소, 2017.

Newberg, Andrew.　신은 왜 우리곁을 떠나지 않는가. 이충호 역. 서울 : 한울림, 2001.

Nouwen, Henri J. M.　마음의 길(The way of Heart). 이봉우 역. 왜관 : 분도출판사, 2009.

_____.　생활한 상기자로서의 사복자(The Living Reminder). 이봉우 역.

왜관 : 분도출판사, 2009

_____.　이는 내 사랑하는 자요(Life of the Beloved). 김명희 역. 서울 : IVP, 2020.

_____.　상처 입은 치유자(The Wounded Healer). 최원준 역. 서울 : 두란노, 2022.

_____.　영성에의 길(The Path of Waiting, Peace, Power, Freedom). 김명희 역.

서울 : IVP, 2024.

Olson, Linda and Dave.　듣는 기도 (My Sheep Hear My Voice Listening Prayer). 이성대 역.

서울 : 서로사랑, 2008.

Otto, Rudolf.　성스러움의 의미(Das Heilige). 길희성 역. 왜관 : 분도출판사, 2009.

Pohl, Christine D.　공동체로 산다는 것. 권영주, 박지은. 서울 : 죠이선교회, 2014.

Pohlman, Horst G.　교의학(Abriss Der Dogmatik). 이신건 역. 서울 : 한국신학연구소, 2021.

Rahner, Karl.　영성신학 논총(Spirituality Theology). 정대식 역.

서울 : 가톨릭출판사, 2003.

Robertson, Archibald Thomas.　신약원어 대해설 바울서신(word pictures in the New Testament),

A. T 로버트슨 번역위원회. 서울 : 요단출판사, 1993.

Sherill, Lewis J.　만남의 기독교 교육(The Gift of Power). 김재은, 장기옥 역. 서울 :

대한기독교출판사, 2009.

Smith, James Bryan.　선하고 아름다운 공동체. 전병철 역. 서울 : 생명의말씀사, 2011.

Trianni, Paolo.　영성신학 (Teologia spirituale). 서울 : 밀알서원, 2023.

Vanier, Jean.　두 세계 사이의 하느님 나라, 오영민 역. 서울 : 성바오로출판사, 1992.

_____.　공동체와 성장(La Communauté? Lieu du Pardon et de la Fête) 성찬싱 역.

서울 : 성바오로출판사, 2004.

_____.　두려움 너머로(Be not afraid). 홍순철, 방해란 역. 서울 : 성요셉출판사, 2004.

Wakefield, S Gordon.　기독교 영성사전. 엄성욱 역. 서울 : 은성출판사.

Watson, D.　교회의 진정한 표상. 오광만 역. 서울 : 여수룬, 1993.

Weber, Robert.　복음주의란 무엇인가. 홍성주 역. 서울 : 생명의말씀사, 2003.

Willard, Dallas.　마음의 혁신(Renovation of the Heart). 윤종석 역. 서울 : 복있는 사람, 2022.

西田天香.　참회생활. 엄두섭 역. 서울 : 은성출판사, 1987.

3. 외국 서적

Barth, Karl.   Die Kirchliche dogmatik. Ⅱ/2. Bromiley, G.W. and Torrance,
                        T. F. Trans. Edingburght : knigh, 2015.

Bonhoeffer, Dietrich.   Sanctorum communio. Munchen., 1960. trans by Collins, William.

_____.   The Communio of Saints. New York : Harper & Row, 2018.

Bornkamm, G. Paul.   New York : Harper & Row Publishers, 2001.

David P. Gusheem.   "Following Jesus to The Gallows", Christianity Today, April 3. 2017.

Holmes, Urban T.   A History of Christian Spirituality. New York : The Seabury Press, 2016.

Ladd, George. E.   A Theology of the New Testament, Michigan : Eerdmas Publishing Company,
                        2019.

Morris, M. Henry.   The Genesis Record : A Scientific and Devotional Commentary on the Book of
                        Beginnings : Baker Book House, 2017.

Snyder, Howard A.   Community of the King. Illinois : Intervasity Press, 2017.

Vanier, Jean.   An Ark for the Poor : the story of L'Arche. Toronto : Novalis, 2015.

_____.   From Brokenness to Community. New York :
                        Paulist Press, 1992.

Webster.   Webster's seventh New Collgiate Dictionary. Sprinfild Nass :
                        G&C, Merriance co.

공동체 영성

개정증보판1쇄 인쇄일 2024년 8월 20일
개정증보판1쇄 발행일 2024년 8월 27일

지은이 전요셉
펴낸이 최성득
펴낸곳 치유하는별
기획 유미경
편집디자인 달리

출판등록 2005년 12월 7일 제2005-000069호
주소 경기도 성남시 분당구 중앙공원로 17, 308~105
전화 031-709-3105
홈페이지 www.sungdukbooks.com
인스타 http://instagram.com/sungdukbooks
선자우편 mkyoo810@gmail.com

ISBN 979-11-981098-6-6